# 本書の目標

平和学は，広範な議論を網羅する学問分野である。このテキスト『平和学入門1』『平和学入門2』では，その中でも，特に，皆さんが大学生として，戦争と平和を学びながら，どのように自分の考え方を鍛えていけばよいのかについて「思考のドリル」のようなことを試みたい。この「思考のドリル」は，この科目のみならず，他の社会科学の学問分野にも応用可能である。すなわち，このテキストは，「平和学」という学問体系の基礎的理解だけでなく，その理解を通じて，国際社会を見ていく「思考の方法論」をも身につけてもらうことを意図している。

ここで，私の講義の目標について，具体的に3つ挙げておきたい。1点目に，「平和」概念の明確化，すなわち，「平和とは何か」についての理解を深めることである。平和については，いろいろな定義の仕方があるが，学問上の合意をしておくことをひとつの目標としたい。そして，そのことを通じて，平和学が，なぜ今日のようにこれほど幅広い学問になったのかということを理解してもらおうと思う。2点目には，平和学の知識を得るだけではなく，平和学が他の学問分野から積極的に援用する「比較・分類」あるいは「因果関係を見抜く方法」も同時に学んでもらうことである。そして，3点目に，資料への接近方法，検索方法の学びがある。講義を聴いて，それをうのみにするのではなく，それをもとにして「まず自分で調べ，自分の頭で考えること」が大切であろう。

これらの3点の目標を達成するために，知っておいてもらいたい大切なことがある。大学は「よい答え」のみを得るところではなく「よい問い」を得るところでもある。受講生の皆さんの中には，よい評価を得ようとして毎週毎週，質問をしてくる人もいる。しかし，無理に質問をする必要はない。本当に必要だと思うことだけを質問してくれればよい。「よい問い」を見つけることが大切である。「よい問いは優れた研究成果を生む」，私はこの格言は確かなものだと思っている。これまでの経験から，学生の皆さんからよい質問を受けると，それは本当によい研究成果に結びつくことを感じている。これこそが，講義における知の往還である。この格言は忘れないようにしてほしい。

そのためには，まずは，講義で聞いたことに対して疑問を持つ。その疑問をとりあえず図書館に足を運んで，自分でとことん調べてみる。そして，自分の頭を使って考え抜く癖をつける。その上で，なお解決しない疑問点があれば，ぜひ質問や相談をしてみてほしい。

本書は，私が担当した平和学講義の記録から作り上げたテキストである。教室のライブ感を生かすため，口語的な表現もあえて織り交ぜながら伝えるスタイルをとった。資料も，新しいものに切り替えられるものはアップデートしたが，教室での雰囲気を生かすために，基本的には，そのとき使ったものをそのまま載せている。ご了解いただきたい。読者の皆さんが，私の教室にいるつもりで，このテキストを存分に活用してくれることを願っている。

# 目　次

**コラム**

# 序
# 平和学入門 2 で何を学ぶのか

## 【『平和学入門2』で何を学ぶのか】

このテキストは，『平和学入門1』『平和学入門2』の2冊構成になっている。第1巻では副題を「平和を理解するための思考のドリル」として，「平和」についての講義を行い，この第2巻では副題を「戦争を理解するための思考のドリル」として，戦争についての具体的な議論を中心に講義を展開する。

まず，第1部「戦争を定義する」を概観してみよう。ここでは戦争についての定義を考えてみたい。『平和学入門1』のテキストでは，「第3講　平和の概念整理」で，平和の定義を考えた。これと同様に，戦争の定義にもさまざまなものが考えうる。戦争の肯定的定義では，戦争は人類社会にとって不可避なものであり必要悪であるとして，その存在，あるいはその継続を認めている。中立的定義では，戦争の善悪や是非に触れずに，その現象を記述するために操作的定義を用いる。それに対して，平和学の研究者たちが行ってきた否定的定義では，戦争は避けられるものであり，必要悪ではなく意識的に起こされるものとして，その消滅を目指して定義する。

では，平和の定義と戦争の定義は同じスタンスで議論していってよいのだろうか。実は決定的に異なる点がある。それは，戦争の定義の方は，侵略戦争，自衛戦争，制裁戦争などのように，違法性・合法性が問われることである。そのために，日本の国会でも，憲法で言うところの「国権の発動たる戦争」とは何であるかについての議論が関連法との議論で質疑が展開されてきた。そして，もちろん，国際法上の定義もある。そこで，第1講「戦争の中立的定義」，第2講「戦争の肯定的定義」，第3講「戦争の否定的定義」は，平和の定義と戦争の定義のスタンスの違いを意識しながら，読み進めてもらいたい。

次に，第2部「戦争の原因と結果」での学びを概観しておこう。第2部では，戦争の統計学，すなわち，データを使って戦争を理解することに入っていきたい。ここでは，数字を使いながら，戦争がどのように変遷してきたのかを考え，どうしたらこの戦争をなくすことができるのか，あるいは，将来，武力紛争がどのように変化する可能性があるのかを知る手掛かりとしたい。

さらに，戦争の原因の説明の方法について，動物行動学，先史考古学，文化人類学などの議論を取り上げる。これに加えて，経済的要因として，アメリカの軍産官学労情民複合体の観点から，なぜ戦争が起きるのか，また，世界から戦争がなくならないのかについて考えてみたい。そこからさらに検証を進めて，アメリカとは対極にある軍備を持たない国々のあり方についても考えてみたい。そして，これらの戦争の原因の分析に加えて，科学技術の発展が戦争のあり方をも変えてしまっていることに着目し，大量化，巨大化，精密化，差異化，高速化，情報化，体系化のような科学技術の累積と戦争の関係を検証していきたい。

続いて，第 3 部では，戦争を防ぐことに関して，世界では歴史的にどのような努力がなされてきたか，あるいは，どのような仕組みによって戦争が回避されてきたのかについて考えてみようと思う。まず初めに，軍備管理・軍縮の方法論とは何かを考察してみよう。そして，武力を背景にした勢力均衡政策の利点と欠点について，モデルを使いながら理解を進めよう。勢力均衡による安全保障から集団安全保障，さらに，第 1 次世界大戦，第 2 次世界大戦の教訓を踏まえ，日常的な信頼醸成措置に基づいて安全を保障しようという協調的安全保障にそれらが進展してきていることも学んでいきたい。そして，最後に，いまだに，私たちが逃れられていない，核兵器による恐怖の均衡とは何かについて議論しよう。

# 第1部

# 戦争を定義する

# 第1講
# 戦争の中立的定義

『平和学入門1』では，平和の定義を考えた。これと同様に，戦争の定義にもさまざまなものが考えうる。立場によって，戦争は肯定的に見ることもできるし，中立的に見ることも，否定的に見ることもできる。この講からの３つの講は，平和の定義と戦争の定義のスタンスの違いを意識しながら，読み進めてもらいたい。この講では，まず，戦争の是非を論じてはいない戦争の中立的定義について議論しよう。

**【平和の定義の復習】**

平和を定義する際に，いくつかの留意点について『平和学入門1』第3講「平和の概念整理」で議論をしたのを覚えている皆さんもいるかと思う。少し，おさらいをしてみよう。社会科学には，自然科学などと比べると以下のような3つの大きな制約がある。

1. 実験ができない。
2. 初期条件が一定ではない。
3. 価値中立性が保証されない。

第1に，社会科学は実験ができない。もちろん模擬実験，シミュレーションのような方法はあるが，それは完璧な実験ではない。戦争を研究するのに，実際に戦争を起こしてみることは不可能であり，倫理的にも許されない。第2に，初期条件が一定ではない。放っておいたならば，人類社会はどのように安定するのかがわからない。自然科学の場合，例えば，ある物質が「摂氏0度の条件ではこうなる」といった初期条件がわかっていて，そこに変化を加えていくとこうなるなどが明白である。そして，第3に，価値中立性が保証されない。鉱石を分析するとき，そこに分析する研究者個人の価値観が入り込む余地はない。ところが，社会科学の場合には，研究者が「中立的な見方をしている」と述べたとしても，そこに表明された言説は，実際には，「自分自身の認識のプリズム」を通して見たものでしかない。特に，本テキスト『平和学入門2』の副題にもある「戦争を理解するための思考のドリル」の観点から考えると，今，この文章を読んでいる皆さん自身も，これらの条件から逃れることはできない。日々の生活でも，皆さんは，SNSなどで，さまざまな議論が展開され，「炎上」していく様を見聞きするだろう。それらも，まさに，議論している私たち自身が客観性を装いながら，社会の事象の当人でもあり，その議論に価値中立でありえないこととも関係する。まず，これらの制約をしっかりと認識した上で，戦争の定義に入っていこう。

## 【戦争の定義】

繰り返しになるが，戦争についても非常にざっくりとした定義の分類が可能である。1つは肯定的定義，つまり，戦争を人類社会にとって不可避なもの，必要悪としてその存在を認めて定義する方法である。戦争を消滅させることはできないとの立場に立ち，戦争自体を肯定することから出発して戦争を定義する。

それに対して，否定的定義は，戦争は実は避けうるものであり，必要悪ではなく意志によって起こされるものであり，その消滅を目指して戦争を定義する。当初から否定しうるものとの出発点に立って定義していく立場であり，平和学研究者は主にこの立場をとる。言うまでもなく，この両者は発言者が自らの価値観を表明していることになる。

その真ん中に中立的定義がある。これは，戦争が善であるとか悪であるとか，是であるとか非であるとかには触れず，その現象を淡々と記述していく定義の方法である。おおむね，辞書・辞典や，戦争研究のための操作的定義で用いられる。

整理すると，どの学問か，あるいは，どの立場（主義・主張）から接近するのかによって大きく異なるが，戦争学・戦略論は肯定的定義，平和学は否定的定義を主に採用する。他の学問分野でも議論は活発になされている。例えば，文化人類学でも議論がなされているところだが，戦争とは人類の発生とともにあったという研究者たちと，定着農耕が始まってから戦争が始まったという説をとる研究者たちがいる。

## 【記述による中立的定義】

では，ここでは，中立的定義の議論から始めてみよう。中立的定義は大きく2つに分類できる。1つは，辞書や百科事典などで現象面を中心に抽象化して記述する方法である。もう1つは，戦争研究のために分析上の基準を設けて範囲を限定する方法論である。すなわち，こちらで条件を定めていく操作的定義を行う場合である。

では，まず，辞書・事典類で戦争がどのように記述されているのかなど，記述的な中立的定義の方法を見てみよう。『大辞泉（増補・新装版）』（松村，1998）

では，

> 軍隊と軍隊とが兵器を用いて争うこと。特に，国家が他国に対し，自己の目的を達するために武力を行使する闘争状態。国際法上は，宣戦布告により発生し，当事国間に戦時国際法が適用される。いくさ

とある。それに続けて，比喩的表現として「受験戦争」「交通戦争」のように使われるとある。

『大辞林（第2版）』（松村，1995）でも，

> 武力を用いて争うこと。特に，国家が自己の意志を貫徹するため他国家との間に行う武力闘争。国際法上，宣戦布告によって発生し，戦時国際法が適用される。いくさ

とあり，ほとんど変わりがないように見える。いずれにしても，軍隊と軍隊が争うことになる。これら辞書の説明には，定義の中に定義を要する言葉がたくさん入っている。例えば「兵器」「武器」「武力」などの言葉である。大辞泉の「兵器」は「戦闘に用いる器材の総称。武器」，「武器」は1番目の説明に「戦いに用いる種々の道具や器具。刀や銃などの，敵を攻撃したり自分を守ったりするための兵器や武具」，2番目の説明に「何かをするための有力な手段となるもの」とあり，「弁舌を武器にする」との用例が示されている（松村，1998）。

われわれは，よく，この兵器と武器を区別して使う。例えば通常兵器，化学兵器のときは兵器といい，「資源を武器にして」のように有力な手段となるものの総称を武器として使うことが多い。次の「武力」は，大辞泉では「軍隊の力。兵力」とある（松村，1998）。

もっと厄介なのが「闘争」とか「紛争」とか「争」という言葉である。闘争とは目的があって相手に勝とうとして争うことであり，あるいは，権利を獲得したり要求を通すために争ったりすることである。それに対して紛争は，もつれて争う，もめごとである。

ネット上で皆さんがよく使うウィキペディアも集合知の参考として見てみよ

う（講義当時のものだが，2020 年のものより明確なのでそのまま使用したい）。ここでは，優れた定義をしている。説明が丁寧であると思う。おおむね，辞書に出てくるのは状態を述べているだけだが，ここでは行為にも触れて定義をしている。

> 戦争（せんそう）の定義には，大きく
> 1. 国家（あるいは国家群）の問題解決のために，軍事力・武力を単独あるいは集団的に行使して，自国の意志を成し遂げようとする行為。
> 2. 軍事力の行使を含む国家間の対立状態，または対立する国家間で軍事力を行使している状態。
>
> という行為説と状態説のふたつがある。

社会科学を学ぶ上で「行動」と「行為」の違いは次のように理解するとよい。よく例に出されるのは，不審な人物が 1 人走っていて，その後ろを警官が追いかけている。走っているのは行動だが，警官が不審者を追いかけているのは行為である。その行い自体への明確な目的があって行動しているのが行為である（この場合は，不審人物の目的が他者にはまだ明確ではない時点）。また，「状態」とはある時点のありさまを切り取ったもので，「状況」とは物事が移り変わるその時々のありさまである。これは間違えないようにしてほしい。ウィキペディアは以下のように続ける。

> 国際法上の戦争の定義から外れるものを，武力紛争と呼ぶことも多い。国際法で定める交戦主体は国家のみである。戦争の当事者となる権利を交戦権と呼び，その細目はジュネーブ条約等の国際法で規定される。戦争はその目的によって「侵略戦争」「自衛戦争」「制裁戦争」などと類別されることもあるが，これには当事者の主観の入り込む余地が大きく，厳然とした類別は困難である。いずれにせよ，自分の意志を相手に強制するための手段として軍事力を用いるという点で共通している。戦争は人類の全歴史を通じて，全地域において，文明・野蛮を問わず，おこなわれてきた。もっとも，その程度と頻度には文化による有意な差がある。

大体，自ら侵略戦争と言って始める国はない。どこの国も自衛戦争あるいは制裁戦争などと言って戦争を始める。いずれにせよ，自分の意志を相手に強制するための手段として軍事力を用いる点で共通している。

辞書にも出てきた「自分の意志を相手に強制するための手段として軍事力を用いる」の文言は，戦争の肯定的定義をした，有名なカール・フォン・クラウゼヴィッツ（Carl von Clausewitz, 1780–1831）の『戦争論』から出てきた言葉である（第2講で詳述）。ウィキペディアが「戦争は人類の全歴史を通じて，全地域において，文明・野蛮を問わず行われてきた。もっとも，その程度と頻度には文化による有意な差がある」と記述している部分も，クラウゼヴィッツを論じるときに必要になってくる概念である。クラウゼヴィッツには，政治に重点を置きすぎて文化のことを忘れているという批判が非常に多い。もっと極端な批判者には，「戦争は文化である」と定義する人もいる。ちなみに，フランスの高名な社会学者・人類学者ロジェ・カイヨワ（Roger Caillois, 1913–1978）は，戦争と祭りはともに社会の痙攣だと言っている（カイヨワ，2013）。

ここまでのように，戦争の定義に目配りがなされれば，事物の概要を直観的に把握するツールとしてのウィキペディアとしては十分だが，専門の社会科学系列の辞典あるいは事典はどうだろうか。ここでは，『国際政治経済辞典（改訂版）』（川田・大畠，2003）を取り上げてみよう。この辞典は，国際政治経済の動きを見るときに座右の書として引きながら読んでいくと理解が深まる辞典である。この辞典で「戦争」は，

> 実体概念としての戦争は，部族，民族，政治団体，国家あるいは国家集団などの社会的集団間で，自己の意思を相手に強制するために武力を行使して展開される闘争を言う。国際法上の概念としては，当事者間に交戦法規が適用される状態をいい，害敵手段の行使が国際法上容認される闘争関係をいう。したがって，戦時は平時と異なり戦時国際法という特殊な法体系が適用される国際社会の特殊な状態を意味する。

とある。ここでは，この講の後半で議論する日本政府の有権解釈よりも幅が広がっていて，部族，民族，政治団体などの言葉が社会的集団の中に入ってくる。

ウィキペディアが辞典や事典類を参考にしている可能性があるので，どちらが先に記述されたかは微妙なところだが，ただ，国際法上の概念としては，ウィキペディアとほぼ同じ考え方を取っている。この定義については後ほどまた振り返る。

『国際法辞典』（筒井，1998）では，

> 実質的意義では，一般に国家間における紛争処理ないし自国の意思に相手国を従わせるために，その軍事組織（軍隊）間で相当の期間継続して相当の規模で行われる武力行使を中心とする闘争の状態を指す。また，この現象の軍事的または政治的側面から，国内現象である内戦が含められることもある。

としている。法律家は元来，定義を狭める傾向があるが，ここではだいぶ広がっている。

われわれは通常，社会科学の学問に取り組むときに百科事典をよく引く。気が付いた皆さんもいることと思うが，辞典と事典は発刊の趣旨が異なる。辞典は言葉の説明を主にし，事典は事物の説明をしていく。

『社会科学および行動科学の国際百科事典』（*International Encyclopedia of the Social & Behavioral Sciences: ESBS*）の旧版（1st Edition, Smelser and Baltes, eds., 2001）に，“Study of War” として次のように定義がなされている。

> 一般的な意味では，戦争は，とりわけ主権国家などの政治集団間で，相当程度の武装力によって，一定の期間にわたって遂行される紛争である。

> 1900 年以来のふたつの世界大戦も数百の地方的・地域的戦争も，戦争についての１つの共有の一致した解釈に近づけることはなかった。しかし，敵対者を己の意思に従わせるために暴力を展開するという戦争の１つの基本的定義をほとんどの研究者は受け入れている。

ESBS の新版（2nd Edition, Wright ed., 2015）では，上記のように戦争につい

ての共通した定義，解釈はないと述べている。「敵対者を己の意思に従わせるために暴力を展開する」は，先ほども触れたクラウゼヴィッツの言葉である。

**【操作による中立的定義】**

戦争をすべてカウントして統計に出すことは，不可能に近い，非常に難しい仕事である。また，この講の議論の中心でもあることだが，この講では，紛争とは何か，武力紛争とは何か，戦争とは何かについて定義されたさまざまな資料を紹介していくので，ここで私が厳密に「こうだ」とそれぞれを定義してしまうことは，なかなか難しい。ただ，皆さんには，大まかな理解として，紛争の中に武力紛争が含まれ，その武力紛争の中に戦争が含まれると考えてもらってもよいかと思う。

そこで，戦争とはこういうものだと対象を限定するように定義し，それ以外のものを除外する宣言をしてしまうという操作的定義の方法論がある。そのように，分析のために操作を行う定義も中立的定義と考えてよい。その中でよく知られた定義は，ピーター・ウォレンスティーン（Peter Wallensteen）らの武力紛争の定義であろう（Wallensteen & Sollenberg, 2001）。

> 武力紛争とは，統治権，および，あるいは（and or）領土に関して争われる両立しない事態である。そこでは，二当事者間で武力が用いられ，それによって，少なくとも 25 名以上の戦闘に関連する死者を出すものをいう。

この定義で想定している状況では，この土地の支配者は誰なのか，どちらの政府がこの土地を統治するのかをめぐって政府軍と反政府軍とが戦っている。しかもそれが，二者択一，どちらか一方しか結果を得られない，両立しえない事態である。このような 2 つの当事者間における非両立性の事態を解決するために武力が用いられている。それによって，少なくとも 25 人以上の人の命が戦闘に関連して奪われる。これが武力紛争であると定義をしている。この定義では，武力を用いても，死者が 25 人未満であればカウントしない。つまり，25 人以上の死者が出て初めて，1 つの武力紛争として数えられる。例えば，死者が 20 人しかいなければカウントしないのである。

続いて，この定義をさらに明確にしている。「武力を行使する」とはどういうことかを見てみよう。

定義の諸要素は以下のように操作する（operationalised）。

(1) 武力行使：紛争における両当事者の一般的な位置づけをより優位にするために，死にいたる武器の使用。武器：あらゆる材料からなる手段，例えば，製造された武器のみならず，棒，石，火，水等。

要するに，「武力を行使する」とは，相手に勝とうとして，相手を殺すために武器を使っているものだと定義づけ，武器についての定義も試みている。

続けて，先ほど言った「25 名の戦闘に関連した死者」および「当事者」である「政府」と「反対組織」について細かい定義が行われる。

(2) 25 名の死者：年間および非両立性を有する紛争原因ごとに 25 名の戦闘に関連した死者の最小値。

(3) 当事者：国家政府あるいは，それに反対する組織や反対組織の同盟。

(3.1) 政府：国家の首都を支配する当事者。

(3.2) 反対組織：組織の名称を公にして，武力を用いる，任意の非政府組織。

紛争ごとの 25 名が死者の最低値だとし，その当事者は国家政府，あるいはそれに反対する組織である。政府とは何かと言ったら，首都を支配する当事者，反対組織はグループの名称を公にして，しかも武力を用いる任意の非政府グループであると規定する。

では，「国家」は，この操作的定義ではどのように規定されるのだろうか。

(4) 国家：国家とは

(4.1) 一定の領土を支配し国際的に承認された主権的政府，ないしは，

(4.2) 一定の領土を支配し国際的に承認されていない政府で，かつて，同一の領土を支配していた政府を国際的に承認していた他の主権的政府から異議を唱えられていない政府。

国家は，一定の領土を支配し国際的に承認された主権的政府，あるいは，一定の領土を支配し国際的に承認されていない政府で，かつて，同一の領土を支配して，国際的に承認されていた他の主権的政府から異議を唱えられていないものとされている。つまり主権の継承がなされたクーデターで，政権が変わったが，まだ「国際的な承認が得られない」という場合も，この定義では，一応，国家とみなしている。武力紛争を研究していると，このようなケースがしばしば出てくるが，ウォレンスティーンらはそれをカウントすると言っている。

次は，2つの当事者のうち，どちらか一方しか結果を得られないという「非両立性」についての定義である。例えば領土について，これは自分のものだと片方のアクター（『平和学入門1』第2講参照）が主張し，また，別のアクターが「いやいやこれは自分のものだ」と言ってしまったら，これは両立しえない。どちらか一方が，武力的に勝つか，あるいは，国際司法裁判所に持って行って判断をあおぐことをしない限り，この非両立性は解決されない。

政府に関する非両立性というのは，2つのタイプの政治システムが両立しえないことを示している。例えば，民主主義の国が社会主義，計画経済の国へと政治システムを転換するために武力が用いられたというような場合を想定している。当然，国を運営する上で，別々のシステムをそれぞれ採用する2つのアクターは両立しえない。

そして，領土の地位に関する非両立性は，一定の領土の支配状況の変革に関するものである。1つは国家間の紛争があるが，もう1つ大事なものは分離独立である。当初独立した時には一緒だったものが，何年か一緒にやっていると何だか居心地が悪い，やはり私たちは別々なのだという事態が生じることがある。

(5) 非両立性：政府および／または領土に関して，当事者によって申し立てられた政府および／または領土の非両立性は，政府および／または領

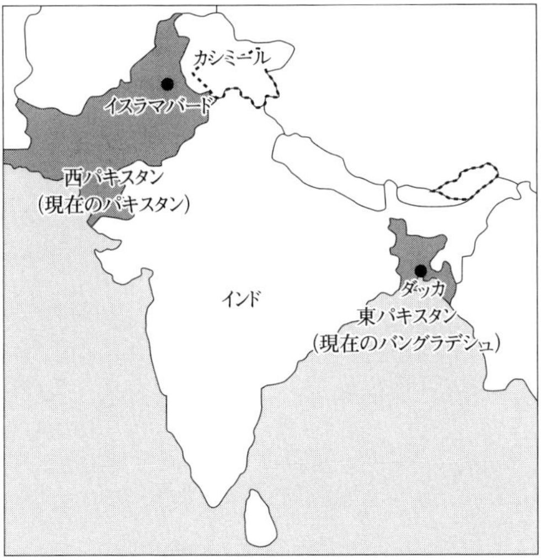


**図 1-1　東パキスタンと西パキスタン（外務省，2009）**

土に関連していなければならない。

(5.1) 非両立性：一般的に両立しえないポジションで申し立てられる。

(5.2) 政府に関する非両立性：政治システムのタイプに関連する非両立性。非両立性の政治システム，中央政府の交替，またはその内部の改変。

(5.3) 領土の地位に関する非両立性：例えば，一定の領土の支配状況の変革に関するもの（国家間の紛争)。分離独立や自治の要求（国内紛争)。

例えば，現在のパキスタンとバングラデシュは，1947 年にインドから独立したときは 1 つの国であった。大ざっぱな言い方であるが，ヒンズー教のインドが英国領から独立した時に，イスラム教のパキスタンとして分離独立した。図 1-1 のように，インドという大きな国を挟んで西パキスタン（現在のパキスタン）と東パキスタン（現在のバングラデシュ）のように離れてはいるが，同じ「パキスタン」という国であった。

しかし，東パキスタンと西パキスタンはイスラム教徒である点では一致していたが，言語も違い，さまざまな不都合が起きてきた。その結果，1971 年にベンガル人独立派の東パキスタンが分離独立，バングラデシュを建国し，今のような2つの国になっている。

このような分離独立は，しばしば起きている。1960年，コンゴでは，最も資源の富んだカタンガ州が分離独立宣言をしてコンゴ動乱へと突入した。この逆もある。例えばタンザニアは元々，タンガニーカという本土の国と，ザンジバルという小さな島国とがそれぞれ独立したのちに，一緒にやりましょうということで1964年に1つの国になり，タンザニア連合共和国と名前を変えた。その時点では紛争もなく，うまくいった。

しかし，時として，併合ではなく対等な合併と称しながら，武力による威嚇によって，ある国を自国に併合して1つの国にすることもある。したがって，分離，独立，自治の要求という裏側には，統合という逆の立場の要求もあることを，領土の非両立性から忘れてはならない。

## 【国会による有権解釈】

平和の定義と戦争の定義は同じスタンスで議論してはいけないと，「序」で述べた。決定的に異なる点は，戦争は，侵略戦争，自衛戦争，制裁戦争などのように違法性・合法性が問われることである。ここでは，少し長くなるが，戦争の肯定的定義，否定的定義に入る前に，日本の国会における「有権解釈」の議論を取り上げておこう。私たちが代表者を送っている国会で，戦争について，どのような論戦が繰り広げられ，そのことがいかに重要かを知っておいてもらいたい。戦争に関わる概念の解釈の違いで，人の命が奪われることにもつながってしまうのである。

まず，中心となる概念の有権解釈とはどういうことか，辞書から見てみよう。

> 権限のある機関によって行われる法の解釈。拘束力をもつ。公権的解釈。
>
> 『大辞泉（増補・新装版）』（松村，1998）

> 公権的解釈に同じ。
>
> 『広辞苑（第7版）』（新村，2018）

> 国家機関の行う，拘束力をもつ法の解釈。公権的解釈。

『大辞林（第2版）』（松村，1995）

このようにすっきりと辞書には書かれてはいるが，実は，有権解釈という言葉をどのように定義するのかということ自体についても議論が起こっている。ここにある公権とは公法関係における権利であって，これは私権と対比され，同時に公義務に対応する。公権は国などが行政主体として国民に対して持つ権利である国家的公権と，国民が行政主体に対して持つ権利である個人的公権に分かれる。

## 【国会での答弁から】

実は，政府が国会で答弁したことが有権解釈になり，その後，法的拘束力を持つようになる。もちろん，日本国憲法が発布されてから，第9条の戦争放棄の部分については国会でさまざまな議論があったが，これらはみな有権解釈として法的な拘束力を持つと考えてもらってよい。1つの事例を国会の議事録から採録してみたので紹介しよう。平成13年（2001年）12月3日に行われた質問第27である。民主党の金田誠一議員が，「戦争」「紛争」「武力の行使」等の違いに関する質問主意書を提出して政府の答弁を求めている。これは大変広範な質問である。

直前の2001年9月11日に発生したアメリカ同時多発テロ（9.11事件）に対する自救措置として，アメリカがアフガニスタンへの武力行使を開始すると，日本政府はこれに全面的に賛同すると表明し，戦時下への自衛隊派遣という実質上の参戦で協力し，実際に給油措置などを行った。これにかかわる国際連合憲章，日本国憲法，国際法の解釈についての政府の見解は極めてあいまいであり，これらを明らかにするために質問をするとしたものであった。ぜひ，読み飛ばさず，しっかりと1つ1つの用語を拾っていってほしい。

平成十三年十二月三日提出
質問第二七号

「戦争」，「紛争」，「武力の行使」等の違いに関する質問主意書

提出者　　金田誠一

「戦争」,「紛争」,「武力の行使」等の違いに関する質問主意書

九月十一日に発生した米国同時多発テロに対する自救措置として米国が開始したアフガニスタンへの武力行使について，日本政府はこれに全面的に賛同すると共に，戦時下への自衛隊派遣という実質上の参戦をもってこれに協力している。

しかしながらこれに関わる国連憲章，憲法，国際法の解釈についての政府の見解は極めて曖昧であり，これらを明らかにするために以下質問する。

一 「戦争」について

日本国憲法第九条には「国権の発動たる戦争」とあるが，戦争の条件には「国権の発動」を必要とするのか，言い換えると国権の発動ではない戦争が成立する余地はあるのか，政府の見解を明らかにされたい。

二 「戦争」と「紛争」の違いについて

日本国憲法第九条では,「戦争」と「国際紛争」とを区別していると解されるが，政府の見解はどうか。政府が両者を異なるものと解釈しているのであれば，その違いについて明らかにされたい。

三　紛争について

以下の用語の定義について異なるのであれば，政府の見解をそれぞれ明らかにされたい。

1　日本国憲法第九条でいう「国際紛争」。

2　国連憲章第二条でいう「国際紛争」。

3　国連憲章第六章でいう「紛争」。

4　日本国とアメリカ合衆国との間の相互協力及び安全保障条約（以下「日米安保条約」という。）第一条でいう「国際紛争」。

5　日米防衛協力のための指針（千九百九十七年九月二十三日）（以下「指針」という。）「II　基本的な前提及び考え方」でいう「紛争」。

6　平成八年度以降に係る防衛計画の大綱（以下「大綱」という。）「I　策定の趣旨」でいう「紛争」。

7　平成十三年九月十一日のアメリカ合衆国において発生したテロリストによる攻撃等に対応して行われる国際連合憲章の目的達成のための諸外国の活動に対して我が国が実施する措置及び関連する国際連合決議等に基づく人道的措置に関する特別措置法（以下「テロ対策特措法」という。）第二条でいう「国際的な武力紛争」。

四「武力の行使」について

以下の用語の定義について異なるのであれば，政府の見解をそれぞれ明らかにされたい。

1　日本国憲法第九条でいう「武力の行使」。

2　国連憲章第二条でいう「武力の行使」。

3　国連憲章第五十一条でいう「武力攻撃」。

4　日米安保条約第一条でいう「武力の行使」。

5　日米安保条約第五条でいう「武力攻撃」。

6　指針「I　指針の目的」でいう「武力攻撃」。

7　テロ対策特措法第二条でいう「武力の行使」。

8　テロ対策特措法第二条でいう「戦闘行為」。

五　現在アフガニスタンにおいて行われている戦闘について

現在アフガニスタンで行われている戦闘は次のいずれかに該当するのか，政府の見解を明らかにされたい。

1　日本国憲法第九条でいう「国際紛争」。

2　国連憲章第二条でいう「国際紛争」。

3　国連憲章第六章でいう「紛争」。

4　大綱「II　国際情勢」でいう「地域紛争」。

5　テロ対策特措法第二条でいう「戦闘行為」。

六　自衛権行使と「戦争」ないし「紛争」との関係について

直接侵略（自衛隊法第三条でいうところのもの）に対して日本国が個別的自衛権を発動し，これを受けて日本国自衛隊が自衛隊法第八十八条で定める「必要な武力行使」を行った場合，日本国憲法第九条でいう「国権の発動たる戦争」になるのか，またこれによって生じた紛争状態は同条でいう「国際紛争」となるのか，政府の見解を明らかにされたい。

七　指針「Ⅱ　基本的な前提及び考え方」では「国際法の基本原則並びに国際連合憲章を始めとする関連する国際約束」とあるが，これは具体的に何を指しているのか，明らかにされたい。
　右質問する。

（衆議院，2001）

これに対する答弁書が以下である。

平成十四年二月五日受領
答弁第二七号

内閣衆質一五三第二七号
平成十四年二月五日
内閣総理大臣　小泉純一郎

衆議院議長　綿貫民輔　殿
衆議院議員金田誠一君提出「戦争」，「紛争」，「武力の行使」等の違いに関する質問に対し，別紙答弁書を送付する。

衆議院議員金田誠一君提出「戦争」，「紛争」，「武力の行使」等の違いに関する質問に対する答弁書

一について
　憲法第九条第一項の「国権の発動たる」とは「国家の行為としての」という意味であり，同項の「戦争」とは伝統的な国際法上の意味での戦争を指すものと考える。したがって，同項の「国権の発動たる戦争」とは「国家の行為としての国際法上の戦争」というような意味であると考える。
　もっとも，伝統的な国際法上の意味での戦争とは，国家の間で国家の行為として行われるものであるから，「国権の発動たる戦争」とは単に「戦争」というのとその意味は変わらないものであり，国権の発動ではない戦

争というものがあるわけではないと考える。

二について

憲法第九条第一項の「戦争」とは，伝統的な国際法上の意味での戦争，すなわち，国家の間で武力を行使し合うという国家の行為をいうのに対して，同項の「国際紛争」とは，国家又は国家に準ずる組織の間で特定の問題について意見を異にし，互いに自己の意見を主張して譲らず，対立しているという状態をいうと考える。

三の１について

憲法第九条第一項の「国際紛争」とは，国家又は国家に準ずる組織の間で特定の問題について意見を異にし，互いに自己の意見を主張して譲らず，対立している状態をいうと考える。

三の２及び４について

国際連合憲章（以下「国連憲章」という。）第二条第三項及び日本国とアメリカ合衆国との間の相互協力及び安全保障条約（昭和三十五年条約第六号。以下「日米安保条約」という。）第一条の「国際紛争」とは，一般に，国家などの間で特定の問題について意見を異にし，互いに自己の意見を主張して譲らず，対立している状態をいうと考える。

三の３及び５について

国連憲章第六章及び平成九年九月二十三日に日米安全保障協議委員会において了承された日米防衛協力のための指針（以下「指針」という。）「Ⅱ．基本的な前提及び考え方」の「紛争」とは，一般に，当事者間で特定の問題について意見を異にし，互いに自己の意見を主張して譲らず，対立している状態をいうと考える。

三の６について

平成八年度以降に係る防衛計画の大綱（平成七年十一月二十八日閣議決定）「Ⅰ　策定の趣旨」の「紛争」とは，国際政治の安定を確保するための我が国の外交努力の対象となってきた争いをいうと考える。

三の７について

平成十三年九月十一日のアメリカ合衆国において発生したテロリストによる攻撃等に対応して行われる国際連合憲章の目的達成のための諸外国の

活動に対して我が国が実施する措置及び関連する国際連合決議等に基づく人道的措置に関する特別措置法（平成十三年法律第百十三号。以下「テロ対策特措法」という。）第二条第三項の「国際的な武力紛争」とは，国家又は国家に準ずる組織の間において生ずる武力を用いた争いをいうと考える。
四の1について
　憲法第九条第一項の「武力の行使」とは，基本的には国家の物的・人的組織体による国際的な武力紛争の一環としての戦闘行為をいうと考えるが，同項の「国権の発動たる戦争」に当たるものは除かれる。
四の2及び4について
　国連憲章第二条第四項及び日米安保条約第一条の「武力の行使」とは，一般に，国家がその国際関係において行う実力の行使をいい，憲法第九条第一項の「国権の発動たる戦争」に当たるものも含まれるという点を別にすれば，四の1についてで述べたところと本質的には同一のものをいうと考える。
四の3，5及び6について
　国連憲章第五十一条，日米安保条約第五条及び指針「I．指針の目的」の「武力攻撃」とは，一般に，一国に対する組織的計画的な武力の行使をいうと考える。
四の7について
　テロ対策特措法第二条第二項の「武力の行使」とは，基本的には国家の物的・人的組織体による国際的な武力紛争の一環としての戦闘行為をいうと考える。
四の8について
　テロ対策特措法第二条第三項の「戦闘行為」とは，国際的な武力紛争の一環として行われる人を殺傷し又は物を破壊する行為をいう。
五について
　お尋ねの「現在アフガニスタンで行われている戦闘」が具体的にいかなるものを指すのか必ずしも明らかではないため，お答えすることは困難である。
六について

憲法第九条第一項は，独立国家に固有の自衛権までも否定する趣旨のものではなく，自衛のための必要最小限度の武力の行使は認められているところであると解されるから，自衛隊が自衛隊法（昭和二十九年法律第百六十五号）第八十八条に基づいて必要な武力を行使したとしても，憲法第九条で禁止されている「国権の発動たる戦争」には当たらないと考える。

また，お尋ねの「これによって生じた紛争状態」については，具体的にいかなる状態を指すのか必ずしも明らかではないため，お答えすることは困難である。

七について

指針「Ⅱ．基本的な前提及び考え方」の「国際法の基本原則及び国際連合憲章を始めとする関連する国際約束」とは，指針の下で行われる我が国及びアメリカ合衆国のすべての行為に関連するあらゆる国際法の基本原則及び国際約束をいうが，具体的にいかなるものがこれに当たるかは，両国が実際に活動する場合において個別具体的に判断されることとなると考える。

（衆議院，2002）

まず，ここで問われているのは，戦争についてである。日本国憲法第９条には「国権の発動たる戦争」とあるが，戦争の条件には「国権の発動」を必要とするのか，言い換えると国権の発動ではない戦争が成立する余地はあるのか，政府の見解を明らかにされたいとの質問である。以下に，日本国憲法の該当部分を挙げながら議論を進めていこう。

日本国憲法
第二章　戦争の放棄
〔戦争の放棄と戦力及び交戦権の否認〕

第九条　日本国民は，正義と秩序を基調とする国際平和を誠実に希求し，国権の発動たる戦争と，武力による威嚇又は武力の行使は，国際紛争を解決する手段としては，永久にこれを放棄する。

2　前項の目的を達するため，陸海空軍その他の戦力は，これを保持しない。国の交戦権は，これを認めない。

日本国憲法第9条は，「日本国民は，正義と秩序を基調とする国際平和を誠実に希求し，国権の発動たる戦争と，武力による威嚇又は武力の行使は，国際紛争を解決する手段としては，永久にこれを放棄する。」とうたいあげている。戦争の上に「国権の発動たる」がついていることがキーポイントである。では，「国権の発動」ではない戦争はあるのか。以下が，これに対する政府の答弁である。

憲法第九条第一項の「国権の発動たる」とは「国家の行為としての」という意味であり，同項の「戦争」とは伝統的な国際法上の意味での戦争を指すものと考える。したがって，同項の「国権の発動たる戦争」とは「国家の行為としての国際法上の戦争」というような意味であると考える。

もっとも，伝統的な国際法上の意味での戦争とは，国家の間で国家の行為として行われるものであるから，「国権の発動たる戦争」とは単に「戦争」というのとその意味は変わらないものであり，国権の発動ではない戦争というものがあるわけではないと考える。

これは平成13年（2001年）とは思えない，非常に古いタイプの解釈である。「戦争は国家間にしか起こらない」，「主権国家が国権を発動して行うのが戦争である」，「国家ではないアクターはいろいろあるが，それが行うものは戦争とは呼ばない」との立場である。しかし，これが一応，政府の有権解釈として示されている。

次に，日本国憲法第9条の中で「戦争」と「国際紛争」が異なるものならば，どう違うのか明らかにしてほしいという質問が出された。憲法9条では「国際紛争を解決する手段としては，永久にこれを放棄する」といっている。政府の答弁は，「戦争」については先ほどと同じことを述べている。国際紛争については，

**表 1-1 金田議員の指摘する国際紛争などの言説群**

| | |
|---|---|
| 1 | 日本国憲法第九条でいう「国際紛争」。 |
| 2 | 国連憲章第二条でいう「国際紛争」。 |
| 3 | 国連憲章第六章でいう「紛争」。 |
| 4 | 日米安保条約第一条でいう「国際紛争」。 |
| 5 | 日米防衛協力のための指針でいう「紛争」。 |
| 6 | 平成八年度以降に係る防衛計画の大綱でいう「紛争」。 |
| 7 | テロ対策特措法でいう「国際的な武力紛争」。 |

> 憲法第九条第一項の「戦争」とは，伝統的な国際法上の意味での戦争，すなわち，国家の間で武力を行使し合うという国家の行為をいうのに対して，「国際紛争」とは，国家または国家に準ずる組織の間で特定の問題について意見を異にし，互いに自己の意見を主張して譲らず，対立しているという状態をいうと考える。

ここで，戦争は「行為」，国際紛争は「状態」との区別，しかも「国家に準ずる組織」の用語が入ってきた。この用語が入ってこないと新しい解釈にはならない。戦争は従来通り国家間の問題であり，宣戦布告して戦時国際法に合った形で始まる国家の行為であるという。ところが国際紛争は，そうではないとの見解である。しかし，この答弁に従うと，国家に準ずる組織の間，例えば，それが国連だとすると，国連との間に何らかの異にする意見をもってお互いに自己の意見を主張して譲らず対立するといったこと，すなわち，論争（dispute）もこれに含まれると考えられてしまう。国連の中の人権理事会と日本がぶつかることがよくある。これを称して「国際紛争である」というのが日本国政府の有権解釈となってしまうとの，うがった見方も可能となる。アクターが互いに自分の立場や主張を争う，非軍事的な争いが，この定義では含まれてしまう可能性がある。このような言葉の誤用を避けるためにも，紛争を創造的プロセスと破壊的プロセスから議論している，社会心理学者で紛争解決などの研究で著名なモートン・ドイッチュ（Morton Deutsch, 1920–2017）の *“The Resolution of Conflict: Constructive and Destructive Processes*（紛争の解決：創造的プロセスと破壊的プロセス）” の紛争の定義なども，是非，読んでみてほしい。

さらに質問はどんどん広がっていく。「国際紛争」という言葉は，日本国憲

**表 1-2　金田議員の指摘する武力行使などの言説群**

| | |
|---|---|
| 1 | 日本国憲法第九条でいう「武力の行使」。 |
| 2 | 国連憲章第二条でいう「武力の行使」。 |
| 3 | 国連憲章第五十一条でいう「武力攻撃」。 |
| 4 | 日米安保条約第一条でいう「武力の行使」。 |
| 5 | 日米安保条約第五条でいう「武力攻撃」。 |
| 6 | 指針「指針の目的」でいう「武力攻撃」。 |
| 7 | テロ対策特措法第二条でいう「武力の行使」。 |
| 8 | テロ対策特措法第二条でいう「戦闘行為」。 |

法第９条だけでなく，国連憲章第２条にも出てくる。国連憲章第６条にも「紛争」という言葉がやはり出てくる。これはどこがどう違うのか。

また，「日本国とアメリカ合衆国との間の相互協力及び安全保障条約」，通称「日米安保条約」第１条にやはり「国際紛争」が出てくる。「日米防衛協力のための指針」の「基本的な前提及び考え方」でも「紛争」という言葉が出てくる。さらに，平成８年度（1996年度）以降に係る防衛計画の大綱の中の「策定の趣旨」でも「紛争」という言葉が出てくる。そして，当時の眼目であった9.11事件以後の「テロ対策特措法」の第２条に「国際的な武力紛争」という言葉が出てくる。

続いて，「武力の行使」に関する８つについて，政府はどのように使い分けているのか，それとも，すべて意味が同じなのかと質問している。８つ目の「戦闘行為」という言葉がキーポイントになる。

以下がそれらへの政府の答弁である。

> 第九条一項の「武力の行使」とは，基本的には，国家の物的・人的組織体による国際的な武力紛争の一環としての戦闘行為をいうと考えるが，同項の「国権の発動たる戦争」に当たるものは除かれる。

> 国連憲章第五十一条，日米安保条約第五条及び指針の「武力攻撃」とは，一般に，一国に対する組織的計画的な武力の行使をいうと考える。

誤って攻撃したとか，組織的でも計画的でもない武力の行使は武力行為ではな

表 1-3　金田議員の指摘するアフガニスタンにおいて行われている戦闘を指す言説群

| | |
|---|---|
| 1 | 日本国憲法第九条でいう「国際紛争」。 |
| 2 | 国連憲章第二条でいう「国際紛争」。 |
| 3 | 国連憲章第六章でいう「紛争」。 |
| 4 | 大綱「国際情勢」でいう「地域紛争」。 |
| 5 | テロ対策特措法第二条でいう「戦闘行為」。 |

い，組織的に計画的に行使されたものが武力行為と考えるとの答弁である。

そして，このテロ対策特措法での「戦闘行為」の解釈が最も踏み出した有権解釈であると思う。

テロ対策特措法第二条第二項の「武力の行使」とは，基本的には国家の物的・人的組織体による国際的な武力紛争の一環としての戦闘行為をいうと考える。

テロ対策特措法第二条第三項の「戦闘行為」とは，国際的な武力紛争の一環として行われる人を殺傷し又は物を破壊する行為をいう。

お尋ねの「現在アフガニスタンで行われている戦闘」が具体的にいかなるものを指すのか必ずしも明らかではないため，お答えすることは困難である。

テロ対策特措法第二条第三項の「戦闘行為」とは何ですかと質問したときに，政府の答えは，「国際的な武力紛争の一環として行われる，人を殺傷し又は物を破壊する行為をいう」となっている。戦闘行為に関する先ほどの解釈に遡り，武力の行使というところに至って，その上に，国際紛争，戦争ということが積み上がっていく。そうすると，戦争の解釈を突き詰めていくと，「武力紛争の一環として行われる人を殺傷し又は物を破壊する行為」が戦争であると有権解釈が述べていることになる。「戦争は人を殺傷し物を破壊する行為である」という公権的な有権解釈に至って，大変すっきりした戦争の本質が出てきた。これは，現象あるいは状態を記述したものだが，その目的には一切触れていない。

あるいはその倫理性には一切触れていない。

続いて，「現在，アフガニスタンにおいて行われている戦闘は次のいずれかに該当するのか，政府の見解を明らかにされたい」との質問が行われた。政府の答弁は，「現在，アフガニスタンで行われている戦闘については具体的にいかなるものを指すのかが必ずしも明らかではないためお答えすることは困難である」と答弁を避けた。平成16年（2004年）11月10日，小泉純一郎総理が岡田克也民主党代表との党首討論で，非戦闘地域について「自衛隊が活動する地域は非戦闘地域である」と答えたことがあるが，ここでも本質を避けた答弁をしたということになる。

**【違法性・合法性とモラル】**

さて，ここで，お話ししたことのポイントをまとめてみよう。『平和学入門1』で平和の定義は十人十色，百人百様であると述べた。また，平和に関しての学問的定義では，構造的暴力も主体的暴力もない積極的平和の状態を真の平和というとの合意が，ほぼ平和学者の間ではできているということも確認した。

ところが，戦争の定義については，違法性，合法性が問われる。第2次世界大戦で敗戦国となったドイツではニュルンベルク裁判で戦争犯罪者が裁かれ，日本でも極東軍事裁判で多くの人が裁かれ，処刑された。その後，今や国際司法裁判所や国際刑事裁判所で個人が戦争犯罪者を訴追できるようになり，さまざまな人が罪を問われている。そこでは戦争のやり方についての合理性，違法性が裁かれるのである。

このような現実とともにさまざまな立場があり，戦争という言葉の学問的定義がなかなか一致しなくなる。後半で議論したように，法的解釈の一元化が必要であることとは別に，戦争を肯定するか否定するか，いわば踏み絵のような形でモラルが問われる。戦争は避けられないから勝ち方を研究した方が合理的だと考えるか，戦争はあまりにも悲惨な発明であり人類が意志をもって起こしている以上，廃棄することは可能だと考えるか，私たちは岐路に立たされる。そうなると，右（保守派）や左（革新派）に分かれてしまった人たちの間で戦争の定義を一致させることは困難になってしまう。学問的定義はなかなか厄介であると述べた理由は，実は，ここにある。

# 第2講

## 戦争の肯定的定義

第1講では，戦争の定義の中で，まず中立的定義を見てきた。政府の戦争に対する有権解釈を突き詰めていくと武力紛争となり，「戦争とは何か」は，人を殺し，物を破壊する行為であるとの解釈に行きつくことがわかった。

この講では，戦争の肯定的定義について話をしたい。肯定的定義とは，戦争を人類社会にとって不可避なもの，必要悪としてのその存在を認めて定義する考え方である。そういった考え方をする人の背景には，いかに戦争に勝つかとの戦略論がついてくることが多い。その代表として，クラウゼヴィッツの『戦争論』を取り上げて議論をし，彼の思想がどのように後世の戦略家たちに影響を与えたのかを検証してみよう。

## 【クラウゼヴィッツの人生】

戦争の肯定的解釈者の中から最も著名な 1 人を取り上げて，肯定的解釈に接近を試みたい。その代表者はカール・フォン・クラウゼヴィッツ（Carl von Clausewitz, 1780–1831；図 2–1）である。彼が著した *"Vom Kriege"* は，日本では『戦争論』と訳されて古くから読まれている。

図 2–2 は，1600 年から 1795 年のブランデンブルク＝プロイセンの領土拡張を示した地図である。もともと 2 人の君主によって治められていたブランデンブルク選帝侯領とプロイセン公国が，婚姻関係によって同一の君主によって統治される同君連合となった。真ん中がブランデンブルクの領地である。現在のドイツの地図からすると，プロイセンがポーランド領に食い込んでいた国だということがわかる。プロイセンはその後のドイツを形成する主要な部分になると言ってよいと思う。図 2–2 の中央を流れるオーデル川が現在のドイツとポーランドの国境である。1780 年 6 月 1 日に，クラウゼヴィッツはプロイセンのブルク（現在のドイツ中央部マクデブルク市近郊）に生まれた。

では，クラウゼヴィッツがどのような経緯で『戦争論』執筆に至ったのかについて，ベアトリス・ハウザー（Beatrice Heuser, 1961–現在）の著作 *"Reading Clausewitz*（クラウゼヴィッツを読む)" から確認していこう。

クラウゼヴィッツが生まれた当時，敵対するフランスでは，ルイ 16 世治世による財政が破綻し，その後のフランス革命に突入する前夜ともいえる時代であった。彼の姓名にある "von" は，準貴族などが名乗る，英語の "of" にあたる。ただし，この "von" は，祖父は名乗っておらず，父親がフリードリヒ 2 世（Frederick the Great）に嘆願して復活させたものであって，この出自について議論の余地があるとハウザーは付け加えている。

クラウゼヴィッツは，父親が軍人であったことから，その影響を受け 12 歳でプロイセンの軍隊に入隊し，1793 年，1794 年の対フランス戦争に従軍した。その後 21 歳のとき，シャルンホルスト将軍（Gerhard Johann David von Scharnhorst, 1755–1813）が校長を務める陸軍大学校（Kriegsakademie）に入学を許可される。ここでシャルンホルストの教育の下，フランス軍への敵愾心，プロイセン軍改革の意識を育んでいくことになる。

その後，伯爵家のマリー・フォン・ブリュール（Marie Countess von Brühl,

**図 2-1　クラウゼヴィッツの肖像　原寸 26x21 cm（Wach, 1930）**

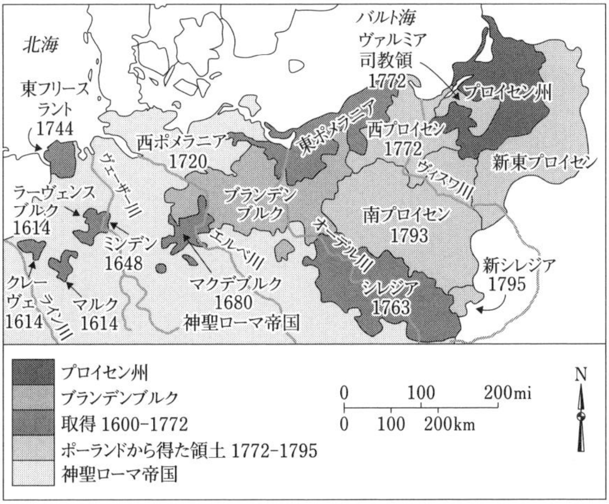


**図 2-2　ブランデンブルク＝プロイセンの領土拡張：1600-1795 年（German History in Documents and Images）**

1779-1836）に出会い，1810 年に結婚する。これが戦争論に決定的な影響を与える。妻となるマリーの高貴な家柄にはイギリス人の血も入っており，フランスへの敵対する思いを妻とも共有することになる。

1806 年 10 月 14 日の有名なアウエルシュテットの会戦でプロイセンは敗北

し，ナポレオンがベルリンに入城する。クラウゼヴィッツはこの戦いでフランス軍の捕虜になる。このときのフランス軍の勝ちっぷりは想像を超えたものがあった。アウエルシュテットの戦いにおいて，プロイセン軍はフランス軍の2倍の約5万人だった。ところが，戦争の結果を見てみると，倍の兵力をもって戦ったにもかかわらず，その被害はフランスの2倍であった。このことが何を意味するのか。クラウゼヴィッツがこの会戦に参戦して，ナポレオンが率いるフランス軍を目の当たりにしたことが重要である。ナポレオンの戦争の方法によって，ヨーロッパでの戦争の方法はすっかり変わってしまう。クラウゼヴィッツは，その中にいて，そのことをつぶさに目撃したのである。

プロイセンとナポレオンの敵対は，1815年，ナポレオンがイギリス・プロイセン連合軍にワーテルローの戦いで完敗し，百日天下が幕を閉じるまで続く。ここに至り，ウィーン体制のもと，オーストリア，プロイセンを含む39カ国によってドイツ連邦が成立するのである。クラウゼヴィッツの戦争観には，対フランス軍，対ナポレオンの戦い方が影響していることがわかるであろう。

『戦争論』は古くから日本語に訳されている。最も古く日本に紹介したのは，あの森鷗外であると言われている（石井，2009）。鷗外は軍医としてドイツに留学し，当時，留学仲間の早川（旧姓田村）怡《い》與《よ》造《ぞう》大尉から「哲学部分が難解で読めないから一緒に読んでほしい」と頼まれて，このクラウゼヴィッツの書籍に出会っている。

日本でもさまざまな翻訳が手掛けられてきた。部分的に抜粋された翻訳はたくさんあるが，まとまった形での『戦争論』は，1968年に篠田英雄訳で岩波書店から文庫版が出版されている。芙蓉書房出版からも日本クラウゼヴィッツ学会訳で2001年に，また，中央公論新社からも清水多吉訳による文庫版『戦争論』が2001年に出版されている。

岩波文庫1968年版には次のような刊行者の序文がある（クラウゼヴィッツ，1968）。

> 婦人の分際でこの種の内容の著作に序文を付するのをあられもない仕業として怪まれる方々もおありでございましょう。

実は，クラウゼヴィッツの遺稿をマリー夫人が編集したのが，このあまりにも有名な『戦争論』なのである。細かく読んでいくと，クラウゼヴィッツが序文の前に自身で「方針」を立てている。その中で告白していることの１つに，『戦争論』の第１章は完成されたものだが，第２章以降はまだまだ推敲が足りないということがある。たしかに，クラウゼヴィッツの専門家に言わせると，後ろの方の章では矛盾すらあるという。それは，夫人が遺稿を出版したということにもよる。

## 【クラウゼヴィッツの戦争の定義】

『戦争論』の中でクラウゼヴィッツがしている戦争の定義はいくつかあるが，重要な点は２つあり，どちらも第１章の中に書かれている。ここでは岩波文庫版を中心に議論を進めよう。

> おのおのは相手に対して，物理的暴力を通じてみずからの意志を強要しようと努める。彼の当面の目的は，敵を打倒することであり，それによって，相手のさらなる抵抗を不可能にすることである。つまるところ戦争とは，敵に対してわがほうの意志を強いて強要する，ひとつの暴力行為なのである。

わが国が思っていることを敵国がやらざるを得ないようにしていく，そのときの暴力行為である。これがクラウゼヴィッツの戦争の定義の最初に出てくる部分である。そして，これが最も有名なセンテンスである。

> 戦争とは，別個の手段をもってする政治の単なる継続である。

あるいは，「政治の延長である」，「別の手段をもってする」などさまざまな訳があるが，これが一般的な訳と考えてよかろう。要は，政治的外交交渉とは別の手段をもってする「外交」の継続にすぎない，つまり，戦争は政治の外交交渉の延長上に存在する。テーブルの上の交渉とは手段が異なるが，同じことをやっているのだとの主張である。

ここでまとめると，この中でまず大事なことは，「戦争とは敵に対してこちらの意志を強要する暴力行為だ」との点である。そして，それを，政治的目的を達成する手段の1つとして認める。だからこそ，戦争はあり得るのである。これは，さらに深く読むと，戦争をして利益を生む可能性があるときは，その機会を逃してはならないと解釈することができる。ただし，戦争はそれ自体が目的ではない。この部分が理解されずに，先ほどの2つがあまりにも有名なセンテンスとして広まったために，クラウゼヴィッツが何か「戦争屋」であるかのようなイメージを持たれてしまうことがままある。しかし，クラウゼヴィッツは，戦争はそれ自体が目的ではなく，むしろ政治目的を達成することが戦争の目的であるとはっきりと言っている。ぜひ，皆さんも，誤解せず，しっかりクラウゼヴィッツが言ったことを理解してほしい。政治目的を達成する手段だが，戦争自体が目的であってはならないということだ。

**【暴力の極限的な行使とは】**

もう1つ有名なフレーズに「暴力の極限的な行使」がある。これに読者たちは恐れおののいて，クラウゼヴィッツは何とも残酷な戦争屋だというイメージを抱くかもしれない。

> ところで博愛主義者たちは，過度な打撃を与えることなしに，合意によって敵を武装解除したり，あるいは打ち負かしたりするのは可能であって，それこそが戦争術の真の傾向なのだと，気楽に考えている。これはいかにももっともらしく見えるが，こうした誤りは断固として打破しなければならない。

この部分を読んで思い浮かぶことは何であろうか。中国春秋戦国時代の『孫子』の兵法によると，戦って勝つのは下の下，もっとも上策は戦わずして勝つことであると説かれている。己を知り，敵を知れば，百戦して百勝間違いなしと書いている。ところがクラウゼヴィッツは，合意によって敵を打ち負かすことができると気楽に博愛主義者たちは考えているが，これは誤りであり，このような考え方は断固として打破しなければならないと言っている。続けて，こう述べている。

> なぜなら，戦争とはきわめて危険なものであり，善良さから立ち現れるような誤りは，最悪なのである。……流血に配慮したりせずにこうした暴力を容赦なく用いる側は，敵がそうしない場合には，優位に立つにちがいない。

勝者側は，合意によって，負けた側が武装解除して降伏するということを絶対に許してはならない。善良さを見せることは戦争においては最悪であり，流血に配慮したりしてはいけない，容赦なく暴力を用いて，敵が一歩でもひるんだらこちらが優位に立つ，そのくらい暴力は徹底的に繰り出さなければ戦争で勝つことはできない。こうしたフレーズのせいで，クラウゼヴィッツが残忍だと誤解されることがあるのだろう。ただ，これは，先ほども述べたように，政治的目的を達成する手段として徹底的に合理的に考えていくと，確かにこのような暴力の極限の行使は合理性を持つに違いないと理解できる。戦争とはそういうものであると考えていけばよいかと思う。

これに対して皆が皆，もろ手を挙げて賛成したというわけではなく，クラウゼヴィッツに対する批判は，称賛の声を超えるほど相当多く出されている。それは以下の４点にまとめられるだろう。

まず，戦争を政治の手段の１つと認めたことに対する倫理的・実践的な批判である。これは，歴史的・経験的に政治と軍事とが直線的関係，延長上，継続上にあるかと考えてみればよくわかる。例えば，政治家，行政官の価値観と，実際に戦闘を行う軍人が持っている価値観，技術，得意技を比べてみれば，いかにそれらがかけ離れたもので，同じところがほとんどないと言っても過言でないほど異なっているかがわかる。それなのにどうして軍事が政治の下で，政治の目的としての戦争を行っていけるのだろうか。こういった，クラウゼヴィッツが作り上げた枠組み自体を批判することが，さまざまなところでなされている。

では，戦争は政治的なものばかりなのだろうか。例えば，ナポレオンの前の時代は，王朝間戦争，あるいは王室間戦争の時代と言われ，ほとんど被害の出ない1～2回の戦闘で，騎士や傭兵同士がぶつかってすぐ勝ち負けが決まり，和平交渉が行われるような戦争をしていた。そのときに戦争にかけられていたものは，例えば，ある君主が主張する王位継承の正義とか，中世の十字軍のような宗教の正義といったものであり，必ずしも，領土そのものの支配権などをめぐる政治ではなかった。

クラウゼヴィッツは，政治的目的を達成しようとして戦争を行う，あるいは，政治的利害が手に入るときには戦争に訴えなければいけないとした。イスラエルの研究者マーチン・ヴァン・クレフェルト（Martin van Creveld, 1946–現在）は，その戦争の動機の点でクラウゼヴィッツを批判している。政治的手段もさまざまな手段もすべて尽き果ててしまい，戦争をせざるをえない「非政治的な戦争」ということがあるではないかというのである（クレフェルト，2011)。クレフェルトは，第1次世界大戦の時のドイツ，1941年に真珠湾を攻撃した日本の状態，1960年代の第3次中東戦争時を挙げている。その例証，命題が真であるか偽であるかは置いておくとしても，少なくとも主観的には，おそらくドイツ，日本，イスラエルの軍人たちや政治家たちは，そういった思考方法を採っていたかもしれない。クラウゼヴィッツの捉えていた枠組みとは離れたところで，巨大な戦争は起こり得るのだということになる。

2番目に，暴力の極限の行使が戦争には必須であるということを命題化してしまったことに対する批判である。『戦争論』はナポレオン戦争後に出されたのだが，軍人たちの間で非常によく読まれた。こうした軍人たち，あるいは，こうした軍人たちに戦略などを教えられた後進たちが，第1次世界大戦の前線に立ち，容赦なく極限の暴力を行使する。自分たちはクラウゼヴィッツの『戦争論』を通じてこう教えられたとして戦争に向かう。第1次世界大戦は，それまでの戦争にないほど非常に悲惨な戦争であったと歴史家たちは位置付けている。戦争の質が全く変わってしまったのである。ナポレオンのころから「総力戦」の言葉が出てくるが，それを文字通り実践したのが第1次世界大戦であった。それまでの戦争とは全く比べものにならないほど，死傷者の数，両親を失った子どもの数などが増加した。クラウゼヴィッツの『戦争論』を批判する人たちは，暴力の極限を行使しなければ勝てないと定義づけたことの責任を，クラウゼヴィッツが負わなければならないと考えた。

3番目の批判は，ドイツの軍事理論家としてヒトラーまでつながる系譜だということである。プロイセンの中で軍事理論家たちは，とりわけ『戦争論』を取り上げて，これを理論に取り入れていった。「もし，『戦争論』がなかったならば……」と他国の軍事理論家たちから批判された。

そして4番目に，クラウゼヴィッツが『戦争論』で述べていることは，国家間戦争にしか適用できないという限界を持っていることである。しかし，これは歴史のなせる業で，クラウゼヴィッツが生存していた時代には国家間戦争しかなく，現代のようなテロリスト集団による内戦などは存在しなかったのだから無理からぬことである。現代から遡って批判することは簡単だが，国家間戦争を分析すればよかった時代に書かれた書物なので，この批判は少し酷な部分があるかと思う。ただ，国家間戦争にしか適用できないというのは真実であろう。こうした批判があることをよく知っておいてほしい。

また，クラウゼヴィッツは，このようなことも言った。

> ナポレオン・ボナパルトがいつも自分自身をそう表現したように，征服者は，いつの時代にも平和の愛好者である。彼は，我々のこのプロイセンに抵抗されることなく入城できることを望んでいるのだ。

「クラウゼヴィッツドットコム（Clausewitz.com）」というクラウゼヴィッツ愛好者のウェブサイトでは，これはクラウゼヴィッツの持つユーモアだと言っている。

もう1つは，おもしろい言い方だと思うが，多くの人たちは何か物事をするにあたって，ステップ・バイ・ステップで，少しずつ努力を継続することが効果的だと考える。ところが，クラウゼヴィッツはこう言っている。確かに小さなジャンプは大きく飛ぶことよりも簡単である。だから，それを積み重ねていけば，いつかは目的に到達するだろう。しかし，今，飛ぼうとしているところが深い川の流れとか，幅の広い水が流れている溝であるとしたら，最初に半分飛んで，もう半分は後で飛ぼうと願う人はいるだろうか。水を飛び越えようとして，最初に半分飛んで後で半分飛ぼうとしたら，水にはまってしまうと言うのである。「クラウゼヴィッツドットコム」では，このこともユーモアがあると説明しているが，ここにクラウゼヴィッツの本質を垣間見ることができよう。暴力の極限の行使，一気にやるときはやらなければいけないということを，あたかも表現しているように思える。

**【クラウゼヴィッツの読者と現代性】**

『戦争論』は，批判がありながら，大変多くの人，それも実際に戦争を指揮した人たちに多く読まれている。例えば，ウェリントン将軍（Arthur Wellesley, Duke of Wellington, 1769–1852），大モルトケ（Helmuth Karl Bernhard von Moltke, 1800–1891），小モルトケ（Helmuth Johann Ludwig von Moltke, 1848–1916）といった将校，フラー（John Frederick Charles Fuller, 1878–1966），リデルハート（Basil Henry Liddell-Hart, 1895–1970）といった軍事戦略家たちが好んで読んだ。政治家では，あのロシア革命を指揮したレーニン（Vladimir Ilyich Lenin, 1870–1924），ヒトラー（Adolf Hitler, 1889–1945），毛沢東（Mao Zedong, 1893–1976），パットン（George S. Patton, 1885–1945），アイゼンハワー（Dwight D. Eisenhower, 1890–1969），キッシンジャー（Henry A. Kissinger, 1923–現在），パウエル（Colin L. Powell, 1937–現在）といった実戦に臨んだ政治家，軍人たちが教科書的に読んだ。日本では石破茂が座右の書，愛読書だと公言している。

ワインバーガー（Caspar W. Weinberger, 1917–2006）は，1984 年に国防長官として，アメリカが軍事力を行使する場合の留意点として「ワインバーガー・ドクトリン」を打ち出した。この留意点は，1990 年から 1991 年の湾岸戦争のときに，たびたびアメリカ国内の議論に引用された。彼は，6 点ある留意点の 3 点目でクラウゼヴィッツを引用している。

> クラウゼヴィッツが述べているように，当該する戦争で何を達成しようとしているか，どのように遂行しようとしているかを最初に頭の中で明確にしない限り誰も戦争など始めようとしないし，むしろ誰も感覚的に戦争を始めるべきではない。
>
> （Weinberger, 1986）

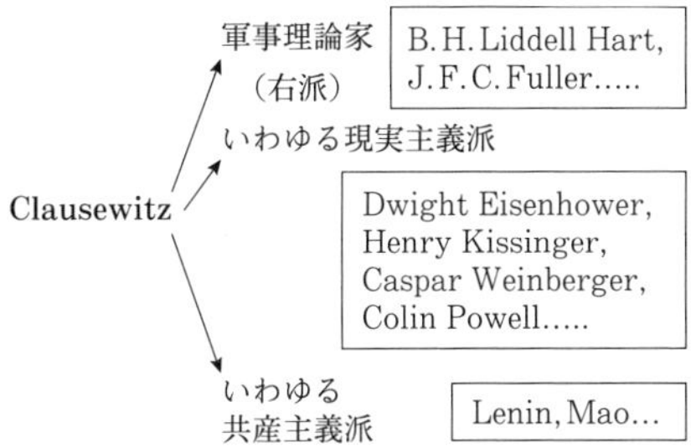


**図 2-3　クラウゼヴィッツの系譜（筆者作成）**

ワインバーガーは，この点を理解していた。政治的な達成目標があって初めて戦争を行う。それがない場合，戦争など始めるべきではない。クラウゼヴィッツがいかに大きな影響を与えていたかが，ここでよくわかるだろう。

図 2-3 は，クラウゼヴィッツの系譜を整理したものである。世界初のまとまった戦争論であるから，軍事理論家がクラウゼヴィッツを読むのは当然だろう。いわゆる現実主義派（リアリスト）と呼ばれる人たちが読んだが，共産主義派とされている人たちも読んだ。いかに広い愛読者を獲得したかがわかるだろう。

レーニン全集の中には，「平和とは他の手段をもってする戦争の継続にすぎない」と書かれている。これはクラウゼヴィッツの「戦争とは，別個の手段をもってする政治の単なる継続である」という言葉へのオマージュである。また，レーニンは「中立国は潜在的な敵である。こちらが獲らねば，必ず敵が獲る」とも言っている。中立国を獲らなければならないとき，つまりチャンスがあるときには獲ってしまうということだ。クラウゼヴィッツは，中立については「中立政策とは最も効率の悪い政策である。両者を敵にしなければならない」と述べている。

『毛沢東語録』の日本語訳（毛沢東，1995）が出ているが，これは中国に興味のある人は一度読んでみるとよい。その中に，『持久戦論』あるいは『遊撃戦論』という有名な著作があり，その中で毛沢東は次のように述べている。

> 戦争は政治の継続である。この点からいえば，戦争は政治であり，戦争そのものが政治的性格を持った行動であり，古来，政治性を持たない戦争は存在しなかった……。

> だが，戦争には戦争の特殊性があるという点からいえば，戦争はただちに政治一般に等しくない。戦争は別の手段による政治の継続である。

毛沢東は，戦争は特殊なものだから，それ自体がイコール政治とはいかないとしつつも，クラウゼヴィッツの言葉「戦争とは，別個の手段をもってする政治の単なる継続である」を引用している。

> 政治が一定の段階にまで発展して，もはや今までどおりに前進できなくなる。そこで，政治の途上の障害を一掃しようとして，戦争が勃発する。

先ほどのクレフェルトの追い込まれた状態，もはや何をやっても政治が通用しなくなると戦争が登場すると言っているのと同じである。やはり，毛沢東は実践家である。

> ……障害が一掃され，政治の目的が達成されると，戦争は終結する。障害が一掃されないあいだは，戦争は目的の貫徹のため，ひきつづきおこなわれなければならない。……従って，政治は血を流さない戦争であり，戦争は血を流す政治であるということができる。

逆に言えば，政治的な目的が達成されたら戦争は終結されなければならない。いつまでも続けているわけにはいかないということである。目的が達成されないならば，戦争は続けなければならない。「政治は血を流さない戦争であり，戦争は血を流す政治である」，これは毛沢東が述べた言葉の中でも，いまだに受け継がれている有名な言葉である。これもクラウゼヴィッツの系譜そのものということになろう。

# 第3講
## 戦争の否定的定義

ここまで，戦争は人類社会にとって不可避なものであり必要悪であるとして，その存在，あるいは，その継続を認める肯定的定義，そして，戦争の善悪や是非に触れずに，その現象を記述するための中立的定義があることを見てきた。それに対して，平和学者たちが行ってきた否定的定義とは，戦争は避けられるものであり，必要悪ではなく，意識的に起こされるものとして，その消滅を目指して定義する方法である。それを行った代表的な研究者が，今回，紹介するラパポートである。

**【否定的定義】**

戦争を定義する場合に，これまで肯定的定義と中立的定義を見てきた。今回は否定的定義を見ていこう。否定的定義とは，これまでも述べたように，戦争は避けうるもの，必要悪ではなく意識的に起こされるものとして定義する方法である。平和学研究者のほとんどは，これを用いて戦争を定義している。戦略学あるいは戦争学の研究者は，もちろん，肯定的定義を優先して考えていると言えよう。

そこで，否定的定義の代表例として，私の見た限りでは，この分野のうち1人だけ理論的な定義に成功した，アナトール・ラパポート（Anatol Rapoport, 1911–2007）を紹介する（ラパポートについては『平和学入門1』第6講参照）。

ラパポートの戦争の定義を具体的に見ていこう。*“Conflict in Man-made Environment*（人間の創った環境の中での紛争)” という書籍の中で，彼はこう述べている（Rapoport, 1974)。

> 現段階での平和（あるいは紛争）研究の最も重要な成果は，「戦争学者」の業績にみられるような技術としてではなく，戦争をひとつの現象として検証する探求の場を確立したことである。

平和学の最も重要な成果は，戦争学者と対比した場合に明確になる。戦争学者はそれを技術的なものとして捉えて，いかに戦争に勝つか，あるいはどのようにしたら上策か，といったことを研究してきた。第2講でも言及した『孫子』の兵法も，そういった点に絞られる。しかし，そうではなく，戦争を1つの現象として総合的に検証するための場を確立したことが平和学の成果であると言っている。正答はなかなか出ないが，とにかく探求の場は確立されたというのである。国連のような感じと例えれば想像しやすいだろうか。なかなか解決できないが，常設的な討論の場を設けたことで，第2次世界大戦後の世界は大きく変わったというのである。

> かりに戦争遂行のための組織や指揮に直接関連する諸条件（例えば，戦争生産機構や彼らによって提供される利害の全き存在）についての知識が常に

公衆に利用できるなら，平和研究は現段階ですら戦争に対して大きな役割を果たしうる。そうすれば，このような知識は，戦争生産機構や，それをあらしめてきた社会，経済，政治的システムの大衆的支持や正当性を永続させてきた意味論的環境を修正しうるであろう。

なかなか難しいかもしれないが，以下のような理解でどうだろうか。この世の中には戦争生産機構というものがあり，これについての知識を平和学は蓄えてきた。それを世界中の人に知ってもらい，その知識を利用することができれば，何とかこの研究が戦争を防ぐために役立つだろう。今まで戦争生産機構を人々は支えてきてしまい，戦争は自然災害のようなもので防ぎようがないとか，戦争に対する肯定的定義を行うことによって，人類がそれを永続させてきてしまったのである。しかし，実は，その意味論的環境を修正することが可能であると指摘している。これを，彼が言い換えると以下のようになる。

戦争が制度化されている限り，平和研究がなしうる最大の価値ある果実は，戦争の概念の変更である。政治的手段のそれとしてではなく，自然の大破局や，疾病の流行としてのそれではなく，組織的犯罪としてのそれへの変更である。

これがラパポートの戦争の定義である。クラウゼヴィッツが言ったような政治的手段ではなく，また，自然災害でもない，疾病の流行でもない，戦争は単に人間が起こし，人間が犠牲になる組織的犯罪なのだと，戦争の意味論を変えていったらどうだと主張したのである。意味論（semantics）というのも難しい言葉だが，ここでは，社会システムの中で「戦争」（war）という記号が示し，なおかつ，人々が当たり前として受け入れてきた意味を，「組織的犯罪」に切り替えるという試みである。

ラパポートは著書『人間の創った環境の中での紛争』で，人類全体を破滅に追いやる要因として4つを挙げている。1つ目は飢餓である。いまだに人類全体の死因の1位は飢餓である。ざっくりとした数字を言うと，世界全体で人類の約5分の1が飢餓線上にいると言って差し支えないだろう。2つ目は地震や津波，猛暑のような気象異常，火山噴火といった大自然災害である。3つ目は，新たな伝染病などの疾病である。今や世界中が1つに結ばれ，流通や人の往来が国境をいとも簡単に越えて行われており，ひとたび流行すると一気に範囲が広がるようなパンデミックとなる。例えば口蹄疫，HIV，SARS，COVID-19などがある。1974年に書かれた本としては，極めて予言的であると言えるだろう（2020年4月下旬の時点で，COVID-19によるアメリカの死者数はベトナム戦争で犠牲になった米兵の数を上回り，6月中旬には第1次世界大戦における同国の死者数を上回った）。そして4つ目の要因が戦争である。核兵器の過剰蓄積は，今でも基本的な状況は変わっていないが，当時ですら，人類が有する核兵器がすべて爆発すると人類ひとりひとりが十数回死ぬことができるだろうと言われていた。本格的な核戦争が起きれば人類は破滅に導かれる。

このようにラパポートは，人類を破滅に追いやる要因として4点を挙げた。最初の3つは比較的自然に起こるもので，最後の戦争だけが人為性をもったもの，つまり人間が起こすものと見ることができよう。

戦争は避けがたい必要悪ではなく，組織化された犯罪である。

私が思うに，このラパポートの定義が，否定的な戦争の定義の最も優れたものである。非常に含蓄の深い定義である。この定義を理解する上で，2つの重要な概念がある。戦争生産機構（war-making institutions）と社会動員（social mobilization）である。まず，戦争生産機構は，別の言葉で言うと軍産複合体（military industry complex）となる。今は軍産官学労情民複合体となっていることも，すでに『平和学入門1』第4講で詳しく議論した。これをラパポートは戦争生産機構と呼んだ。この複合体を人類が必要なものだとして永続的に認めている限り，戦争はなくならない。あるいは，ここから利益が生み出され，それによって富む人が出てくることを許しているならば，戦争はなくならない。こういうことが「組織化された犯罪」という言葉の裏に潜んでいる。

もう1つ戦争で重要な概念は，社会動員だろう。例えば，ある国の大統領が戦争を始めようと宣言したとしても，国民がついてこなければ戦争にはならない。ところが，ここに国益や共通の敵のような，定義がしっかりしない言葉が使われると，大衆の意識が沸騰してくることがある。このようなシステムを通じて社会動員がなされる。時には宗教がその道具に使われる。中東ではユダヤ教とイスラム教との対立があると言われるが，ユダヤ教徒とイスラム教徒が旧約聖書の解釈をめぐって何か大きな論争をしているところを見たことがあるだろうか。宗教対立，宗教紛争などと言われるが，それは宗教が原因なのではなく，宗教が社会動員の手段として使われているのである。イスラエルの国境を守り抜かなければイスラム教徒が入ってくる，そうなるとユダヤ教徒は生きていられないとか，あるいはその逆であるとかが社会に浸透していく。そして，そのような社会動員が軍産官学労情民複合体を支えていく。その結果，戦争状態がなかなか終わらない。

ラパポートは，これを意味論的に変換しなければならないと指摘するのである。軍産官学労情民複合体は，人を殺したり，物を壊したりする犯罪組織である。社会動員に関しては，冷静になり，互いのことをよく知りテーブルについてみれば，戦争の種は何もなかったといったことが往々にしてある。ベトナム戦争ではあれだけ多くの人々が亡くなったのに，ベトナムを指揮した将軍ヴォー・グエン・ザップ（Võ Nguyên Giáp, 1911–2013）と，アメリカの国防長官だったロバート・マクナマラ（Robert S. McNamara, 1916–2009）の 2 人が，戦争が終わってだいぶ経ってから会談をして，「この戦争は避けることができた」と結論付けた。これほど人を馬鹿にした話はない。大変な数の人間が犠牲になる中で，指揮した者同士が生き延びて，このようなことを語った。死んだ者はどうなるのか，けがを負った者はどうなるのか，親を失った者はどうなるのか。これが，社会動員によってなされるのである。

このように見てくると，皆さんは，ラパポートは平和主義者だと思われるかもしれない。彼自身は，自らを戦争廃棄論者（abolitionist：通常，「死刑廃止主義者」「奴隷廃止論者」「(豪州への）流刑廃止主義者」の意）と呼んだ。つまり，それは「何が何でも平和こそが第一である」，「自分の宗教から言っても，とにかく求めるべきは平和である」と考える平和主義者（pacifist）から距離を置くためだったと言われている。平和主義者とは，例えばレフ・N・トルストイ（Lev N. Tolstoy, 1828–1910）や公民権運動のマーティン・ルーサー・キング・ジュニア（Martin L. King, Jr., 1929–1968）のように，自分の信条，信念

(faith) として平和を求め，平和でなければならないと考える人々のことである。彼らは人の心や魂の変革を求めていき，それによって平和を獲得しうると考えた。それに対して，ラパポート流の戦争廃棄論者としては，例えばマハトマ・ガンディー（Mohandas Gandhi, 1869–1948）などが挙げられるだろう。ガンディーは決して暴力そのものをすべて否定したというわけではなく，独立のための1つの戦略として非暴力運動を選択した。宗教や信条から非暴力運動を主導したのではない。ここに，ラパポートに一脈通じるところがある。

ラパポートは，戦争は1つの社会制度（social institution），あるいは社会にビルトインされた制度であると考え，その社会制度を取り除けば戦争はなくなると思考した。したがって，軍産官学労情民複合体を，社会制度としての戦争のサブシステムであるとみなしたのである。軍事制度は，おのおのが相互に協力し合って，敵対的社会のカウンターパートの存在を正当化している。Aという国の軍事制度ががっちりと構築されれば，Bという敵対国の側にもがっちりとした軍事制度が構築される。社会制度としての戦争のサブシステムとは，そのような性質を持っているのだという。『平和学入門1』第5講で説明したリチャードソン方程式という軍拡の方程式は，こうしたことを下敷きにしている。したがって，戦争を廃止するには，制度的な絶滅を図らなければならない。平和主義者が行っているような，個人の心理的なものへの働きかけはほとんど効果がないというのである。しかし，それは平和主義者が尊敬に値いしないと言っているわけではないということも理解しておこう。

**【ラパポートによる3つの戦争観】**

『現代の戦争と平和の理論』（ラパポート，1969）の中で，ラパポートの戦争に対する見方が示されている。これは，目的等によって戦争を5つに分類しようという試みである。

a　名声と栄光を求める冒険であるという戦争観
b　神を冒瀆する国家への神罰であるという戦争観

この2つは過去のもので現代の世界ではあまり見られないという注釈を，ラパポートは付している。そして，現代の戦争観は，次の3つに分類できると言う。

1 戦争の政治哲学：本質的に政治的行為であるという戦争観（クラウゼヴィッツ的戦争観）
2 戦争の階級哲学：特定の社会的利害に役立つ手段であるという戦争観（レーニン的戦争観）
3 戦争大災害哲学：地震や疫病のような自然の大災害であるという戦争観（ライト，リチャードソン的戦争観）

平和学では，特定の国家階級から全人類へと，戦争に対する見方をどんどん広げてきて，戦争を否定的に考え，取り除いていく，避けられるという考え方をとるようになってきている。クラウゼヴィッツは，防禦の理論，すなわち，戦争は特定の国家への脅威であるとし，レーニンは，特定の階級，いわゆる労働者階級，農民階級を考え，クインシー・ライト（Quincy Wright, 1890–1970）やルイス・リチャードソン（Lewis F. Richardson, 1981–1953）は，戦争は人間性すべてへの脅威であるとしている。とりわけ核兵器が出現して以後，全人類は瞬時にして絶滅してしまうということが明らかになり，ライトやリチャードソンの言葉がより力を持ってきたと言えるだろう。ラパポートの考察のような，よい論文やよい議論は，表3–1のようにスッキリとまとめることが可能である。この3つについて詳しく見ていこう。

## 【戦争の政治哲学：クラウゼヴィッツ的戦争観】

まず，1の本質的に政治的行為であるという戦争観である。これは，まさしく，クラウゼヴィッツの戦争の世界観である。クラウゼヴィッツに対するラパポートの態度は，次のようなものである。クラウゼヴィッツは，基本的に戦争を肯定している。クラウゼヴィッツの戦争の政治哲学は，手段的にも確かに有効である。戦争を行う国家によって獲得，保持されるべき目的があって戦争を行う。そして，合理性も持っている。行うか行わないかの決定は利得計算に基礎を置いている。ここで戦争に打って出た方が損か得か，主役である国家が決定するのだということをクラウゼヴィッツは述べた。したがって，クラウゼヴ

**表 3-1　戦争の見方：特定の国家への脅威から全人類への脅威へ（筆者作成）**

<table>
<tr><th>戦争の政治哲学</th><th>戦争の階級哲学</th><th colspan="2">戦争大災害哲学</th></tr>
<tr><td>クラウゼヴィッツ<br>戦争は特定の国家への脅威（防禦の理論）</td><td>レーニン<br>特定の階級</td><td colspan="2">ライト，リチャードソン<br>人間性すべてへの脅威<br>とりわけ核兵器の出現以後，全人類は瞬時にして絶滅する</td></tr>
<tr><td>手段的<br>合理的</td><td>手段的ではあるが完全に合理的ではない<br>戦争の達成目的（例えば，市場や資源の獲得）はある<br>戦争の開始あるいは停止の決定は考えぬかれた計算の結果ではない</td><td colspan="2">手段的でもなければ合理的でもない</td></tr>
<tr><td>主役は国家であり国家的利益を基礎に置く<br>国家の政策決定者に対して書かれていることが明白</td><td>戦争の原因は国家を戦争に駆り立てる体系（資本主義的体系）<br>関係者の誰もが望まなくとも勃発し，戦争の規模を制限することはできなくなるほど手に負えない→戦争をしている国家の指導者が戦争を終結できなくなることがある<br>戦争の結果（例えば社会革命）は当事者には予知できない</td><td colspan="2">特定の行為者（独裁国家）も不特定行為者（資本家階級）も戦争の計画的な扇動者ではない<br>戦争は，一群の国家あるいはおそらく全人類に降りかかってくる何ものか<br>戦争の根源が，政治的・経済的・社会的・心理的相互関係の複雑な体系のダイナミックな性質，すなわち人類という複雑な体系のダイナミックな性質に存する<br>トルストイの『戦争と平和』いかなる決定機関の統制も聞かない力によってそそのかされる現象</td></tr>
<tr><td>戦争肯定<br>戦争のための戦争ではなく目的到達のための効果的手段としての戦争<br>その結果，「いついかにして戦争を始めるべきか」という明示的な指示の要素を国家に帰している<br>プロシアのためにとか言う特殊理論ではなく，チェスの指南書のように一般理論ではあるが，必然的に戦争の実行者のみに注意が向けられている（政治の手段と</td><td>戦争に愛憎両立する態度<br>相互に敵対する国家間戦争に何の既得権も持たない階級の見地<br>搾取者が始めた戦争によって被搾取階級が有利な結果を導きうる<br>いかにして国家が有利に戦争を仕掛けるかに関心はなく，いかにして国家間の戦争を社会革命に転化しうるかに関心<br>毛沢東のゲリラ戦がその典型</td><td>肯定<br>適者生存説モデルとしての戦争（肯定的）<br>F・フォン・ベルンハーディー『ドイツと来るべき戦争』</td><td>否定<br>戦争に関する大災害の見地を科学的に明確化しようとする試み（当初は科学的なので否定肯定を明らかにしない）<br>国際体系，社会体系，心理的要素から分析→背景に戦争を防ぐ方法・仕組みの発見という目的が隠されている（否定的）<br>ライト『戦争の研究』</td></tr>
</table>

| | | | |
|---|---|---|---|
| しての戦争をいかに効果的に利用するか） | | | リチャードソン『戦争と非安全』<br>外見上は戦争についての客観的研究　根源的には人類から戦争を根絶する<br>しかし，災害と見る限り，誰に対して処方箋を書くべきかはっきりしない |

ィッツの『戦争論』が一体誰に向かって書かれたものかは明白である。つまり，国家の政策決定を行う政治家や軍のトップに対して書かれたのである。

そして，クラウゼヴィッツの議論では，戦争のための戦争ではなく，目的到達のための効果的手段としての戦争であるということを明確に示している。その結果，いつ，どこで，いかにして，何が目的で戦争を始めるべきかが，明示的に国家によって示されるはずであるという前提に立脚している。したがって，クラウゼヴィッツの『戦争論』は，プロイセンのために書かれた特殊理論ではなく，チェスや将棋の指南書のように一般理論と考えられる。ただし，その対象となる読者は，戦争の実行者のみに注意が向けられている。

## 【戦争の階級哲学：レーニン的戦争観】

2番目の，特定の社会的利害に役立つ手段であるという戦争観とはどのようなものだろうか。ラパポートは，この戦争観について，次のように分析している。ある集団に対して利益を与えることを，戦争に関する階級の哲学と呼ぶ。戦争の開始，停止の決定は，考え抜かれた計算の結果ではなく，莫大な資金をかけたロビー活動などの結果によることもあり得る。それは，ある種の特権階級にとって利益をもたらす。したがって，よく考え抜かれたり，勝てるかどうか損得計算をしたりした結果ではないし，合理性も有していない。

また，このようにも分析している。戦争の原因は，国家を戦争に駆り立てる体系であり，資本主義的体系が存在する限り戦争はなくならない。戦争の決定に関係する者の誰もが望まなくとも戦争は勃発し，戦争の規模を制限することができなくなるほど手に負えなくなる。つまり，ひとたび戦争が始まると，どんどんエスカレートしていってしまい，最終的には戦争をしている国家の指導者が戦争を終結できなくなることがある。これは，歴史をひも解くとよくあることである。したがって，例えば社会革命につながるかどうかなどの戦争の結果は，当事者には予知できない。ここに合理性を欠く理由がある。これは主に，資本主義体系がある限り，この種の戦争はなくならないという，戦争の階級哲学の考え方である。ところが実は，戦争が革命に利用されることがある。例えば，世界で最初の社会主義革命はロシアで起きたが，あの時代はどうだったであろうか。第 1 次世界大戦中の 1917 年にロシア革命が起きた。戦争によって統治する側にとって危機がもたらされ，統治体制がひっくり返された。裏側を読むとそのようなことが言える。しかし，それは，当事者には予知できない。

階級の哲学への態度は，戦争に愛憎両立する態度であり，それは社会の集団によって異なってくる。相互に敵対する国家間戦争に何の既得権も持たない階級の見地があり，資本家階級と呼ばれる人たちの理論に従えば，「搾取者が始めた戦争によって被搾取階級が有利な結果を導き得る」のが社会主義革命である。そして，いかにして国家が有利に戦争を仕掛けるかに関心はなく，いかにして国家間の戦争を社会革命に転化しうるかに関心を持っている。毛沢東の遊撃戦論，ゲリラ戦がその典型であろう。

**【戦争大災害哲学：ライト，リチャードソン的戦争観】**

そして 3 番目に，地震や疫病のような自然の大災害であるという戦争観について，ラパポートは説明している。これは手段的，つまり目的をもって何かがなされるときの手段としての戦争でもなければ，合理性も持っていない。例えば，特定の行為者，戦争を始めようという独裁国家の独裁者によって，あるいは，誰だかわからないけれども不特定の行為者，資本家階級の利益などによって，計画的に扇動されて戦争が始まってしまうということでもない。戦争は，一群の国家，あるいは，おそらく全人類に降りかかってくる社会的圧力のようなものである。政治的・経済的・社会的・心理的相互関係の複雑な体系のダイナミックな性質，人類という複雑な体系のダイナミックな性質に，戦争が起きる原因が潜んでいる。すなわち，自然の大災害のようなものではないかとの理由である。トルストイの『戦争と平和』（トルストイ，2005）を読むと，いかなる決定機関の統制もきかない，そのような雰囲気，何らかの力によってそそのかされて戦争に入ってしまう現象であると書かれているのがわかる。

この戦争大災害哲学への態度は両義性を持つ。つまり，肯定的でも否定的でもある。いわば，適者生存モデルとしての戦争（肯定的）と呼べる部分もあるのではないか。“*Deutschland und der Nächste Krieg*（ドイツと来るべき戦争)”を著したフリードリヒ・フォン・ベルンハルディ（Friedrich von Bernhadri, 1849–1930）などは，こうしたことを述べている。大災害とは突然やってくるもので予見できないものであるから，科学的に明確化しようということは，実は最終的には不可能なものである。したがって，出発点は科学的に見えるが否定・肯定を明らかにしない。国際体系，社会体系，心理的要素から分析されていけば，逆に，背景に戦争を防ぐ方法・仕組みが発見できるという目的が隠されているから，これは否定的であるという解釈に結びつき得る。戦争研究の嚆矢であるライトの“*A Study of War*（戦争の研究)”や，リチャードソンの“*Arms and Insecurity*（軍備と非安全)”は初期の平和学だが，外見上は戦争についての極めて客観的な統計学的な研究である。これらは根源的には人類から戦争を根絶する目的で書かれている。つまり，戦争を否定的に定義していることがわかる。しかし，戦争は自然災害と同じで，いつ降りかかるかわからないものであると見る限り，戦争はいつまでたってもなくなることはない，すなわち誰に対して処方箋を書くべきかはっきりしないというのである。

## 【医学との類推】

そして，ラパポートは次のように述べている。平和学が自認する究極のゴールは,「戦争の原因」を明らかにして世に問うことである。それによって，人類が永遠の自虐的な破壊という呪縛から逃れることを可能にする。このように考えると，平和学の限界は，疾病の原因についての知識を医療機関が利用できているのと異なり,「戦争の原因」についての知識を利用する権能を備えた機関がないことにある。もし，このような機関が存在すれば，あるいは，存在したときには，何度も何度も人々の口に上る平和学と医学との類推は，ますます正当性を帯びてくる。

疾病の原因が発見されたり，治癒の方法が確立されたりすれば，病院や保健所などの医療機関で利用される。これに対して，戦争の原因がこれだとわかったときに，これをすぐ利用できるような権能を持った機関はあるだろうか。国際機関はまだまだ弱く，そのような権能を持っていない。地球上を探しても，そういったものはまだ存在しない。したがって，平和学と医学とを簡単に結びつけて類推することは，ある意味では危険を伴うともラパポートは付言している。

ラパポートの平和学と医学との類推を整理すると，次のようになる。まず，戦争を始める要因は何かを発見する。続いて，戦争を妨げる要因は何かを抽出する。兵器体系に問題がありそうだとなれば，軍備管理，軍縮の方法を発見し修正を施す。そして，その保証を促す査察体系，つまり，きちんと監視する体系を作らなければならない。加えて，同盟関係や経済的圧力，世論がそのときにどのような役割を果たすのか，指導者がどのような心理要因のもとに置かれるか，大衆がどのようにふつふつと沸騰するような心理状態になっていくかという研究を行う。例えば軍備をどんどん減らしていくといった予防外交あるいは戦争予防は，疾病発生を防ぐ公衆衛生に似ている。それから，根本的に病因を明らかにし，治療方法を発見する医学研究も，予防的な形で平和学に利用可能である。治療方法が発見されれば，病院など医療機関で利用される。これと同じことを平和学でもできればよいという宣言である。大災害に対する限定・妥協・協定・防護措置可能な技術の発見，これは，例えば震災に対して，あらかじめさまざまな場所に測定器があれば，ある程度，予知，防護が可能になるとか，そうした技術が応用されていることと同じことであろう。

この類推についてまとめると，医学研究にはすでに医者，保健所，病院があるが，平和学には責任をもってその発見を実行する機関はない。あるとすれば国家の政策決定機関だが，これは2国家間の場合，あまり現実性を持たない。やはり，国連のような超国家的組織が強制措置・調停の能力，それも非常に強力な強固な能力を備えることが問題になってくると言えよう。

## 【深い理解のために】

今回お話しした戦争の否定的定義，すなわち戦争は組織的犯罪であり，必要悪ではないということについて，さらに深く考えてみようという皆さんは，ラパポートの『現代の戦争と平和の理論』(1969) を読んでもらいたい。これは絶版になっているので図書館で探してほしい。この訳者まえがきと最初の58ページまで読むことをお勧めする。クラウゼヴィッツの『戦争論』の精髄は第1章に込められていると述べたが，ラパポートの場合は最初の60ページくらいを読むとよいだろう。もう1冊，参考に『戦略と良心（上)』(ラパポート，1972) を挙げておこう。

そして，ジョン・F・ケネディ (John F. Kennedy, 1917–1963) が「なぜ，誰によって暗殺されたか」を突き止めようとする映画『JFK』を見ると，ラパポートの戦争生産機構，あるいは，私が述べた軍産官学労情民複合体の正体がおそらく理解できるかと思う。ケネディは，何とかベトナム戦争を終結させる方向に持っていこうとし，そしてキューバ危機を乗り越えた大統領だった。彼が暗殺されて，副大統領だったジョンソン (Lyndon B. Johnson, 1908–1973) が大統領になってから，ベトナム戦争は大幅に拡大された。果たしてそのとき誰が儲けたのかについて，大いに考えさせられる映画である。また，平和学以外で言語学に興味のある方は『一般意味論：人間の目標と科学』(ラパポート，1965) を読まれるとよいだろう。また，メッタ・スペンサー (Metta Spencer, 1931–現在) の "Rapoport at Ninety" という2001年のエッセイを読めば，ラパポートのことをよく知り得るだろう (Spencer, 2001)。

# 第2部

# 戦争の原因と結果

# 第4講
# データから見る戦争

ここまで，戦争の定義を述べながら，操作的定義に関連して戦争の実態などにも触れてきた。この第4講では，そこから発展して，戦争の統計学，すなわち，データを使って戦争を理解する作業に入っていきたい。戦争の統計学というと非常にドライな感じがすると思う。「ひとりの人間が飢えで死ぬのは悲劇だが，100万人の死は単なる統計にすぎない（If only one man dies of hunger, that is a tragedy. If millions die, that's only statistics.)」は，スターリンの言葉と言われている。この講では，スターリンが考えたような統計ということではなく，戦争がどのように変遷してきたのかを考えながら，どうしたらこの戦争をなくすことができるか，あるいは，将来，武力紛争がどのようになるのかを知る手掛かりとしたい。

## 【戦争の統計学】

『平和学入門1』第10講「紛争関連資料の集め方・読み方」で，私の講義を受けるにあたっての入門編ともいうべき，軍備・軍事費・武力紛争に関わる資料の集め方をレクチャーした。そこでは，平和学の定番となっている基礎的な文献として，ブートゥール（Gaston Bouthoul, 1896–1980）とキャレール（René Carrère, 1885–1959）の『戦争の社会学：戦争と革命の二世紀（1740～1974）』（ブートゥール・キャレール，1980），レヴィー（Jack. S. Levy）の論文 “Historical Trends in Great Power War, 1495–1975”，クラーク（Robin Clarke）の『現代戦争論：軍備と人類の未来』（クラーク，1972）の3本のクラシックスと，3大データブック『SIPRI 年鑑』，『ミリタリーバランス』，『ACDA レポート』を挙げた。さらに，それらに関連して，軍備や紛争に関する有用なウェブサイトを閲覧する方法を学んでもらった。この講では，統計の扱い方をさらに深め，第2次世界大戦後の戦争の統計がどのような事実を示すのかを中心に，その見方をお話しする。各時期ごとにどのような特徴があったのかを見抜き，今後，世界の戦争がどうなるのかを予測する作業につなげていってもらえればと思う。

## 【データの出所】

戦争の統計の出所として有用なものとして，ここに，大学も含めた5つの機関の統計を挙げてみた。

Uppsala Conflict Data Program: UCDP　https://ucdp.uu.se/
International Peace Research Institute Oslo: PRIO　https://www.prio.org/
Stockholm International Peace Research Institute: SIPRI　https://www.sipri.org/
Center for Systemic Peace: CSP　https://www.systemicpeace.org/
Project Ploughshares　https://ploughshares.ca/

一番上の UCDP は，スウェーデンのウプサラ大学平和紛争研究学科のウプサラ紛争データプログラムである。ここでは積極的に，戦争に関するデータの整

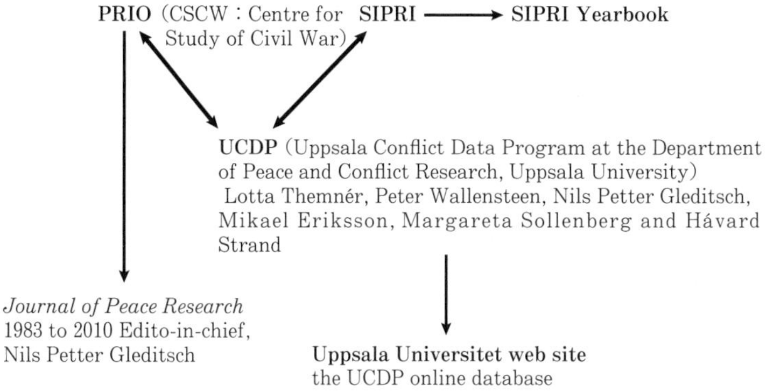


**図 4–1　PRIO，UCDP，SIPRI の協力関係（筆者作成）**

理をして世界に提示する仕事をしている。次の PRIO は，ノルウェーのオスロ国際平和研究所である。その次の SIPRI は，スウェーデンのストックホルム平和研究所で，軍事予算や兵器の取引の統計のまとめなどを行い，平和条約などが結ばれるとその条約のコンテンツに焦点を合わせた仕事をしている。CSP は，研究者らが立ち上げた NGO 的な研究所である。そして，Project Ploughshares は，カナダのコンラッド・グレベル・ユニバーシティ・カレッジ内に本部を置く，核兵器の廃絶などを民間から世界に向かって主張している NGO である。これらのウェブサイトにアクセスして，データをどんどん取ってみてもらいたい。

これらの研究機関は緊密な協力関係にある。例えば，ウプサラ大学の UCDP には，オスロの PRIO，ノルウェーの CSCW（Center for Study of Civil War，内戦あるいは市民戦争研究センター）から研究者が参加し，協力関係にある。SIPRI もデータや，時には研究費で支援関係にある。

図 4–1 の UCDP の下に複数の名前が書かれている。この中のピーター・ウォレンスティーン（Peter Wallensteen）が UCDP の中心人物である。そして，ニルス・グレディッチュ（Nils P. Gleditsch）は，PRIO が 2 カ月に 1 回発行している，平和学分野では非常に権威があり，平和学者は必ず読む雑誌『平和研究（*Journal of Peace Research: JPR*）』の編集長を 1983 年から 2010 年まで 30 年近く務めていた。

このUCDPで作られたデータはまずPRIOに送られ，『平和研究（JPR)』で毎年のように発表される。また，SIPRIにも回され，軍事費や平和条約などに強い『SIPRI年鑑』に掲載される。そして，UCDP自体は，UCDPオンラインデータベースで紛争のデータを世界中に公開している。こういう協力関係の上に成り立っている。これらは，非常に使い勝手がよい正確なデータなので，世界中の平和学者がよく利用している。これらのデータベースのうち，本講ではUCDPとCSPのデータを紹介したい。

**【ウプサラ大学の紛争データプログラム（UCDP）のデータ例】**

UCDPのウェブサイトには，第2次世界大戦以降，1946年から2011年の武力紛争の経過を表すグラフが掲載されていた。この講では，これらのグラフを使いながら武力紛争について説明をしていこう。

紛争の分析に入る前に，図4-2のシンプルなシルエット，特に，山の稜線部分の形を「基本形」として頭の中に入れておいてほしい。第2次世界大戦が終わったばかりの1946年にでさえ，20件近くも武力紛争が起きている。それが1992年あたり，冷戦終結後4，5年経ったところで50件を超え，武力紛争の数がピークを迎える。地球上の50カ所以上で戦闘が行われているところまで上り詰めて，そこから先は下り坂で，紛争の数は30件近くにまで減ってきた。つまり60パーセントくらいに減ってきたのである。2003年，2004年くらいになると，上がり下がりはあるものの，定着しそうな傾向が見て取れる。21世紀になってから，大体，年間30件から40件の間で紛争が起きている。

この形を頭に入れて，別の年表などと照らし合わせながら見てもらうとよいかもしれない。なぜ，ここでこんなに尖っているのだろうか，なぜここではこんなに減ったのだろうか，そのようなことを読み解いてみる作業をぜひとも自分でやってもらいたい。

では，図4-2の山の稜線部分の形を「基本形」として頭の中に入れつつ，4つのグラフを具体的に見ていこう。最初に，図4-3の地域別のグラフである。下から順にヨーロッパ，中東，アジア，アフリカ，アメリカである。地域で見ると，上から2番目のアフリカと3番目のアジアが圧倒的に武力紛争の数が多いことがわかる。

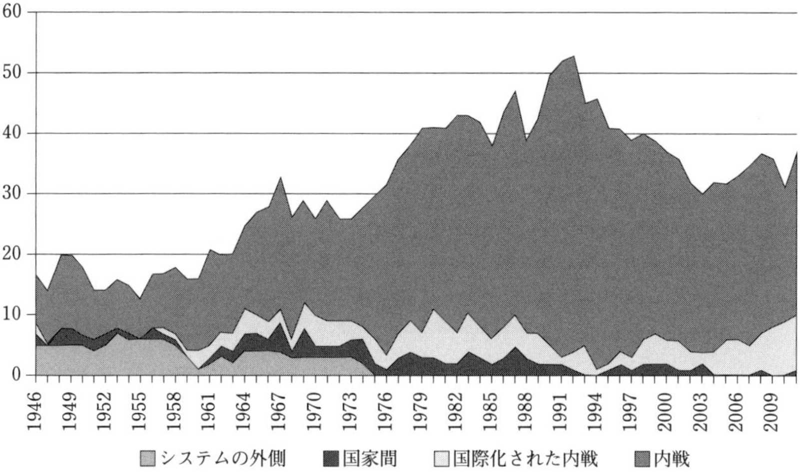


**図 4–2　第 2 次世界大戦後から 2010 年までの武力紛争の推移（UCDP, 2012）**

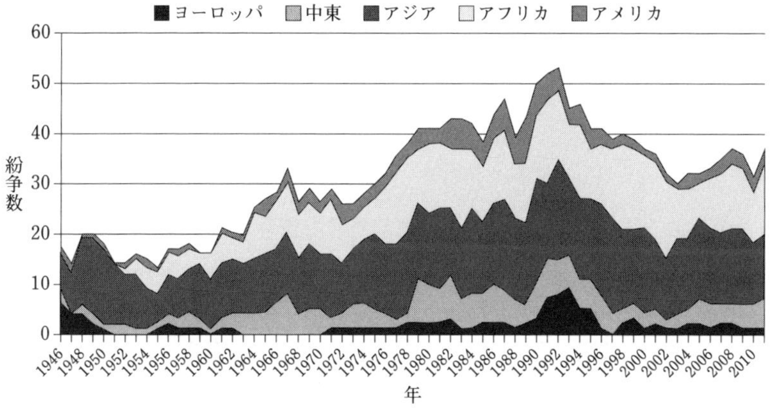


**図 4–3　紛争の地域別統計（UCDP, 2012）**

2 番目に取り上げている統計は，紛争が両立しがたいもの（incompatibility：非両立性）をめぐって起きていることを示したものである（図 4–4）。上の薄いグレーは，政府（government）という統治権，政治権の正当性をめぐる武力紛争である。真ん中の濃いグレーは，領土（territory）をめぐる紛争である。非両立性については第 1 講で説明したが，少し復習しておこう。1 つの地域の

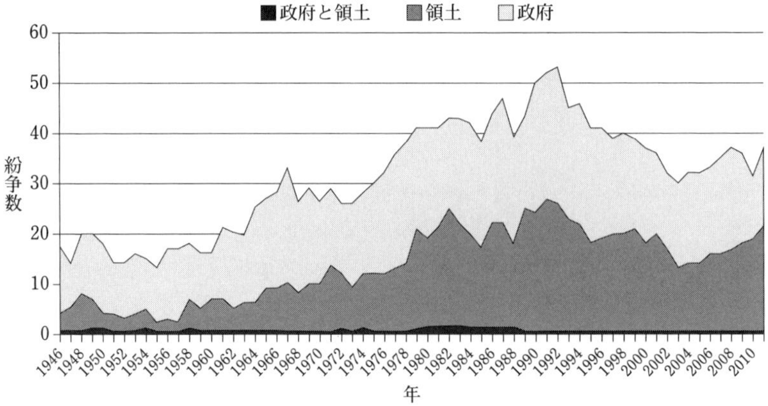


**図4-4　2種類の両立しがたいもの（非両立性）をめぐって起きている紛争の統計（UCDP, 2012）**

統治権を掌握して国家政府を名乗れるのは1つのグループしかなく，2つのグループが国家政府として両立することはありえない。これは領土についても同様で，1つの土地を2つの国家が領有することもありえない。日本をめぐる領土問題を考えればわかるであろう。これが紛争における非両立性である。下の方に這いつくばっている黒い部分は，「政府」の正当性と「領土」の正当性の両方を同時に争ったものである。このグラフの稜線部分は，先ほどの地域別紛争の分類と全く一緒の基本形である。ところが，図4-3の地域の視点とは異なった非両立性の視点で中身を分けてみると，何をめぐって紛争が起きていたのかがよくわかる。2011年までの20～30年間は，統治権の争いと領土をめぐる争いが半々くらいであったと言える。

3番目は，紛争をタイプで分けてみるとどのようになるかを表したグラフである（図4-5)。これも，もちろん稜線の形は変わらないがその内訳が変化していく。白い部分は国家間の戦争である。戦後の世界で国家間の戦争が10件を超えた年はない。意外に思われるかもしれないが，実は，戦後の世界ではそれ以前の数と比較すると国家間戦争はないに等しい。一方，一番上の大きい部分を占めている薄いグレーの部分は内戦（intrastate conflicts）である。クーデターが起きて内戦に発展したとか，大きなデモが大紛争に発展しそのまま武力

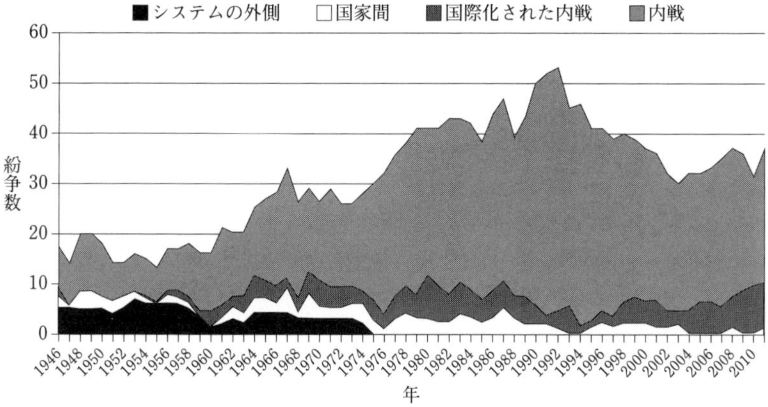


**図 4-5　紛争のタイプ別統計（UCDP, 2012）**

紛争に突入していったなどのケースである。それが戦後の紛争のほとんどである。そして，濃いグレーの部分は，武力紛争が国際化されたケース，すなわち，国際干渉が起こったケースである。例えば，ある国で紛争が起きていたときに，かつての宗主国が乗り込んできたものを表している。これは一定程度の比率を維持している。今後も，この値は増えることはあっても，減ることはないと予測される。なぜなら，とりわけ，国際連合平和維持活動（United Nations Peacekeeping Operations：国連 PKO）や国際連合平和維持軍（United Nations Peacekeeping Force：国連 PKF）が強化されると，「国際化」に当たるので，この部分が増えてくるからである。一番下の黒い部分は，「母国のシステムの外側（extrasystemic）」を指し，例えば，植民地の独立闘争が武力紛争に至ったケースなどを取り上げている。これは 1975 年で終わっている。1975 年はベトナム戦争が終わった年で，カンボジア，ラオスも終戦を迎えている。何よりも，植民地として残っていたアフリカのポルトガル領であったアンゴラ，モザンビーク，カーボベルテ諸島などが独立した，大きな区切りの時期であった。その年をもって，母国のシステムの外側での武力紛争は姿を消したと観察することができる。

4 番目は，これらの紛争の中身を強度（intensity）で分類したものである（図 4-6。Intensity とは統計用語で「強度」と訳される）。これは，武力紛争の強

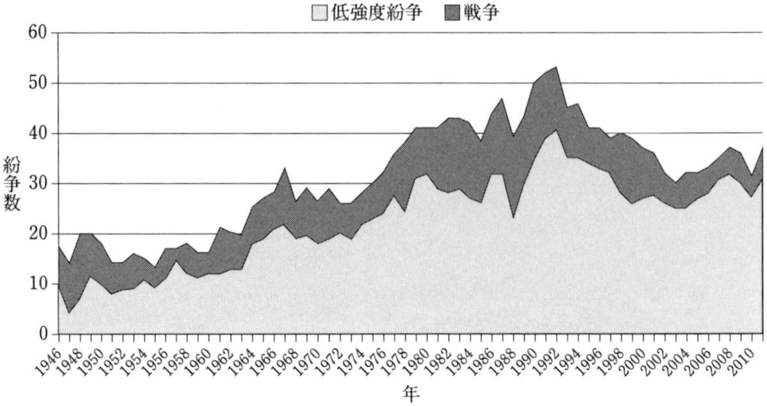


**図 4-6　紛争の強度別統計（UCDP, 2012）**

度が非常に大きなもの，すなわち戦争（war）だったのか，それと比して小さなもの（minor），すなわち戦争に至らなかったものだったのかを表している。なお，それぞれの紛争で犠牲になった人の数を中心に強度を分類している。そうすると，低強度紛争（low intensity conflict: LIC）と言われる部分がその多くを占める。これが，戦後の武力紛争の特徴の1つである。

ここまで，図 4-2 のシンプルなシルエット，特に山の稜線部分の形を基本形として頭の中に置きながら，「紛争の地域別統計」（図 4-3），「2種類の両立しがたいもの（非両立性）をめぐって起きている紛争の統計」（図 4-4），「紛争のタイプ別統計」（図 4-5），「紛争の強度別統計」（図 4-6）の意味を考えた。そうすると，単に紛争の増減を時系列で理解するだけでなく，その紛争の詳細を見極めることによって，国際社会の変化と継続のポイントを知り，その理由について考察を深めることができることがわかったと思う。

### 【紛争当事者の変化】

では，紛争の時系列的分析の基本形から離れ，紛争当事者の変化などを追ってみよう。図 4-7 のグラフは何を表しているのだろうか。下にある折れ線は紛争の数の変化を，上の折れ線はダイアド（dyads）の数の変化を示している。ダイアドとは，社会学のネットワーク分析の用語で「2者関係」を表す。なお，

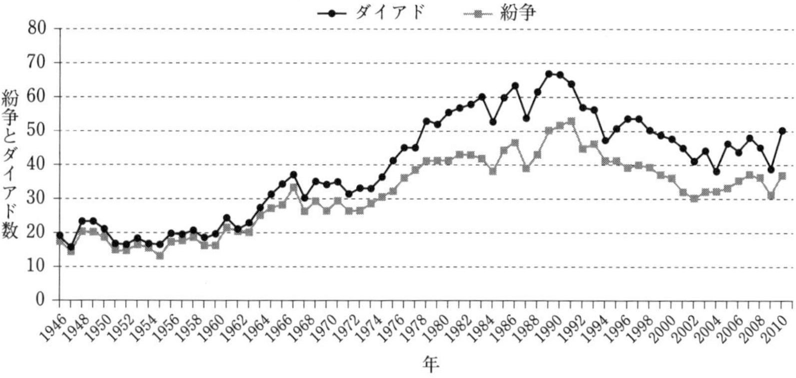


**図 4-7　紛争とダイアド（UCDP, 2012）**

ここにはないが，3 者関係をトライアド（triad）と言う。武力紛争の数よりも 2 者関係の数の方が多い。では，この事実から何がわかるのだろうか。

少し難しいので，詳しく解説しよう。1 つの紛争の中で，例えば X という主体が Y とも Z とも戦っている。そうすると，ダイアドは「X と Y」「X と Z」の 2 つになる。すなわち，1 つの紛争と 2 つのダイアドがカウントされる。このことが示しているのは，「X と Y」のダイアドに収まる，1950 年代までのような単純な紛争ではなく，1960 年代には 1 つのダイアドには収まらない複雑な紛争が増加しているということである。1960 年代後半ごろから，どんどん武力紛争は複雑さを増し，1 つの紛争の中で，ある 2 者関係がぶつかり合い，また別のある 2 者関係が同時にぶつかり合うことが進行している。それが 2 本の線のずれから読み取れる。

図 4-8 は，冷戦終結直前の 1989 年から 2011 年まで，アクターの質的変化を地域別に示したグラフである。これまで挙げてきたものは，必ずどちらかの当事者が国家政府であった。ところがこのグラフは，非国家紛争（non-state conflicts）というタイトルが付いているように，国家以外のアクター（非国家アクター），例えば解放戦線，自由同盟などと名乗る反政府の者同士が争っている紛争の数を示している。一番上の折れ線から，アフリカ地域が突出していることがわかる。また，ヨーロッパでは非国家アクター同士の紛争が少なかったことが見て取れるだろう。

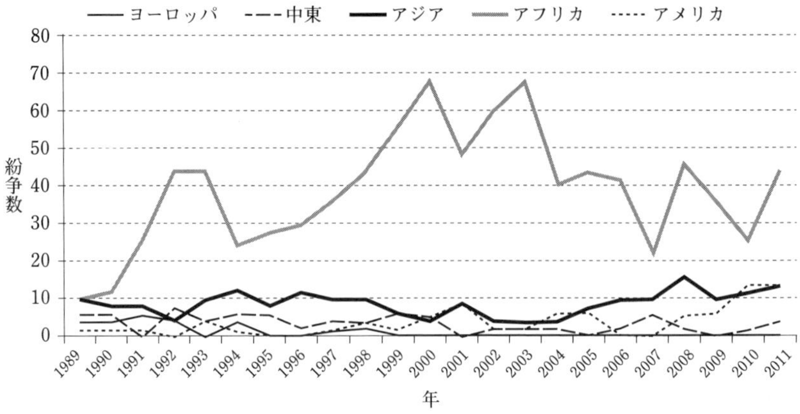


**図 4-8　地域別の非国家紛争（UCDP, 2012）**

図 4-9 は，1989 年から 1 年ごとの非国家の武力紛争による死者の数の変遷を追ったグラフである。そのピークは，やはり紛争の一番多かった 1993 年，1994 年あたりで 1 万人を超える死者が出ている。どんなに少ない年でも 2,000 人もの人が，非国家武力紛争で命を落としている。これは記憶にとどめておいてほしい。私たちは日本にいると，どうもそういうことに疎くなってしまう。同じ空気を吸っている今の時間にも，多くの人々が紛争の犠牲になっていることを肝に銘じておきたい。

図 4-10 はもう 1 つの見方で，タイトルには「一方的な暴力（one-sided violence)」とある。つまり，無抵抗ながら殺された人々の数字の変遷である。どの年をとってもほぼ 5,000 人以上が一方的な暴力の犠牲になっている。非戦闘員が爆撃によって亡くなる，あるいは，武器を何も持っていないのに丸腰のまま殴り殺されることが，内戦などでは起こる。この数が最も多い 1993〜1995 年は 40 万人を突破して，このグラフには表しきれない数値を示している。1986 年，1987 年ごろの死者数は 35 万〜40 万人である。1 つ 1 つの失われていく尊い命が，集めると 35 万にも 40 万にもなっているのが，このグラフの背景にある。

UCDP は，これらの統計を整備するにあたって，明確な用語の定義を行っている。この定義群を読むだけでも，操作的定義とは何かを再確認するのに役

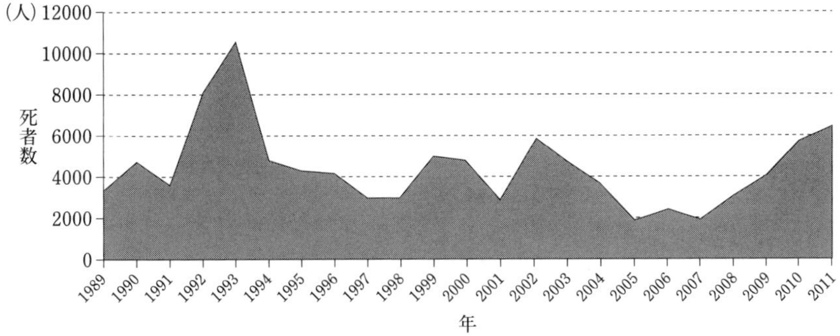


**図 4-9　非国家武力紛争による死者数（UCDP, 2012）**

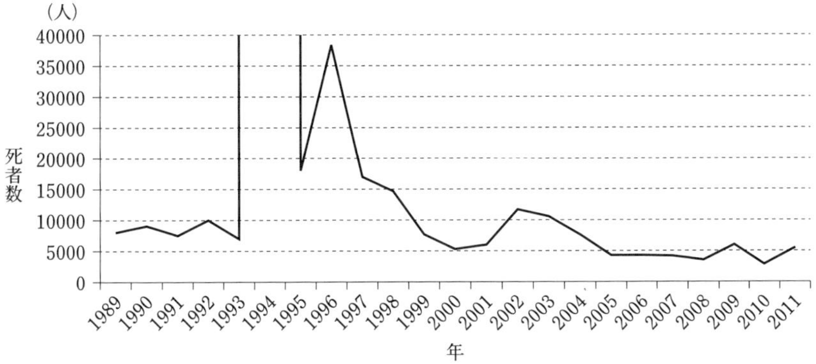


**図 4-10　一方的な暴力による死者数（UCDP, 2012）**

立つであろう。図 4-10 の「一方的な暴力」についても，以下のように，S（主語），V（述語），O（目的語）を明確にしながら定義がなされている（UCDP, n.d.）。

> 一般市民に対して，国家政府や公式的に組織化されたグループが実施する武力の意図的な使用のことで，少なくとも年間 25 人の死者が出たもの（政府の施設内における，法的に認められていない殺人は除外する）

このようにして，さまざまに紛争の中身を分析していくことができる。しかし，やはり紛争の統計については話すのもつらいし，皆さんもこんな風にまとめてしまっていいのかという気持ちになるかもしれない。

### 【体系的平和のための研究センター（CSP）の資料と紛争の強度】

ここまで，UCDP のグラフを使いながら，武力紛争の傾向について読み解いてきた。続いて，1997 年に設立された Center for Systemic Peace（CSP），無理やり訳せば「体系的平和のための研究センター」とでもなるだろうか，その統計を使って別の視座から議論を進めてみたい。CSP で行っている統計分析の特徴は，他の統計との相関をいかにとって分析するかにある。詳しくは後述するが，例えば，その国のガバナンスの状況と紛争にのめりこむ確率はどのように関係しているかなどである。ガバナンスについての説明は，後述する。

その最初に取り上げたいグラフが図 4–11 である。UCDP のデータ例でも取り上げた「武力紛争の傾向」によく似ているが，こちらは国家間戦争，社会的紛争の推移を，単純な紛争数ではなく紛争における死亡者などの強度に変換して示している。

一番上の点線は，戦争や武力紛争の強度のトータルである。社会的紛争（societal warfare）と書いてある太い実線は，社会的な混乱，あるいは社会的に暴力をふるう場面が出てきた場合にカウントされる。そして，国家間の戦争が一番下の方にある線である。冷戦が終結し，紛争の 1 つのピークを 1991 年ととらえて，わざとストップさせたグラフを 1 枚作り，ここで一度時間を区切ってみると，増加傾向の意味が考えやすくなると思う。

では，その 1991 年から 2011 年まで線を延ばしたものを見てみよう（図 4–12）。明らかに，国家間の戦争の強度は減少しつつある。社会的な紛争，つまり市民戦争，デモが暴徒に化し武力紛争に発達したケースなども減少傾向にあることが明確となる。

次の図 4–13 は，武力紛争が開始された年を示したグラフである。色の薄い棒は国家間で始まった紛争の数を，色の濃い棒は社会的紛争の始まった数を，そして破線は開始された紛争のその年の合計を表している。この紛争開始時期のグラフに，継続分も含めた紛争の総数の推移のグラフを重ねてみると，図 4–14 のようになる。紛争の総数は 1991 年をピークに減少しているが，実は，この冷戦終結時期の 1990 年から 1992 年にかけて開始された紛争の数は，それ

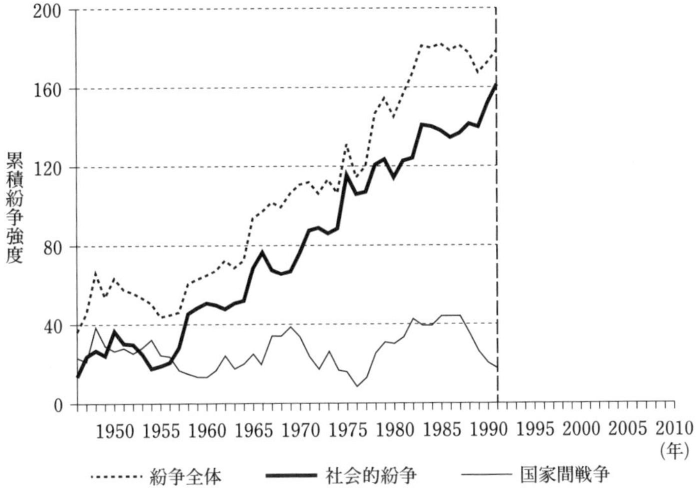


**図 4-11　武力紛争の世界的動向（CSP, 2011）**

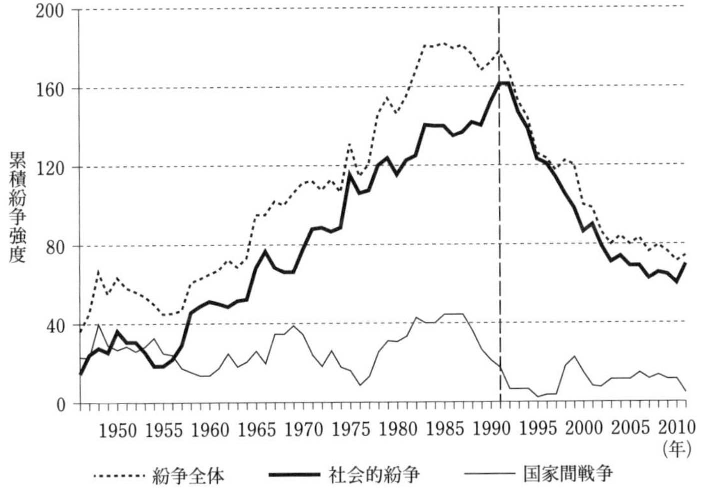


**図 4-12　武力紛争の世界的動向（CSP, 2012）**

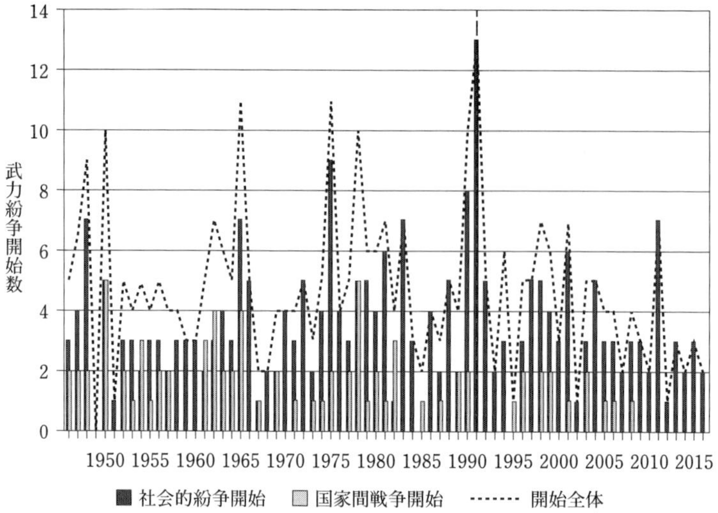


**図 4-13　武力紛争の開始年の世界的動向（CSP, 2017）**

までの各年に比べても断然多いことがわかる。冷戦終結の結果，社会的紛争が一気に増加したのであって，単純に「1991 年を境に紛争が減った」のように理解してはならないことが見て取れる。

継続中の紛争数（図 4-14）の波線は，UCDP のデータ例を分析する際に，シンプルなシルエット，特に，「基本形」として頭の中に入れておいてほしいとお願いした山の稜線部分の形（図 4-2）に似ている。わかりやすくするために再掲しておこう。ただし，微妙に異なっている部分もある。CSP を主催しているモンティ・マーシャル（Monty G. Marshall）は，「自分たちは数値に自信を持っている」ということを述べ，CSP の統計の正確さを誇っている。同じ紛争の経年変化でも，このように他の研究グループの資料を使いながら視点を変えて見ていくのは，検証の意味で非常に大事な作業になる。皆さんも卒論執筆のときなどに応用してほしい。

先ほど，単純に「1991 年を境に紛争は減ってきている」と手放しに喜んでよいのだろうかとの問題提起をした。ここに，紛争の傾向を違う角度から見たもう 1 つのグラフがある。図 4-15 は，難民と国内避難民（internally displaced persons: IDPs）の数を表したものである。難民は，亡命と同様に，元々いた社

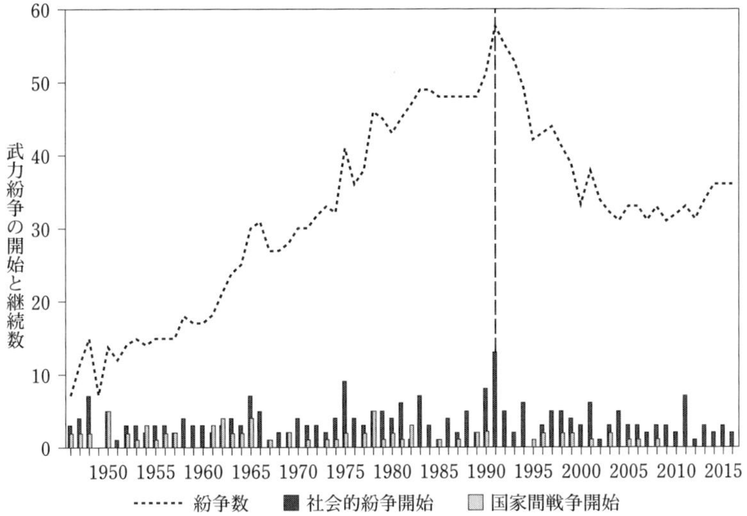


**図 4-14　継続中の紛争数の世界的動向（CSP，2017）**

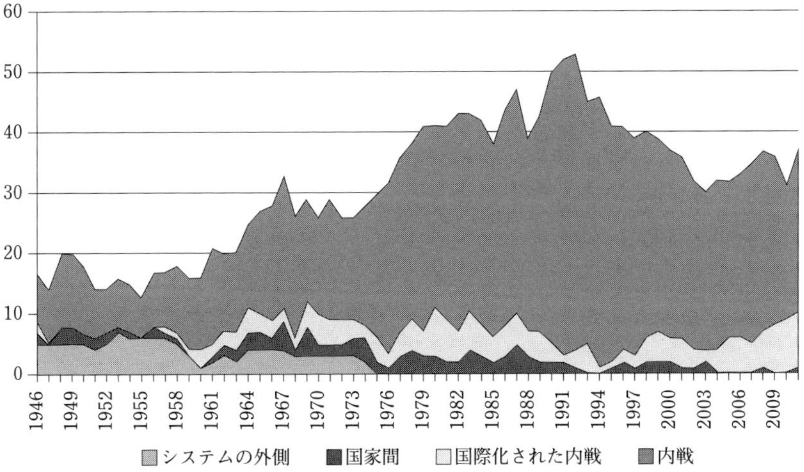


**図 4-2（再掲）第 2 次世界大戦後から 2010 年までの武力紛争の推移**

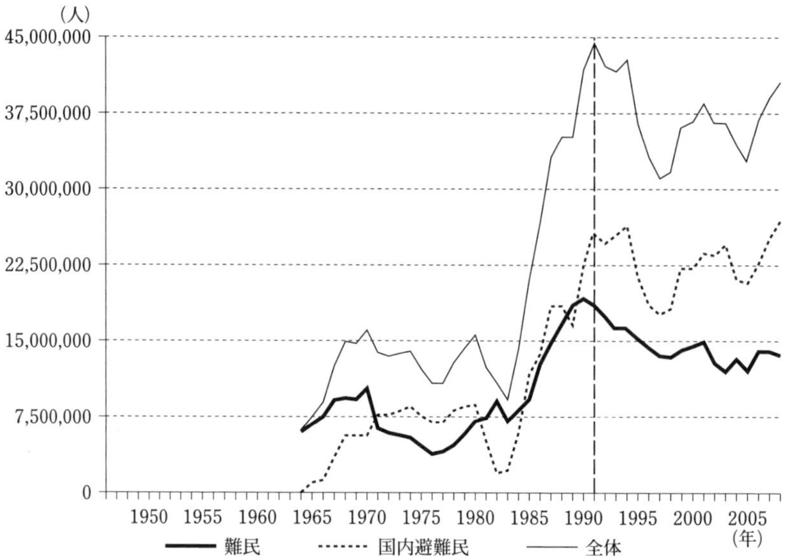


**図 4-15　難民と国内避難民の数（CSP, 2009）**

会に戻ったら命の保証がないので国境を越えてその渡航先の国に留まらねばならない人々である。IDPs は，自分の住んでいるところが紛争に巻き込まれ荒らされて，とてもそこには住めない状態になったときに，国外まで脱出しないまでも，その国内で身の安全のために場所を移動せざるを得ない人たちである。これら 2 種類の人々は，命の保証が得られない点で，庇護申請者（asylum seeker）とも呼ばれる。紛争の被害者であることに大きな相違はないが，国境を越えて逃げたかどうかの点に違いがある。

IDPs がおよそ真ん中にある点線，難民が下の方の太い実線で，その両者を足した数が一番上の細い実線で表されている。ピークは 1991 年の 450 万人で，1991 年で減じた後，また増える傾向にある。現地での紛争の数は減っているけれど，難民らの滞在先のシビアな状態がまだまだ継続していることを紛れもなく示している。このことをよく読み取ってもらいたい。もし，本当に紛争の数が減ってきていて，単純に紛争が片付いてきているのであれば，人々は紛争が終わって平和が訪れた土地に帰還（repatriation）できるはずである。しかし，現状は，冷戦後も帰還できない人の数は決して減っていない。実は，これらのグラフを総合的に見ていくと，このように紛争の数は減っていても，紛争の結果として，人々の困難の深刻さは継続していると結論付けることができる。そのことを頭の中にしっかり入れておいてほしい。

### コラム１　難民の現実

「難民」とは誰なのか，どのような人たちが「難民」の国際的な地位を得られるのだろうか。これについては，国際連合難民高等弁務官事務所（The Office of the United Nations High Commissioner for Refugees: UNHCR）が『難民認定基準ハンドブック―難民の地位の認定の基準及び手続に関する手引き―』でまとめている。

また，どのような問題点があるのかについては，『現代思想』2002年11月号の「特集＝難民とは誰か」の記事も参考になろう。誰が難民であるか。そして，誰が難民でないのか。加えて，難民であった者が難民でなくなるのはどのような場合であるのかなどが，しっかりと定義されなければならない。

難民の「類型による」定義は，「1951年難民の地位に関する条約」（以下，難民条約）の第１条Ａ（2）では以下のようになっている。

> 人種，宗教，国籍若しくは特定の社会的集団の構成員であること又は政治的意見を理由に迫害を受けるおそれがあるという十分に理由のある恐怖を有するために，国籍国の外にいる者であって，その国籍国の保護を受けることができないもの又はそのような恐怖を有するためにその国籍国の保護を受けることを望まないもの及びこれらの事件の結果として常居所を有していた国の外にいる無国籍者であって，当該常居所を有していた国に帰ることができないもの又はそのような恐怖を有するために当該常居所を有していた国に帰ることを望まないもの
>
> （外務省，2004）

すなわち,

(a) 人種, 宗教, 国籍や, 特定の社会集団の構成員であることや, 政治的意見を理由にして, 迫害されるおそれがあるという十分に理由のある恐怖を有する

(b) 自分の国籍国の外（国外）にいる者であること

(c) 自分の国籍国の保護を受けることができない, あるいは, (a) の恐怖を有するためにその国籍国の保護を受けることを望まない者

であることが1951年難民条約における難民, すなわち,「条約難民（convention refugee)」である。

当初は,「1951年1月1日前に生じた事件の結果として」のような時期の限定があったが, それは, その後,「1967年難民の地位に関する議定書」（難民議定書）によって, この期限を設けることなく難民に適用されるようになった。

その後, UNHCRが1951年1月1日に設立され, UNHCR規程の基準を満たす者は, その者が難民条約又は議定書の当事国内にいるかどうかや, その者がその滞在する国によりこれらの文書のいずれかの下で難民と認定されているかどうかにかかわりなく, 高等弁務官により提供される国連の保護を受ける資格があることになった。このような難民は, 高等弁務官に与えられた任務（マンデート）の範囲内にあることから,「マンデート難民（mandate refugees)」と呼ばれる。

さらに, 条約難民, マンデート難民に加えて, 庇護を求めて保護国にやってきた人で, 庇護申請の最終的な結論を待っている人, すなわち, 庇護申請者（asylum seeker）と呼ばれる人たちがいる。「難民申請者」もその範疇に入る。

難民問題がどれほど深刻な問題であるのかについて, UNHCRがウェブサイトで,「数字で見る難民情勢（2018年)」として以下のような数字を挙げている。参考までに転載しておこう。

**〔紛争や迫害によって移動を強いられた人：7,080 万人〕**

国内避難民（4,130 万人）

難民（2,590 万人）

庇護申請者（350 万人）

**〔最大の受け入れ国〕**

1. トルコ（370 万人，4 年連続 1 位）
2. パキスタン（140 万人）
3. ウガンダ（120 万人）
4. スーダン（110 万人）
4. ドイツ（110 万人）

**〔難民発生国：67% が 5 カ国に集中〕**

1. シリア（670 万人）
2. アフガニスタン（270 万人）
3. 南スーダン（230 万人）
4. ミャンマー（110 万人）
5. ソマリア（90 万人）

**〔新たな庇護申請：170 万人〕**

**〔18 歳未満の子ども：2 人に 1 人〕**

**〔無国籍者：390 万人〕**

## 【政治や社会の力と紛争の関係】

次は，社会の能力と戦争がどのような関係にあるのかを重ね合わせて示したグラフである。CSP で行っている統計分析は，1 つの統計と他の統計との相関をいかに取ってみるかに特徴があるとすでに述べた。ここでは，世界の国々を，社会的能力に関して 5 分位法を使って以下の 5 つの集団に分けて，社会的能力と戦争との関係を調べている。

1. 社会的能力が最も低い国々の集団（図 4–16a）
2. 社会的能力が 1 よりは少しは良い国々の集団（図 4–16a）

3. 社会的能力が全く平均的なところにいる国々の集団（図4-16aと図4-16bの両方）
4. 社会的能力が平均より少し良い国々の集団（図4-16b）
5. 社会的能力が最も良い国々の集団（図4-16b）

ここでは，5つの集団を1つのグラフに載せ込むと観察しにくいので，2つのグラフに分割してある。この2つのグラフでは，社会的能力の指標として各国家の1人あたりGDPを使用している。図4-16aでは，太い実線が1の最も社会的な能力の低い国々，細い実線がその次に位置する2の国々，そして点線は世界中で平均的な位置にある3の国々の集団である。1と2の社会的能力が低いとみなされた国家の集団に紛争が多く起きていることが，ここから簡単に観察できる。図4-16bでは，5の社会的能力が最も高い国々，すなわち世界のトップ20パーセントの中に入る5の国々が，最も紛争の頻度が低いところを占めており，それが太い実線になっている。それよりも少し悪いけれども平均よりはよい4の国々がグレーの線で示され，これも上に来ている。そして，3の平均的な20パーセントの国々が，再度，図4-16aと同じように点線で描かれている。ここではっきりしていることは，社会的な能力の高い国は，紛争に巻き込まれる，あるいは，紛争を始める，紛争を受ける可能性が低いことである。しかも，さらに細かく見ていくと，上位の40パーセントの国々と下位40パーセントの国々との差が一段と大きいことがわかる。

図4-17は，UCDPのデータ例でも取り上げた「武力紛争の傾向」によく似ているが，こちらは国家間戦争，革命紛争，民族紛争の推移を，単純な紛争数ではなく紛争における死亡者などの強度に変換して示している。したがって，UCDPのデータ例で示された単なる回数のスコアより，山の稜線の起伏がシャープになっていることがわかろう（図4-2参照)。

ここでは太い実線が国家間の争いを示している。この国家間の戦争は，冷戦終結に向けてぐっと強度が減少し，1990年代末に一度強度を増したが，大きな流れとしてはほとんど減る傾向，なくなる傾向にあることがわかる。真ん中付近で絡み合うようになっている点線は革命紛争で，政権を武力で奪う国内紛争のことである。これも1991年まで大きな山を形成し，そこを境に急激に強

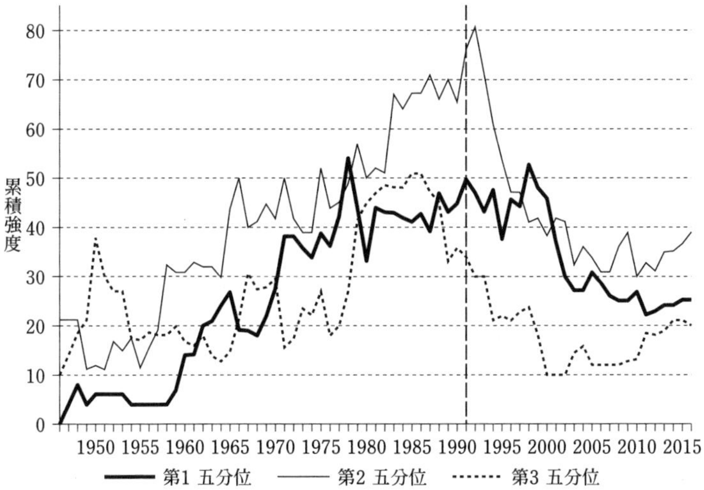


**図 4-16a　社会の能力と戦争の関係（CSP, 2017）**

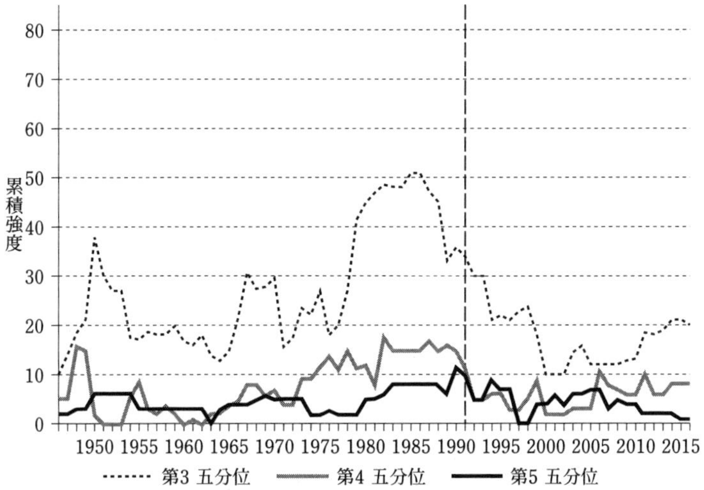


**図 4-16b　社会の能力と戦争の関係（CSP, 2017）**

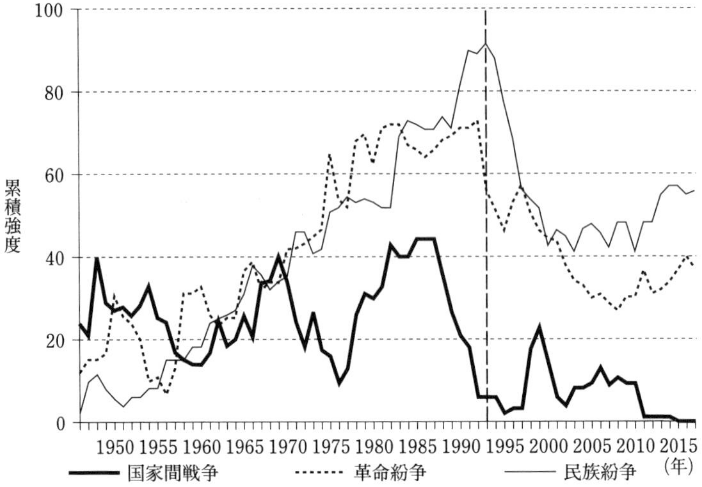


**図 4-17　武力紛争の傾向（CSP, 2018）**

度を減じていく。そして最後に残った細い実線は，原典には“ethnic war”と書かれている。エスニシティ（ethnicity）という言葉を皆さんも聞いたことがあると思う。ネイション（nation）というと民族や国民国家の国民などと訳すが，エスニシティはよくエスニックグループとかエスニック集団などの言い方をされ，ネイションほど大きいものではないものを指す。ただし，その集団は，自らのしきたりや決まり，また言語が少し違うなど，さまざまな要素から他の集団とは区別される。これがアフリカ大陸では，多い場合は 20 も 30 も，場合によると 100 以上のエスニック集団が 1 つの国の中に押し込められているケースがある。これは植民地政策の結果と言える。何百という言葉の違う人々が 1 つの国に住んでいるわけで，そのような場所ではちょっとした個人的な軋轢が社会的な紛争に発展する可能性もある。これは植民地の負の遺産とも言える。国家の中にすっぽりと収まる 1 集団ではなくて，エスニックグループの土地が国境を跨いで 2 つに裂かれてしまう場合もある。そういう場合は，その人々が跨いだ両国家に自治権を求めたり，あるいはもっと極端な場合はその国々から分離独立を要求したりする。それが武力紛争につながっていく。

ここからが CSP らしい，興味深い仕事である。図 4-18 では，政治体制を独

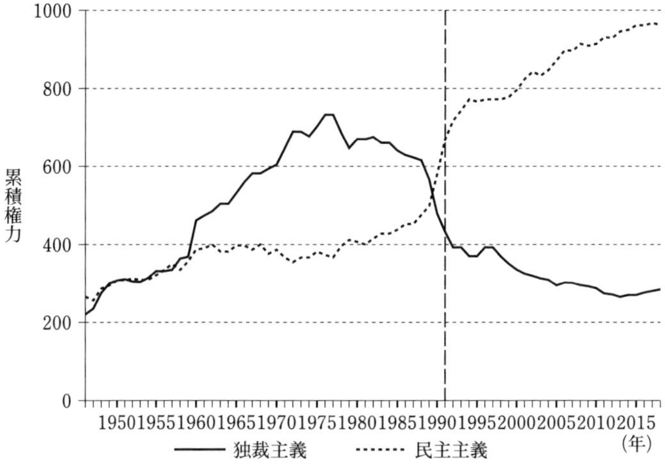


**図 4-18　世界の民主制と独裁制の傾向（CSP, 2019）**

裁主義（autocracy），民主主義（democracy）の2つに分類する手法が採用されている。CSP は，さらにそれらの間に分析概念としてアノクラシー（anocracy）を設定するのである。アノクラシーは，テッド・ガー（Ted R. Gurr）によって提唱された，独裁と民主主義の間に位置づけられる政治体制の概念である（Gurr, 1990）。このアノクラシーに分類される国家は，政権移行中の国々や，中央政府が力を失ってしまって誰が主人公だかわからなくなっているような国々であることが多い。例えばソマリアのように，一体誰がどこを治めているのかわからない国家の場合もある。

この概念は，CSP のディレクターであるマーシャルを中心に進められている「ポリティⅣプロジェクト（Polity IV Project）」でも採用され，政治体制指標として使われている。行政府の長官クラスの責任者をどのような形式でそのポストに据えるのか，政治体制のチェックアンドバランス，政治参加のシステムなどを勘案して数値化し，ポイント制で「独裁主義の－10から民主主義の＋10」の幅の間にそれぞれの国家を位置づけて分類する。民主主義国家と認定されるには，＋6ポイント以上でなければならない。これも一種の操作的定義である。

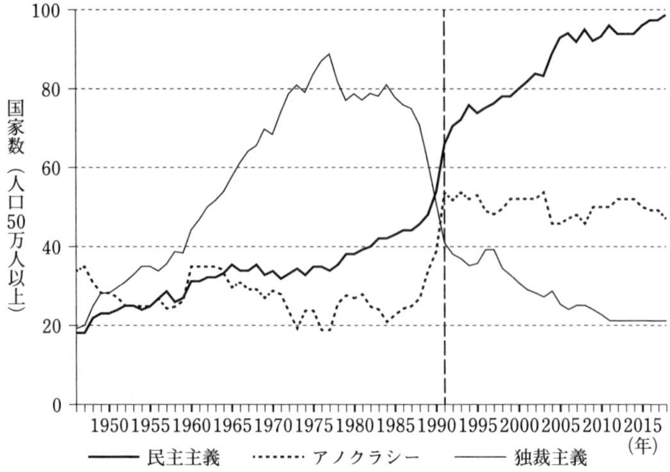


**図 4-19　世界のガバナンスの傾向：1946–2018 年（CSP, 2020）**

民主主義（democracy）：+6 点から+10 点
アノクラシー（anocracy）：−5 点から+5 点
独裁主義（autocracy）：−10 点から−6 点

そのポイントに従ってグラフ化した図 4-19 では，世界の民主主義のポイントの総計が太い実線で，独裁主義のポイントの総計が細い実線で示されている。1946 年から 2018 年までの流れを見ると，実は冷戦終結の数年前から独裁主義から民主主義への転換の兆しが見え始め，1991 年の少し手前，1989 年から 1990 年の冷戦が終わるころで太い実線と細い実線が交差し，世界の国々の政治体制の内訳が独裁主義から民主主義に大きく変わったことがわかる。冷戦の終焉は東西両陣営対立の終焉だけでなく，このような世界のガバナンスの転換期とも重なっているのである。そして，その一方でアノクラシーの国々が冷戦後，横這いで存在している。

次に，図 4-20 は，人口 50 万人以上の国々を独裁主義国家なのか，アノクラシーの国家なのか，あるいは民主主義的な国家なのかについて，図 4-19 より時間軸を長くとって 1800 年から示している。民主主義の国が太い実線で，これが増えてくるに従って世界全体でのガバナンスはよくなってきたということ

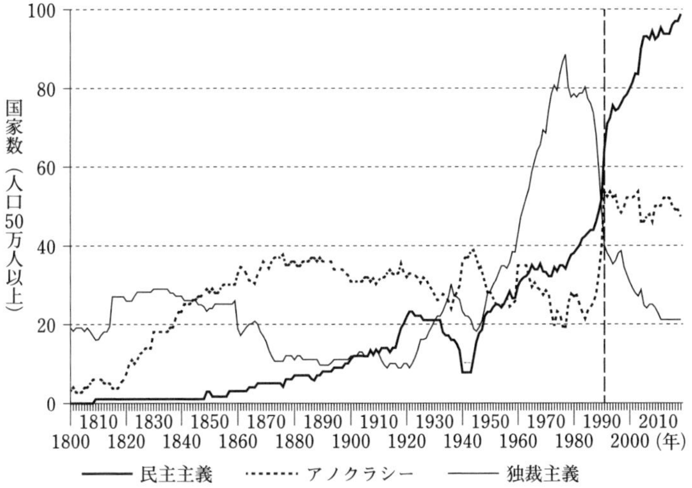


**図 4-20　世界のガバナンスの傾向：1800–2018 年（CSP, 2020）**

になる。それに対して，独裁主義政治の数が減ってくるに従って，世界のガバナンスの悪いところも減ってくると考えられる。

このグラフのタイトルにはガバナンスという難しい言葉が出てきている。少し説明しておこう。地域主義研究などではガバメント（government）とガバナンス（governance）を操作的に明確に使い分け，国家アクターのみによる「統治」の意味で「ガバメント」を使用し，多様なアクターによる「共治」の意味で「ガバナンス」を使用する場合もある。ただし，この CSP の分析で言うガバナンスは，開発や人権などに関連するような「良い統治」（グッド・ガバナンス）や「悪い統治」（バッド・ガバナンス）の意味合いで使われているので，統治の訳でよいかと思う。例えば，良い統治とは，役所の行政的な機構が確かに動いているかどうか，あるいは，国民が自分たちの国の法制度をよく知っていてその通りに動いているかなどについて，常に透明性をもって確認できるようなシステムのあり方などを指す。暴力をコントロールすることができているかを表すときにも，ガバナンスの概念を使うことがある。

経済協力開発機構・開発援助委員会（OECD-DAC）による「参加型開発及びグッド・ガバナンスに関する報告書（DAC Orientations on Participatory Development and Good Governance)」(1993) では，ガバナンスの重要な要素として，

1. 法の支配（rule of law）
2. 公共部門管理（public sector management）
3. 腐敗の抑止（controlling corruption）
4. 過剰な軍事費の削減（reducing excessive military expenditure）

を挙げている。そのようなことも理解しておいてほしい。

さて，話を戻そう。真ん中のアノクラシーの推移はどのような意味を持つのだろうかという課題が残ってくる。政権の不安定さは内戦などにつながり，社会的な紛争の分類に入る事件が増えてくる傾向が見られる。民主主義が徹底されれば徹底されるほど，政治的な不安定さは解消される。ただ，興味深いのは，このグラフの読解からは少し外れた議論になるが，独裁主義も徹底するとやはり政治的な不安定が解消される。それは当然であろう。見せかけの上では，独裁国家では人々は自分の命が大事で，なかなか政府に反対しようとはしない。したがって，政権自体は，表面上は安定しているように見える。CSP は数学的に因果関係をはじき出し，このアノクラシーが社会紛争を引き起こす種になると突き止めたわけである。

ここまでで，ある国の政治体制が安定しているか不安定であるかは，社会紛争などを通じて戦争になる可能性があることと大いに関係してくることがわかった。次に，その国の所得の高低と戦争がどう関連性があるのかを考えてみよう。それには，経済学で使われるローレンツ曲線とジニ係数，すなわち不平等の要素を描き出す指数を使用する。その指数を使うためにさまざまな分位法があるが，160 くらいの国について第 1 分位，第 2 分位，第 3 分位，第 4 分位と，最終的には 4 つの集団にまとめあげて分類していく。その結果を図 4–21 に示している。その国がとっている体制が民主主義か，それとも独裁主義か，はたまた，その国は物質的に豊かな国か，それとも貧困国かということをまず比べて，それと戦争を結びつけ，因果関係がどのようになっているのかを考える。

図 4–21 のグラフを見ると，国家体制と豊かさの関係が，1980 年代は非常に

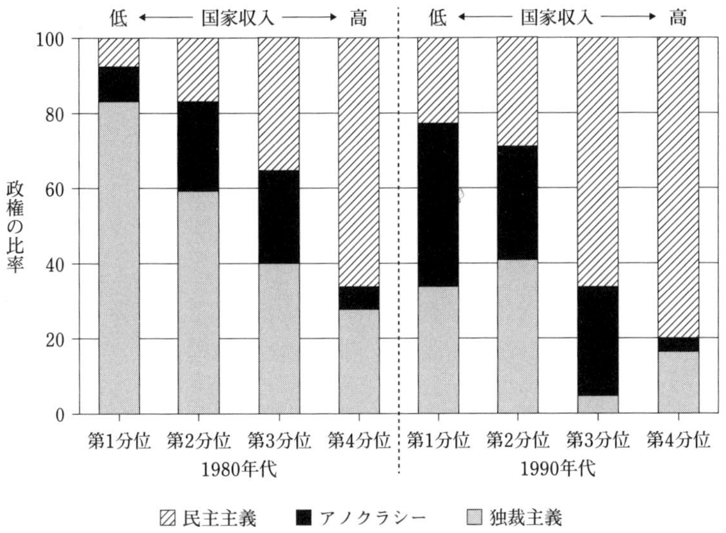


**図 4-21 国家の収入別の政権タイプ：4 分位法による 1980 年代と 1990 年代の比較（CSP）**

きれいな形をしている。斜線の部分が民主主義国家，薄いグレーの部分が独裁主義国家，そして黒い部分がアノクラシーの国家群である。1980 年代の第 4 分位の豊かな国々では，民主主義国がほとんどを占めていることがわかる。逆に，独裁主義国家は最も貧しい国々の集団（第 1 分位）の 80 パーセント以上も占めていることが観察できる。

ところが，1990 年代では，国家体制と豊かさの関係が少し乱れてくる。まず，斜線部分を見てみよう。第 1 分位から右に行って，豊かな集団になるほど民主主義国家が増えていくことに変わりはない。ところが，独裁主義の国々と豊かさの関係を見ると，1980 年代では独裁主義の国家は貧しい国が多く，豊かな国が少なかったのに対し，

- 平均よりは少しは豊かな第 3 分位では，薄いグレーの部分の独裁主義国家がゼロに近いほど低い。その第 3 分位でも，政治体制がアノクラシーに分類される国家数は 1980 年代より多くなっている。
- 平均よりも少し貧しい第 2 分位の国々に，最も大きな薄いグレーの部分

の面積が確認できる。すなわち，独裁主義の国々の数が他の第1分位，第3分位，第4分位と比べて多い。この第2分位も，アノクラシーに分類される国家数は1980年代より多くなっている。

・最も貧しい第1分位でも，独裁主義国家の数は減っているが，アノクラシーに分類される国家数は1980年代より多くなっている。

つまり，最も豊かな第4分位を除く第1分位，第2分位，第3分位では，1990年代に入って国々の中で大きな内戦があって，例えば3派とか4派，5派に分かれて戦って，それぞれが敵同士であり国の体をなさないアノクラシーになっている。そして，その政治体制の不安定さ自体が資本の流出を高めて，貧困を深めていく。そういう内戦が長く続けば続くほど，人々は生産に時間を費やすことができない。したがって所得は低くなっていく。また，逆に，当初から政府の政策の失敗，ガバナンスの有効性がなく，一定の地域しか政府が統治していないために取り残された地域の貧困が深まって，地域間，エスニシティ間の格差が生まれ，それが紛争を引き起こす。したがって，どちらが鶏でどちらが卵かという問題に陥ってしまう。第4分位については，豊かな国々の方が，民主主義国家が多い，あるいは，民主主義国家ほど豊かであるということについては変わりない。

**【テロについての考察】**

ムスリムの国々がしばしば戦争を起こす原因になっているのではないかとの論調を，よくマスメディアで耳にするだろう。そういうことに私たちも慣れてしまって，それはそうかもしれないという風に考えがちになる。では，実際のところはどうなのだろうか。50年以上にわたる世界の状況を見てみると，図4–22のようになる。この中で，太い実線が，ムスリムが多数派を占める国々が起こしている，あるいは戦っている戦争，武力紛争を表す。左側の方から上位に出ている点線が，全くイスラム教徒に関係のない国々，細い実線はイスラム教徒が少数派である紛争・戦争の数の推移である。これを見ると，ムスリムの国々が戦争を起こす原因となっているとの論調は必ずしも正確でないとわかる。1980年代ぐらいまで，最も武力紛争に携わっていた国々は，どう見ても非ム

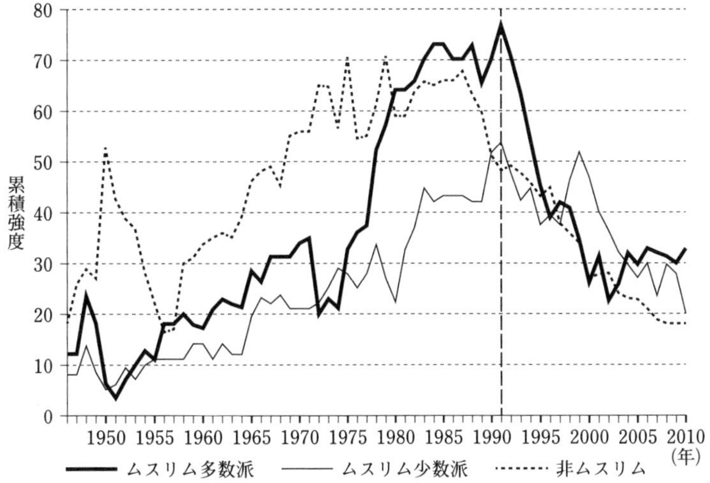


**図 4–22　イスラム教国における武力紛争（CSP, 2011）**

スリムの国家群が一番多い。たしかに 1990 年代は，ムスリムが多数派を占める国々がトップを占めている。ところが，2000 年が近づいてくるに従って，1997 年，1998 年ぐらいから，この 3 つの線がもつれ合う形で進行している。ムスリムの国々が戦争を起こしているとは言い切れない。

1972 年から 2008 年までの，いわゆる国際的なテロリズムの襲撃の回数を図 4–23 は示している。1980 年代の中ごろに 1 つのピークを迎えている。そして，CSP が時期を二分しているように，イラク戦争開戦後の 1991 年がとびぬけている。それから 2000 年が少なくて，そこから増加し 2004 年にピークを迎えてカーブの形になり，また減少している。

図 4–24 は，国際テロによってどれだけ多くの命が犠牲になったかを示している。図 4–23 を重ね合わせると，テロリズムの犠牲者数とテロリズムの発生件数は必ずしも一致しないことがわかる。テロの数が多くなると，命を落とした人の数も多くなるだろうと考えがちであるが，必ずしもそうではない。むしろ逆になっているような印象もあるかもしれない。このグラフでは，2011 年の 9.11 事件が圧倒的に大きな数を示していることに気づくと思う。

図 4–25 は，爆弾テロがどこの国で一番起こっているかを 6 カ月ごとにまとめたグラフである。これを見ると，2001 年の 9.11 事件以降，実は，圧倒的多

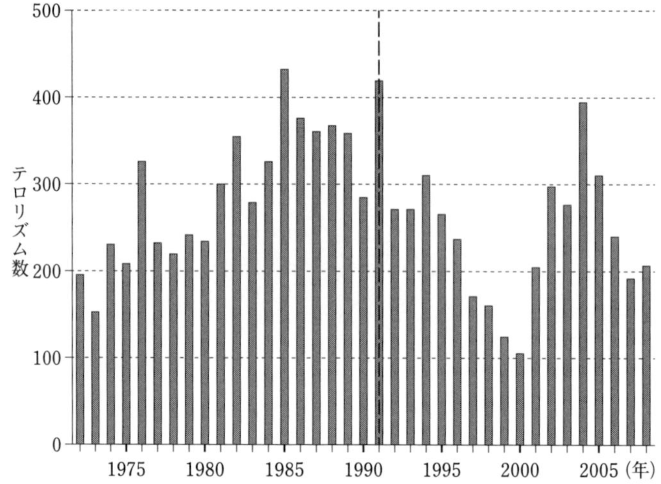


**図 4–23　国際的なテロリズムの襲撃の回数（CSP）**

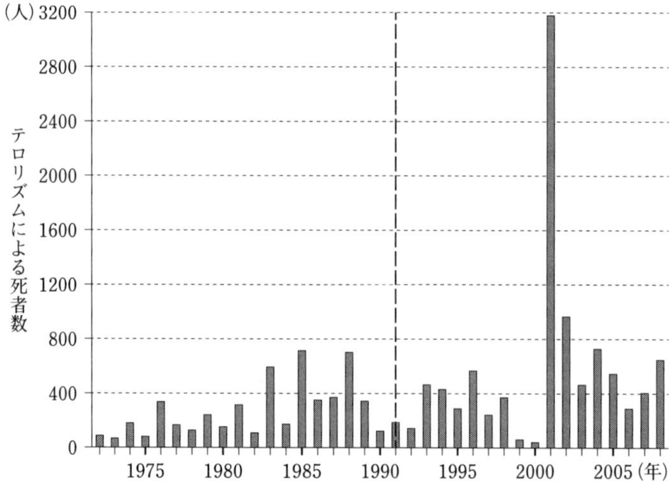


**図 4–24　国際テロリズムによる犠牲者の数（CSP）**

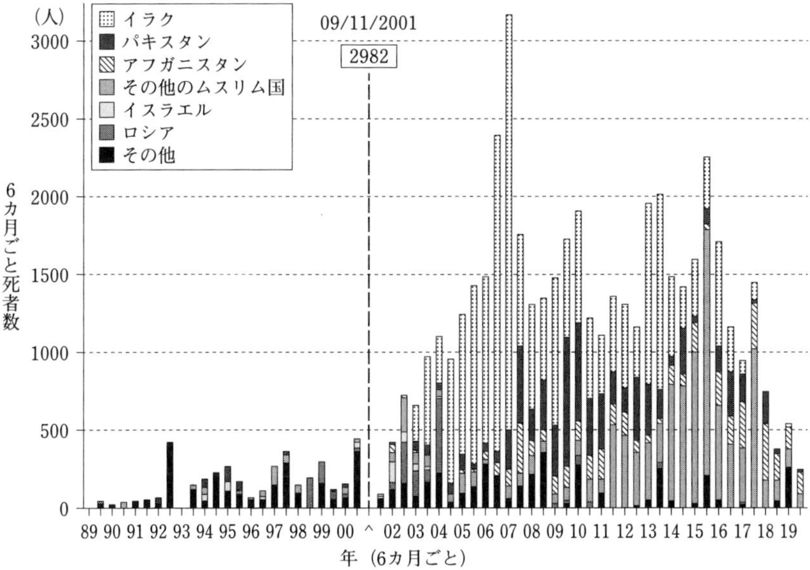


**図 4–25　爆弾テロによる犠牲者（CSP, 2020）**

数はイラク，パキスタン，アフガニスタン，あるいはその近くの国々でテロが起きていることがわかる。黒い部分がそうした国々以外で，その上に乗っているのがイラク，パキスタン，アフガニスタンとその他の周辺国である。そして，イスラエル，ロシアが続いている。したがって，9.11 事件があって，アメリカやそれに連なる国々がテロの標的になっているように誤解されがちであるが，実はそうではなく，ムスリムが多数派を占めている国々の方が，圧倒的にテロが発生しているのである。どのようなテロリスト集団が世界に存在するのかについては，アメリカの中央情報局（Central Intelligence Agency: CIA）や日本の公安調査庁の URL を巻末の文献リストに掲載してあるので，参考にするとよいだろう。

図 4–26 は，国家の脆弱性（fragility）について指標化したものである。政権が瓦解しやすそうな国々，すぐ内戦に入ってしまいそうな国々，あるいは，ある日突然，首都から政権を担っている人たちがいなくなって，誰が行政の担当者がわからなくなってしまうような国々，すなわち壊れやすい国々について

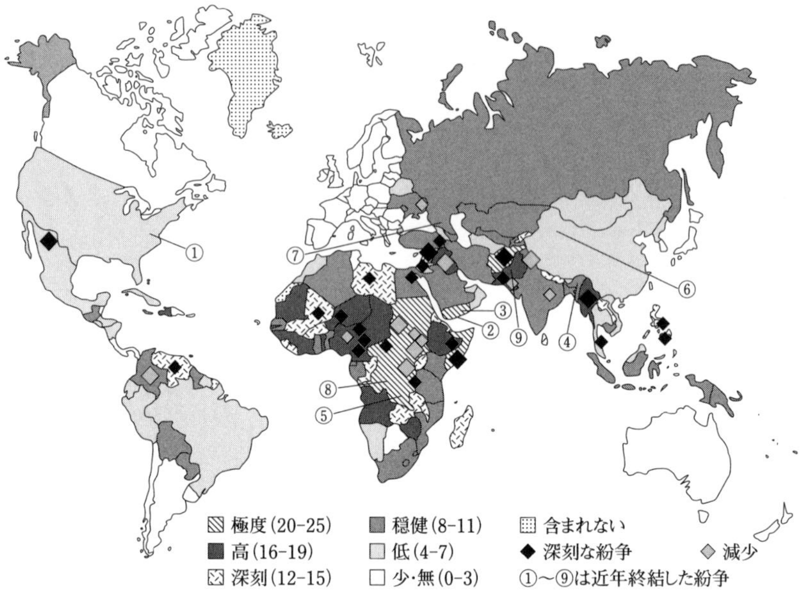


**図 4–26　グローバルシステムにおける国家の脆弱性（CSP, 2019）**

の資料である。

この図は，紛争が起きている地域がどこにあるかを見せた図 4–3 や図 4–8 とピタリと合致してくる。この図で濃い色で示されている脆弱性の高い国家ほど，戦争に巻き込まれる。ここまで検討してきたのは，この国は民主主義だろうか独裁体制だろうか，あるいは，この国は所得が高い国だろうか低い国だろうかなどの指標であったが，この壊れやすい国家の指標の中にそれらが大きな要素として取り込まれている。

結論として言えることは，兵器などをふんだんに買える豊かな国々で紛争が多いのではなく，逆に，貧困な国ほど紛争が多いということである。そして，民主主義国家よりも独裁体制，あるいは移行体制にある国々の方が戦争は多いということである。戦争の要因として，このようなことが導き出される。さらに，最初の方で示したように，ガバナンスがよいのか悪いのかという指標もここに取り込まれている。

## 【データから読み取れる命題】

この講では統計データを中心に見てきた。さまざまな要素から戦争を検証していく試行錯誤が，世界中でなされている。21 世紀になると，数としては 4, 5 件が平均値だったが，30 年や 40 年間ずっと長く続いている紛争も存在している。先ほど鶏と卵の話をしたが，これらの国々は，どのように社会を安定させて，どのように経済を発展させていこうかなどを考える余裕がほとんどない。

そのよい例はベトナムである。ベトナムは急激な勢いで発展を開始した。ところが，実はベトナムは，戦前から 1975 年までずっと戦争が続いていた。下手をすると親子 3 代，祖父・父・子が戦争の中で生まれ，生きてきたような状態で，戦争しか知らない国であったと言えよう。そのような状態では経済はなかなか発展せず，最貧国の中に分類されていた。しかし，1975 年に戦争が終わると，そこからは長期的に社会発展，経済発展の計画を立てて実行する余裕が出てきた。そのため，今，ものすごい勢いで発展している。したがって，巷間言われるように，「戦争があるから発展する」というのは誤った命題である。戦争があるところに兵器を供給しているような国々は発展する。ところが，戦争に巻き込まれて，国土が戦地になったような国々は経済発展しない。戦争に，政治体制，ガバナンス，貧富の差のような統計を重ねることによって，そのような結論が導き出されるのである。

# 第5講
# 軍事支出と社会支出

ここまで，戦争に関する統計を随分見てきたが，少し違った角度から戦争の現実を見ていくことにしよう。この講では，シヴァードという経済学者が出版したシリーズ“*World Military and Social Expenditures*”を中心に，戦争を考える。これは，シヴァードが1974年からほぼ毎年改版した年鑑である。ページ数は少ないが非常に細かいデータが詰まっている書籍で，1996年を最後に，以後改版されていない。この本は“An Annual Must”，つまり国際関係論や平和学の専門の研究をしている人間は目を通さなくてはならない必須の年鑑の1つであった。シヴァードは，毎年当たり前のように支出される軍事費と，人々の日々の生活に直結する公的な社会支出を比較しながら，本来，私たちが戦争をどのように捉えなければいけないのかを示してくれている。

## 【1945年以降の戦争・武力紛争】

これまでにお見せした1945年以降の戦争・武力紛争の統計で，わかったことがあろうかと思う。ここにまとめて書き出してみた。

- 紛争の数は，世界的には1990年代初頭がピークで，それ以後は減る傾向にある。
- 植民地独立をめぐる武力紛争は1975年で終結している。
- 国家間の戦争は減少し続け，現在の紛争は国家内部の紛争がほとんどを占めている。
- 個々の紛争での死傷者の数は増大傾向にある。
- 貧困地域，不良統治地域，非民主的地域，崩壊国家などと，紛争多発地域は重複する。
- 紛争の数が減少しているにもかかわらず，難民・国内避難民の総数は減少していない。

データというのは，その意味付けが最も重要な価値を持つ。大体このくらいのことが読み取れていればよいかと思う。そこで，この講では，これまでのデータの読み方とは視点を変えて，軍事費と公的社会支出の比較の観点から，大変興味深い研究を世に問うてきたルース・シヴァード（Ruth L. Sivard, 1915-2015）を取り上げてみたい。

## 【シヴァードと『世界の軍事と社会支出』】

シヴァードは，アメリカ政府の軍備管理軍縮局（Arms Control and Disarmament Agency: ACDA）で活躍していたエコノミストである。ACDAは，『平和学入門1』第10講で取り上げた3大データブックの1つ，『ACDAレポート（ACDA Report）』の刊行元として覚えている皆さんもいるだろう。彼女は，そこでの乾いた統計分析に満足できず，自分の主張を展開するためにACDAを退職し，自ら出版社（World Priorities Inc.）を立ち上げた。そこから，“*World Military and Social Expenditures*（世界の軍事と社会支出）”を1号から16号まで，そして，“*Women...a World Survey*（女性…ある世界統計）”,

**図 5-1　シヴァードが著した書物（World Priorities Inc.）**

“*World Energy Survey*（世界エネルギー統計）” などさまざまな書物を世に送り出した。

その中でも本講では，1974 年から 1996 年までのシリーズ『世界の軍事と社会支出』を中心に話を進めていこう。今回，詳しく取り上げる 1996 年の第 16 版が，シリーズ最後の出版である。

彼女の仕事が世界でどのように評価されていたのかを知る手がかりとして，経済学者のジョン・ガルブレイス（John K. Galbraith, 1908–2006）の言葉を紹介しておきたい。ガルブレイスは，シヴァードがある賞を受けた祝辞で，『世界の軍事と社会支出』について「私たちの時代で最も重要な経済・社会・政治研究である」と絶賛している。他の号では，ロバート・マクナマラ元国防長官，「封じ込め政策」のジョージ・ケナン（George F. Kennan, 1904–2005），ヒラリー・クリントン元国務長官（Hillary R. Clinton, 1947–現在）ら，そうそうたる顔ぶれが巻頭言を寄せている。

以下は，ガルブレイスが 1978 年版に寄せた巻頭言である。

> 軍事費と公的社会支出の差ほど，かけ離れた不平等な政治的予算の奪い合いが世の中にあるだろうか。軍事費の方には，強力な軍部の官僚組織，資金力豊かで影響力のある軍事産業，彼らに雇われたロビイスト，囚われの身となった政治家たちのように，過去の戦争が生活そのものとなった連中が味方に付いている。一方，公的社会支出の方にあるのは，理性と，ただ，

生きたいという，ものが言えない貧しい人々だけだ。

しかし，この国が大惨事に向かっているとしたら，しっかりともう一度，そのどちらを選択するべきかを考えれば，不公正ばかりを言っているわけにもいくまい。理性は力を持っている。慈悲の心も同じだ。人々は生きたいという気持ちを持っている。アメリカの一般の人々が核兵器に対して無頓着であることは，多くの政治家たちや将軍たちに恩赦を与え続けるようなものだ。今，誰がカーティス・ルメイの名を覚えているだろうか。

理性と私たちの意志がここに存在することを知らしめる必要がある。だからこそ，ルース・シヴァードの我慢強い言葉が重要になってくる。彼女は私たち皆に，本書を通じて，これらのことをわからせる機会を提供してくれた。だから，今こそ，私たち読者１人１人がするべきことをしなければならない。１つ１つの単語をしっかりと読み，１つ１つの図表の意味を考え，１つ１つの数字の意味を推し量るのだ。そして，理性が導くのに従って行動に移していかねばならない。この不平等な政治的奪い合いでは，政治指導者やマスコミに，どう私たちが応答していくかに，私たちの命がかかっているのだ。

（Galbraith, 1978）

ガルブレイスは，軍産複合体に立ち向かうシヴァードの仕事の価値を明確に表現し，その資料を手に取る私たち読者の心構えまで示してくれている。ガルブレイスが，私たち読者に対して，１つ１つの単語をしっかりと読み，１つ１つの図表の意味を考え，１つ１つの数字の意味を推し量れと言った言葉は，今，このテキスト『平和学入門 2』を使って紛争の統計を読む私たちに向けられた心構えと取ることもできるだろう。

ガルブレイスがこの巻頭言で挙げたカーティス・ルメイ（Curtis E. LeMay, 1906–1990）こそ，太平洋戦争の焼夷弾による東京大空襲を指揮し，広島・長崎の原爆投下にも関わったアメリカ空軍の将軍である（図 5–2）。原爆については『平和学入門 1』第 11 講で触れたのでここでは議論しないが，日本の大都

図 5–2　ルメイ（Kozak, 2014）

表 5–1　東京大空襲と，その後の日本（朝日新聞社，2020）

| | |
|---|---|
| **東京大空襲と，その後の日本** | |
| 1945年3月10日 | 東京大空襲 |
| 4月 1日 | 沖縄本島に米軍上陸 |
| 6月23日 | 沖縄の組織的戦闘が終結 |
| 8月 6日 | 広島に原爆投下 |
| 9日 | 長崎に原爆投下 |
| 15日 | 敗戦 |
| **東京大空襲の被害（数字は推定や概数）** | |
| 死者10万人，焼失家屋27万棟，家を失った人100万人 | |
| **米軍の概要** | |
| 襲来したB29　279機 | |
| 投下した爆弾1665トン | |

市空襲に使われた焼夷弾の目的や使用方法については知っておく必要があろう。焼夷弾は，日本の木造建築を研究し，関東大震災の火災延焼のメカニズムを解き明かし，いかに効率よく東京という大都市を焼け野原にできるのかが徹底的に考え抜かれた空襲用の爆弾である。

よくアメリカの原爆関係者が言う「原爆投下による犠牲者は太平洋戦争を終結させるために必要であった」という文言が本当に意味を持つのかは，その約

**図 5–3　東京大空襲のつめあと（アメリカ国立公文書記録管理局所蔵，https://www.japanairraids.org/?page_id=2769）**

5か月前の3月の東京大空襲での10万人の死者，他主要都市の爆撃による死者の総計をみても説得力を持たないのは火を見るより明らかであろう（なぜ原爆を2回使用する必要があったのかという軍事技術的実験の理由についても，『平和学入門1』第11講参照）。

**【世界の軍事支出と社会支出】**

1996年版の最初の方に，図5–4のようなグラフが出てくる。折れ線グラフは武力紛争の数を表し，右側の縦軸に10件ごとに数値を取っている。グレーの部分は戦死者数で，左側の縦軸に100万人単位で示している。第2次世界大戦の時には，たった1年で戦死者が1,000万近くに到達しようとしている。第1次世界大戦も，たった1年間で600万人を超えていることがわかる。

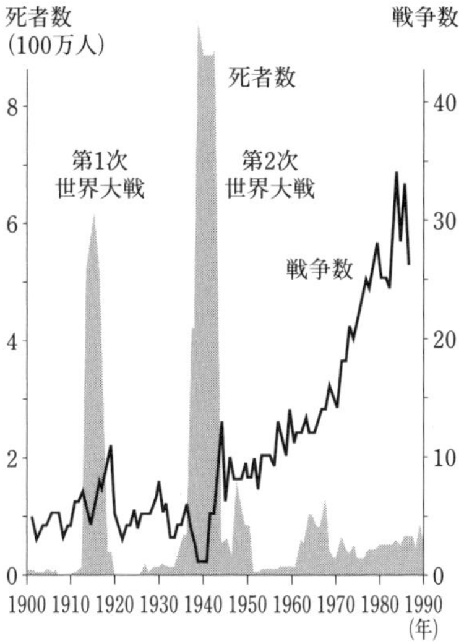


**図 5-4　20 世紀の戦争と戦争関連死者数（Sivard, 1996）**

シヴァードは，この 20 世紀の戦争と戦争関連死者数のグラフについて，次のように述べている。

> この近代的な世紀は，いまだに 4 年間残されているというのに，すでに 250 もの戦争と 109,746,000 人の戦争に関連した死に責任を負ってしまった。この数値は，現在のフランス，ベルギー，オランダとスカンディナビア 4 カ国すなわちデンマーク，フィンランド，ノルウェー，スウェーデンの国民の合計よりも多い。この 20 世紀の後半だけでも，戦争はより頻度を増し，より死者数を増やしている。1 つ 1 つの戦争の平均死者数は，19 世紀のそれの 6 倍に等しい。

戦争の数が増えて，それが過酷なものになっている。その結果，1 億人以上の人々の命が失われてしまったと，1996 年の段階で 20 世紀を回想して書いている。科学技術が発達した 20 世紀は「戦争の世紀」と呼ばれることがある。戦争の世紀にあって，戦争の数は増え，1 つ 1 つの戦争で亡くなる人の数は前世紀の 6 倍にも上ってしまった。シヴァードは，こうした傾向を嘆き，どうして

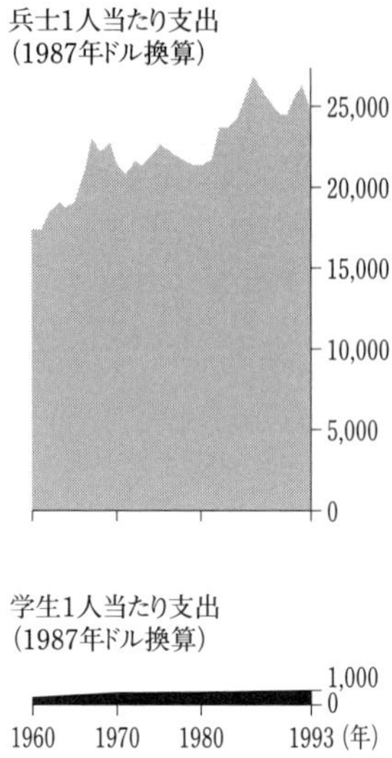


**図5-5　軍事費と教育費の比較（Sivard, 1996）**

も止めなければいけないと言ったのである。

## 【軍事費と教育費などの比較】

『世界の軍事と社会支出』という本のタイトルから想像がつくと思うが，その中でシヴァードは，興味深い比較をしている。図5-5の上のグラフは，世界の軍事費を兵士の数で割って兵士1人あたりにいくらかかっているか，あるいは兵士1人あたりに政府がいくらかけているかを表している。単位は1987年の米ドルである。それに対して，皆さんにも関係することであるが，下の方のグラフは世界中の教育支出を世界中の学生の数で割った数値を示している。兵士には1年間に2万5,000ドル以上をかけているが，学生1人あたりの教育費は1人あたり1,000ドル程度と，軍事費の25分の1である。

図5-6は，開発途上国から数字を抜き出してきたグラフで，医師の数と兵士の数を比較したものである。ピーク時には，世界の開発途上国の兵士の数は1,600万人を超えたのに対し，医師の数はわずかに200万人をちょっと出た程度で，兵士の数の8分の1である。

シヴァードは，続いて，軍事費と開発援助額の比較を示している。私は，こ

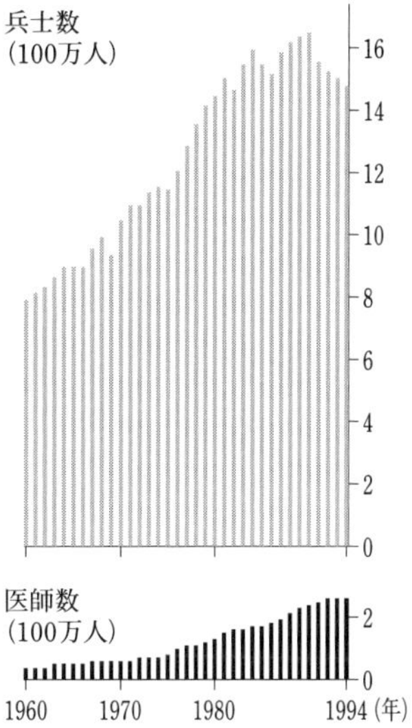


図 5-6　医師数と兵士数の比較（Sivard, 1996）

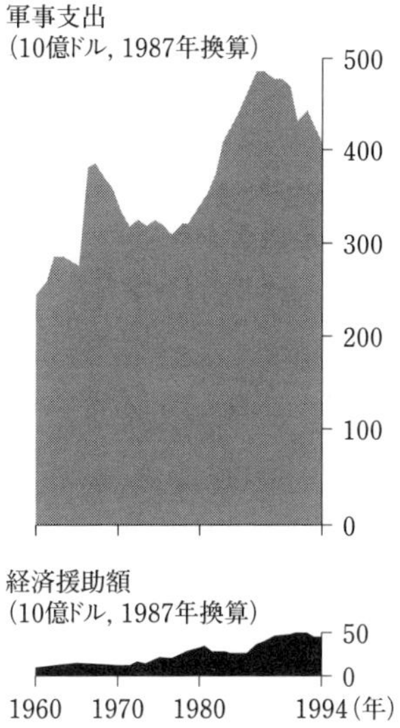


図 5-7　軍事費と開発援助費の比較（Sivard, 1996）

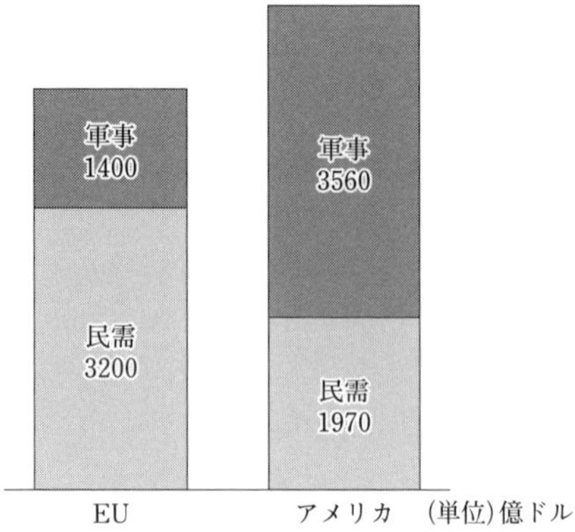


**図5-8　R&Dの比較（Sivard, 1996）**

左はEU，右はUS。1983-1994年の10年間，EUは1400億ドルを軍事技術のR&Dに投与，民需には3200億ドル。USはそれぞれ，3560億ドル，1970億ドル。軍事の割合は72%。ヨーロッパは健康保健，教育，エネルギー開発，食料に多く当てて，軍事プログラムには28%。

れが世界の現実を最も物語っていると思う。図5-7の上段のグラフの単位は1981年の米ドルで10億ドルである。世界の軍事支出がピークのころは5,000億ドル近くにも達したことがわかる。それに対して，下の方の何ともみじめな少ないグラフは，世界中の経済援助を足したものである。1994年で500億ドルに達していない。つまり，世界は人を殺傷し物を破壊することに，この上段のグラフのようなお金をかけているのに対して，インフラを整備したり生産をしやすくしたりする経済援助には下段の方のグラフしか支出していない。言ってみれば矛盾に満ちた世界に私たちは住んでいることを，シヴァードはこの対比をもって世に知らしめたということになろうか。

## 【R&Dの比較】

こうした比較はさらに続く。産業発展の基礎的研究開発分野に費用をかけないとなかなか科学技術や生産は発展しない。図5-8は，R&D（リサーチ＆デベロップメント）の総額を，アメリカ1国とEU全部を足した数字で比較している。

アメリカでは，このR&Dの72パーセントが軍事関連支出に当たる。それに対してヨーロッパは，健康保健，教育，エネルギー開発，食料などに多くを当てている。ヨーロッパが軍事プログラムのR&Dに出したのは28パーセントだけで，アメリカと対比すると，ちょうど割合的に逆転した形である。

## 【何に優先順位を置くべきか】

シヴァードが，何に優先順位を置くべきかについて書いているので，日本語に訳してみた。

- 1945年以来，8兆ドルが核兵器に使われた。
- 過去5年以上にわたって，市民が政府を選ぶ権利を奪われた国々への兵器輸出の4分の3以上がアメリカからもたらされた。
- 200万人を超える5歳以下の子どもの死は，本来なら予防接種で救うことができた。
- アメリカの政府主導の研究は，60パーセントが軍事志向である。
- 世界の軍事支出は5年間減少し続けたが，それでもなお1分間に140万ドル使っている。
- 北大西洋条約機構（North Atlantic Treaty Organization: NATO）の軍事費は，かつてのワルシャワ条約機構（Warsaw Treaty Organization）の軍事費の10倍を超えている。
- アメリカの軍事費は，13カ国の軍事費大国の合計を上回る。
- 先進国では99パーセントの大人が読み書きができるが，開発途上国では半数以下の大人しか読み書きができない。
- 平均余命には，比較的豊かな国々と貧しい国々との間で14年間の開きがある。
- 最近の削減にも関わらず，核兵器の蓄積は，4,400万人の命を奪った20世紀の3大戦争で使われた爆発物の爆発力の7,000倍である（すなわち，2,080億人殺せる。1人30回分)。

1945年以来，8兆ドルが核兵器に使われたとある。これは開発したり，実際に生産したりしたものである。次に，過去5年以上にわたって，市民が政府を選ぶ権利を奪われた国々，つまり非民主的な国家への兵器輸出の4分の3以上がアメリカからなされていることが書かれている。200万人を超える5歳以下の子どもの死は，本来なら予防接種で救うことができたとも指摘している。しかし，これは，途上国に健康福祉の資金がなかったから，単純に200万人を超える5歳以下の子どもが亡くなったということではない。200万だけではなく，実際には，もっと多くの子どもが亡くなったのだが，予防接種だけで救えた命がこれだけに上るのだ。

アメリカ政府主導の研究は60パーセントが軍事志向であるとの数字が，先ほどのR&Dの72パーセントと少し異なるのは，ここで述べられている60パーセントがすべての研究についての割合だからである。現代は巨大な兵器の時代になっている。したがって，それを主導してスポンサーとなるのは，国家，すなわち政府しかない。民間企業でこのような大きな研究はできないので，民間企業がやるとしても，政府から支援を受けて行う。世界の軍事支出は少し減ってきているが，それでもなお1分間に140万ドル使っている。簡単に1ドル100円として換算すると，1億4,000万円を1分間で使っていることになる。この講の授業を皆さんの前でするとしたら，開始からここまでで40分ほど説明に要する。その時間で56億円くらい軍事支出が世界でなされたことになる。

次の，NATOの軍事費はかつてのワルシャワ条約機構の軍事費の10倍を超えているとの指摘も，一般の人々の常識を覆すものだろう。冷戦だ，冷戦だと言って，相手に対抗せねばならないことを理由に大騒ぎして軍備を蓄えたが，実際には，ワルシャワ条約機構の10倍も軍事費を使っていた。そして，アメリカの軍事費は13カ国の軍事費大国の合計を上回っているという指摘と，先進国では99パーセントの大人が読み書きできるが開発途上国では半数以下の大人が読み書きできるにすぎないという指摘は，セットで考えていかねばならないだろう。

比較的豊かな国々と貧しい国々の間で，平均余命に開きがあるとの指摘については，『平和学入門1』の第8講「構造的暴力と積極的平和」で議論した「構造的暴力の失われた年数」を思い起こしてほしい。核兵器の蓄積とオーバーキルについては，『平和学入門1』の第11講「核兵器と安全保障」で，人間1人を48回殺すことができる核兵器が蓄積されていることを検証した。核兵器の備蓄量は時代や計算方法によって異なるが，オーバーキルについての事実は変わらない。人類を何十回も殺せるような量の核兵器を，なぜ人類は蓄えるのかということについて，シヴァードが疑義を呈しているのである。

## 【20 世紀の戦死者】

シヴァードは，戦死者について非常に詳細な分析を行っている。20 世紀の戦死者の数を国別にすべて網羅しているページがある（表 5-2）。これは 1996 年に発行されたので，95 年間分ということになるが，その中でいろいろと興味深いことがわかる。

表 5-3 のように関連するところを拡大すると，アメリカとソ連が非常に対比的，対照的である。第 1 次世界大戦，第 2 次世界大戦は，アメリカを戦場にしてなされた戦争ではないので，非武装の非戦闘員，つまり市民の死者がいない。死んだのは皆，兵士である。軍人（military）と書いてあるところと，その隣の総計と書いてあるところに同じ数が出てくる。つまり，軍人以外はこの 2 つの戦争では死ななかった。市民の死を目の当たりにしていないのである。アメリカは，20 世紀に自分の国土が戦地になるということはなかった。それに対して，表 5-3 の下の方に示されているソビエト連邦および帝政ロシア（former USSR）は，膨大な数の非戦闘員が戦争で命を落としている。例えば，第 2 次世界大戦では，非戦闘員が 850 万人も亡くなっている。第 1 次世界大戦でも市民 300 万人が亡くなっている。なんと非戦闘員の死者が多いことか。

アメリカは本土では戦争をしなかったが，第 2 次世界大戦後，全く戦争をしなかったかと言えばそうではない。表 5-3 では，アメリカの下にベトナムと韓国が書かれている。では，ベトナムの数値を追いかけてみよう。第 2 次世界大戦が終わってすぐ，1946 年にベトナムがフランスからの独立を目指す第 1 次インドシナ戦争が起こる。1954 年まで続くが，それだけでも 60 万人が亡くなっている。そしてアメリカが介入して 1960 年から 1965 年には 30 万人が亡くなり，1965 年にはアメリカは北ベトナムまで爆撃して本格的に介入し，1975 年に戦争が終結するが，その間の死者は 205 万 8,000 人である。その後，中国とベトナムが国境で紛争を起こすので，ここでまた人々が亡くなっている。この中にアメリカ兵の死者数が組み込まれている。朝鮮戦争に関しても同様のこ

表5–2　20世紀の戦死者数（Sivard, 1996）

# Wars and War-Related Deaths, 1900–1995

| Location and Identification of Conflict[1] | | Number of Deaths[2] Civilian[3] | Military[3] | Total |
|---|---|---|---|---|
| North America | | ... | 628,000 | 628,000 |
| United States | | | | |
| 1917–18 | W W I | ... | 126,000 | 126,000 |
| 1941–45 | W W II | ... | 408,000 | 408,000 |
| Canada | | | | |
| 1914–18 | W W I | ... | 55,000 | 55,000 |
| 1939–45 | W W II | ... | 39,000 | 39,000 |
| Latin America | | 797,000 | 580,000 | 1,404,000 |
| Argentina | | | | |
| 1955–55 | Armed forces vs Peron | 2,000 | 2,000 | 4,000 |
| 1976–79 | Disappearances | 12,000 | 3,000 | 15,000 |
| 1982–82 | Argentina vs UK in Falklands | ... | 1,000 | 1,000 |
| Bolivia | | | | |
| 1932–35 | Paraguay vs Bolivia (Chaco War) | 70,000 | 130,000 | 200,000 |
| 1952–52 | Revolution vs Govt | 1,000 | 1,000 | 2,000 |
| Brazil | | | | |
| 1932–32 | State vs Federal Govt | ... | ... | 1,000 |
| 1944–45 | W W II; troops in Italy | ... | 1,000 | 1,000 |
| 1980–80 | Rightist terrorism | ... | ... | 1,000 |
| Chile | | | | |
| 1973–73 | Military coup; US intervenes | ... | ... | 5,000 |
| 1974–74 | Executions by Government | 20,000 | ... | 20,000 |
| 1987–87 | Mine strikers vs Army | 3,000 | ... | 3,000 |
| Colombia | | | | |
| 1899–03 | Liberals vs Government | 75,000 | 75,000 | 150,000 |
| 1948–48 | Conservatives vs Government | ... | ... | 1,000 |
| 1949–62 | Liberals vs Government | 200,000 | 100,000 | 300,000 |
| 1986–95 | Govt vs rebels, civilians | 36,000 | 9,000 | 45,000 |
| Costa Rica | | | | |
| 1948–48 | Nat'l Un. vs Govt; US intervenes | 1,000 | 1,000 | 2,000 |
| Cuba | | | | |
| 1958–59 | Castro vs Batista; US intervenes | 2,000 | 3,000 | 5,000 |
| Dominican Republic | | | | |
| 1937–37 | Haitians in DR massacred | 5,000 | ... | 5,000 |
| 1965–65 | US intervenes in civil war | 1,000 | 2,000 | 3,000 |
| El Salvador | | | | |
| 1906–06 | Guatemala vs El Salv & Honduras | ... | 1,000 | 1,000 |
| 1931–32 | Peasant uprising & massacre | 24,000 | 8,000 | 32,000 |
| 1979–91 | Dem. Salv. Front vs Government | 50,000 | 25,000 | 75,000 |
| Guatemala | | | | |
| 1954–54 | Conservatives vs Govt; US interv | ... | ... | 1,000 |
| 1966–95 | Govt mass Indians; US intervenes | 100,000 | 40,000 | 140,000 |
| Haiti | | | | |
| 1991–94 | Military coup, political violence | ... | ... | 3,000 |
| Honduras | | | | |
| 1907–07 | Nicaragua vs El Salv & Honduras | ... | 1,000 | 1,000 |
| 1924–24 | Conservatives vs Government | ... | ... | 1,000 |
| 1969–69 | El Salv vs Honduras (Soccer War) | 3,000 | 2,000 | 5,000 |
| Jamaica | | | | |
| 1980–80 | Election violence | 1,000 | ... | 1,000 |
| Mexico | | | | |
| 1910–20 | Lib & Rad vs Gov; US intervenes | 125,000 | 125,000 | 250,000 |
| 1926–30 | Cristeros vs Government | ... | ... | 10,000 |
| Nicaragua | | | | |
| 1978–79 | Sandinistas vs Somoza | 25,000 | 25,000 | 50,000 |
| 1981–88 | Contras vs Sandinistas | 15,000 | 15,000 | 30,000 |
| Panama | | | | |
| 1989–89 | US invades Panama | 1,000 | ... | 1,000 |
| Paraguay | | | | |
| 1911–12 | Liberals vs Government | ... | ... | 2,000 |
| 1947–47 | Liberals vs Government | ... | ... | 1,000 |
| Peru | | | | |
| 1980–95 | Shining Path vs Government | 25,000 | 10,000 | 35,000 |
| Uruguay | | | | |
| 1903–04 | Conservatives vs Government | ... | ... | 1,000 |
| Europe | | 43,212,000 | 31,409,000 | 75,226,000 |
| Albania | | | | |
| 1941–44 | W W II | 10,000 | 20,000 | 30,000 |
| Austria | | | | |
| 1914–18 | W W I (including Hungary) | 300,000 | 2,300,000 | 2,600,000 |
| 1934–34 | Socialists vs Fascist Govt | 1,000 | 1,000 | 2,000 |
| 1939–45 | W W II | 125,000 | 280,000 | 405,000 |
| Belgium | | | | |
| 1914–18 | W W I | 30,000 | 88,000 | 118,000 |
| 1940–40 | W W II | 90,000 | 110,000 | 200,000 |
| Bulgaria | | | | |
| 1915–18 | W W I | 275,000 | 28,000 | 303,000 |
| 1941–45 | W W II (Allied 1944–45) | 14,000 | 20,000 | 34,000 |
| former Czechoslovakia | | | | |
| 1939–45 | W W II | 250,000 | 30,000 | 280,000 |
| Finland | | | | |
| 1918–18 | Communists vs Government | ... | ... | 20,000 |
| 1939–40 | USSR vs Finland | ... | 90,000 | 90,000 |
| 1941–44 | W W II | 15,000 | 45,000 | 60,000 |
| France | | | | |
| 1914–18 | W W I | 40,000 | 1,630,000 | 1,670,000 |
| 1939–45 | W W II (Allied 39–40, 44–45) | 450,000 | 200,000 | 650,000 |
| Germany | | | | |
| 1914–18 | W W I | 760,000 | 2,400,000 | 3,160,000 |
| 1934–34 | Socialists vs Nazi Government | 1,000 | ... | 1,000 |
| 1939–45 | W W II | 1,471,000 | 4,750,000 | 6,221,000 |
| Greece | | | | |
| 1917–18 | W W I | 132,000 | 5,000 | 137,000 |
| 1940–41 | W W II | 54,000 | 10,000 | 64,000 |
| 1945–49 | UK intervenes in civil war | ... | ... | 160,000 |
| Hungary | | | | |
| 1919–20 | Anti-Communists vs Government | ... | ... | 4,000 |
| 1919–19 | Czech & Romania vs Hungary | ... | 11,000 | 11,000 |
| 1941–45 | W W II | 450,000 | 400,000 | 850,000 |
| 1956–56 | USSR intervenes in civil war | 10,000 | 10,000 | 20,000 |
| Italy | | | | |
| 1915–18 | W W I | ... | 950,000 | 950,000 |
| 1940–45 | W W II (Allied 1943–45) | 70,000 | 150,000 | 220,000 |
| Lithuania | | | | |
| 1920–20 | Poland vs Lithuania | ... | 1,000 | 1,000 |
| 1941–41 | W W II (Germany kills resisters) | 200,000 | ... | 200,000 |
| 1944–44 | W W II (USSR kills collaborators) | 2,000 | ... | 2,000 |
| Netherlands | | | | |
| 1940–45 | W W II | 200,000 | 6,000 | 206,000 |
| Norway | | | | |
| 1940–40 | W W II | 7,000 | 2,000 | 9,000 |
| Poland | | | | |
| 1914–18 | W W I | 500,000 | ... | 500,000 |
| 1919–20 | USSR vs Poland; France interv | ... | 100,000 | 100,000 |
| 1939–45 | W W II | 6,000,000 | 600,000 | 6,600,000 |
| Portugal | | | | |
| 1916–18 | W W I | ... | 13,000 | 13,000 |
| Romania | | | | |
| 1907–07 | Peasants vs Government | ... | ... | 2,000 |
| 1916–17 | W W I | 275,000 | 375,000 | 650,000 |
| 1941–45 | W W II (Allied 1944–45) | 300,000 | 340,000 | 640,000 |
| 1989–89 | Government vs demonstrators | 1,000 | ... | 1,000 |
| Spain | | | | |
| 1934–34 | Asturian miners vs Govt | 3,000 | ... | 3,000 |
| 1936–39 | It, USSR, Germ intervene civ war | 600,000 | 600,000 | 1,200,000 |
| Turkey | | | | |
| 1909–10 | Massacres in Armenia | 6,000 | ... | 6,000 |
| 1911–12 | Italy vs Turkey | ... | 20,000 | 20,000 |
| 1912–13 | 1st Balkan War vs Turkey | ... | 82,000 | 82,000 |
| 1914–18 | W W I | 1,000,000 | 450,000 | 1,450,000 |
| 1915–16 | Armenians deported | 1,000,000 | ... | 1,000,000 |
| 1919–20 | France vs Turkey | ... | ... | 40,000 |
| 1919–22 | Greece vs Turkey | 50,000 | 50,000 | 100,000 |
| 1977–80 | Terrorism; military coup 1980 | ... | ... | 5,000 |
| 1984–95 | Kurd rebellion; Govt crackdown | 4,000 | 14,000 | 18,000 |
| United Kingdom | | | | |
| 1914–18 | W W I | 31,000 | 1,000,000 | 1,031,000 |
| 1939–45 | W W II | 100,000 | 350,000 | 450,000 |
| former USSR | | | | |
| 1904–05 | Japan vs Russia | ... | 130,000 | 130,000 |
| 1905–06 | Peasants & workers vs Govt | 1,000 | ... | 1,000 |
| 1905–05 | Pogrom, Russians vs Jews | 2,000 | ... | 2,000 |
| 1914–17 | W W I | 3,000,000 | 2,950,000 | 5,950,000 |
| 1916–16 | Kirghiz massacre Russians | ... | ... | 9,000 |
| 1917–17 | Bourgeois rev vs Czar | 1,000 | 1,000 | 2,000 |
| 1918–20 | Civ War; US, UK, Fr, Jap interv | 500,000 | 300,000 | 800,000 |
| 1939–39 | Japan vs USSR | ... | 13,000 | 13,000 |
| 1941–45 | W W II | 8,500,000 | 8,500,000 | 17,000,000 |
| 1969–69 | China attacks USSR border | ... | 1,000 | 1,000 |
| 1989–95 | Armenia vs Azerbaijan | ... | ... | 20,000 |
| 1992–95 | Georgia – Abkhazians vs Govt | ... | ... | 3,000 |
| 1992–95 | Georgia – Ossetians vs Govt | ... | ... | 3,000 |
| 1992–92 | Moldova – ethnic conflict | ... | ... | 1,000 |
| 1992–95 | Tajikistan – Comm vs Islam | ... | ... | 50,000 |
| 1994–95 | Russia vs Chechen separatists | 24,000 | 6,000 | 30,000 |
| former Yugoslavia | | | | |
| 1903–03 | Macedonian revolt vs Turk | 2,000 | 2,000 | 4,000 |
| 1913–13 | 2nd Balkan War vs Bulgaria | ... | 61,000 | 61,000 |
| 1914–18 | W W I | 650,000 | 128,000 | 778,000 |
| 1941–45 | W W II | 1,000,000 | 400,000 | 1,400,000 |
| 1991–92 | Croatia; civil war | ... | ... | 25,000 |
| 1992–95 | Bosnia; civil war; massacres | ... | ... | 263,000 |
| Europe (area wide) | | | | |
| 1914–18 | W W I area-wide | 5,982,000 | 401,000 | 6,383,000 |
| 1939–45 | W W II in Europe area-wide | 8,723,000 | 985,000 | 9,708,000 |
| Middle East | | 541,000 | 693,000 | 1,294,000 |
| Cyprus | | | | |
| 1974–74 | Nat'l Guard; Turkey invades | 3,000 | 2,000 | 5,000 |
| Egypt | | | | |
| 1956–56 | Suez; Israel, France, UK invade | 1,000 | 3,000 | 4,000 |
| 1967–70 | Six-Day War; border conflicts | 50,000 | 25,000 | 75,000 |
| Iran | | | | |
| 1908–09 | Constitution vs Govt; USSR interv | ... | ... | 1,000 |
| 1978–89 | Islam vs Shah, dissidents, Kurds | 70,000 | 18,000 | 88,000 |
| 1980–88 | Iraq vs Iran | 50,000 | 450,000 | 500,000 |
| Iraq | | | | |
| 1920–21 | Arabs vs United Kingdom | 1,000 | 1,000 | 2,000 |
| 1933–33 | Kurds massacre Christians | 1,000 | ... | 1,000 |
| 1959–59 | Shammar Tribe vs Govt | 1,000 | 1,000 | 2,000 |
| 1961–70 | Kurds vs Govt; Iran intervenes | 100,000 | 5,000 | 105,000 |
| 1988–88 | Kurd civilians killed by army | 9,000 | 1,000 | 10,000 |
| 1991–92 | Kurds, Shiites rebel | ... | ... | 30,000 |
| 1994–95 | Kurdish factional fighting | ... | ... | 2,000 |
| Israel | | | | |
| 1948–48 | Arab League vs Israel | ... | 8,000 | 8,000 |
| 1973–73 | Yom Kippur War vs Egypt, Syria | ... | 16,000 | 16,000 |
| Jordan | | | | |
| 1970–70 | Palestinians & Syria vs Govt | 5,000 | 5,000 | 10,000 |
| Kuwait[4] | | | | |
| 1990–91 | Iraq inv Kuwait; US, UN interv | 100,000 | 100,000 | 200,000 |
| Lebanon | | | | |
| 1958–58 | US intervenes in civil war | 1,000 | 1,000 | 2,000 |
| 1975–76 | Syria intervenes in civil war | 75,000 | 25,000 | 100,000 |
| 1982–90 | Israel invades & aftermath | 41,000 | 22,000 | 63,000 |
| Syria | | | | |
| 1920–20 | France vs Syria | ... | ... | 5,000 |
| 1925–27 | Druses vs France | 4,000 | 4,000 | 8,000 |
| 1982–82 | Govt massacres conservs, Muslims | 20,000 | ... | 20,000 |
| Yemen | | | | |
| 1948–48 | Yahya family vs N. Yemen | 2,000 | 2,000 | 4,000 |
| 1962–69 | Civil war in N. Yemen; Egypt interv | ... | ... | 15,000 |
| 1986–87 | Civil War in South Yemen | 7,000 | 4,000 | 11,000 |
| 1994–94 | Govt vs secessionists | ... | ... | 7,000 |
| South Asia | | 2,436,000 | 1,112,000 | 3,629,000 |
| Afghanistan | | | | |
| 1919–19 | Afghanistan vs UK | ... | 1,000 | 1,000 |
| 1924–25 | Anti-reform vs Govt; UK interv | 1,000 | 1,000 | 2,000 |
| 1928–29 | Anti-reform vs Government | 4,000 | 4,000 | 8,000 |
| 1978–92 | USSR intervenes in civil war | 1,000,000 | 500,000 | 1,500,000 |
| 1991–95 | Fighting between factions | ... | ... | 50,000 |
| Bangladesh | | | | |
| 1971–71 | India intervenes; fam & massacre | 500,000 | 500,000 | 1,000,000 |
| India | | | | |
| 1914–18 | W W I | 25,000 | 25,000 | 50,000 |
| 1919–19 | Amritsar massacre by UK | 1,000 | ... | 1,000 |
| 1921–22 | UK intervenes in civil war | 11,000 | ... | 11,000 |
| 1936–38 | UK intervenes in civil war | 11,000 | ... | 11,000 |
| 1939–45 | W W II | 25,000 | 24,000 | 49,000 |

8　*World Military and Social Expenditures 1996*

## 表5-2　20世紀の戦死者数（つづき）

# Wars and War-Related Deaths, 1900–1995

| Location and Identification of Conflict[1] | | Number of Deaths[2] Civilian[3] | Military[3] | Total |
|---|---|---|---|---|
| 1946–48 | Muslim vs Hindu; UK intervenes | 800,000 | ... | 800,000 |
| 1947–49 | Muslims, Pakistan vs Kashmir | 1,000 | 2,000 | 3,000 |
| 1948–48 | India vs Hyderabad | 1,000 | 1,000 | 2,000 |
| 1962–62 | China vs India at border | 1,000 | 1,000 | 2,000 |
| 1965–65 | Pakistan vs Kashmir; India interv | 13,000 | 7,000 | 20,000 |
| 1971–71 | Pakistan vs India; border war | ... | 11,000 | 11,000 |
| 1983–95 | Ethnic & political violence | ... | ... | 37,000 |
| **Pakistan** | | | | |
| 1973–77 | Baluchis vs Govt; Afghan interv | 6,000 | 3,000 | 9,000 |
| 1994–95 | Ethnic, religious killings | 2,000 | ... | 2,000 |
| **Sri Lanka** | | | | |
| 1971–71 | Maoists vs Government | 5,000 | 5,000 | 10,000 |
| 1984–95 | Tamils vs Sinhalese vs Govt | 23,000 | 27,000 | 50,000 |
| Far East | | 9,389,000 | 7,705,000 | 17,097,000 |
| **Burma** | | | | |
| 1948–51 | Karens vs Govt; China interv | ... | ... | 8,000 |
| 1980–80 | Communists vs Government | ... | ... | 5,000 |
| 1985–95 | Rebels vs Government | ... | ... | 8,000 |
| **Cambodia** | | | | |
| 1970–75 | NV & US intervene in civil war | 78,000 | 78,000 | 156,000 |
| 1975–78 | Pol Pot famine & massacre | 750,000 | 250,000 | 1,000,000 |
| 1978–89 | Vietnam vs Cambodia | 14,000 | 51,000 | 65,000 |
| **China** | | | | |
| 1900–00 | Boxer War (5 nations invade) | 13,000 | 3,000 | 16,000 |
| 1900–00 | Manchuria vs Russ occupation | ... | ... | 4,000 |
| 1904–04 | UK expedition to Tibet | ... | ... | 1,000 |
| 1911–11 | Republicans vs Government | 1,000 | 1,000 | 2,000 |
| 1912–13 | Tibet vs China | ... | ... | 2,000 |
| 1913–14 | Bandits vs Government | 5,000 | 5,000 | 10,000 |
| 1913–13 | Republicans vs Government | 5,000 | 5,000 | 10,000 |
| 1914–14 | Pai-Lings vs Government | ... | ... | 5,000 |
| 1917–18 | Szechuanese vs others | 1,000 | 1,000 | 2,000 |
| 1917–18 | Yunnan revolt | ... | ... | 1,000 |
| 1918–18 | Tibet vs China; UK intervenes | ... | 1,000 | 1,000 |
| 1920–20 | Szechuanese vs others | 2,000 | 2,000 | 4,000 |
| 1926–28 | Civ War; USSR, Jap intervene | ... | ... | 10,000 |
| 1928–28 | Muslim rebellion vs Govt | ... | ... | 200,000 |
| 1929–29 | USSR vs China | ... | 3,000 | 3,000 |
| 1929–30 | Warlords vs Government | ... | ... | 75,000 |
| 1930–35 | Communists vs Government | ... | ... | 500,000 |
| 1931–33 | Japan vs Manchuria | ... | 60,000 | 60,000 |
| 1931–34 | USSR intervenes Turkestan | ... | ... | 20,000 |
| 1937–41 | Japan vs China | 1,150,000 | 650,000 | 1,800,000 |
| 1941–45 | W W II | 850,000 | 1,350,000 | 2,200,000 |
| 1946–50 | Comms vs Kuomintang; US interv | 500,000 | 500,000 | 1,000,000 |
| 1950–51 | China vs Tibet | 2,000 | ... | 2,000 |
| 1950–51 | Govt executes landlords | 1,000,000 | ... | 1,000,000 |
| 1956–59 | Tibetan revolt | 60,000 | 40,000 | 100,000 |
| 1967–68 | Cultural Revolution | 450,000 | 50,000 | 500,000 |
| 1983–84 | Government executions | 5,000 | ... | 5,000 |
| 1989–89 | Government kills students | 1,000 | ... | 1,000 |
| 1990–90 | Government executions | 2,000 | ... | 2,000 |
| **Indonesia** | | | | |
| 1945–46 | Independence from Neth, UK | 4,000 | 1,000 | 5,000 |
| 1950–50 | Moluccans vs Government | ... | ... | 5,000 |
| 1953–53 | Darul Islam vs Government | ... | ... | 1,000 |
| 1958–60 | Dissident military vs Govt | ... | ... | 30,000 |
| 1965–66 | Abortive coup; UK intervenes | 500,000 | ... | 500,000 |
| 1975–82 | Annex E. Timor; fam & massacre | 100,000 | 50,000 | 150,000 |
| **Japan** | | | | |
| 1923–23 | Massacre of Koreans | 10,000 | ... | 10,000 |
| 1938–38 | USSR vs Japan | ... | 2,000 | 2,000 |
| 1941–45 | W W II | 500,000 | 1,500,000 | 2,000,000 |
| **Korea** | | | | |
| 1948–48 | Army vs Government | ... | 1,000 | 1,000 |
| 1950–53 | Korean War; China, US intervene | 1,500,000 | 1,500,000 | 3,000,000 |
| **Korea, South** | | | | |
| 1980–80 | Army kills people | 1,000 | ... | 1,000 |
| **Laos** | | | | |
| 1960–73 | Path Lao vs Govt; US, NV interv | 18,000 | 12,000 | 30,000 |
| **Malaysia** | | | | |
| 1950–60 | UK intervenes in civil war | ... | ... | 13,000 |
| **Mongolia** | | | | |
| 1939–39 | Japan vs Mongolia & USSR | ... | 28,000 | 28,000 |
| 1945–45 | W W II | ... | 3,000 | 3,000 |
| **Philippines** | | | | |
| 1899–02 | Philippine revolt vs US | 200,000 | 4,000 | 204,000 |
| 1941–45 | W W II | 91,000 | 27,000 | 118,000 |
| 1950–52 | Huks vs Government | 5,000 | 4,000 | 9,000 |
| 1972–94 | Communists vs Government | 20,000 | 20,000 | 40,000 |
| 1972–95 | Muslims vs Government | 20,000 | 15,000 | 35,000 |
| **Taiwan** | | | | |
| 1947–47 | Civilian riots vs Government | 20,000 | ... | 20,000 |
| 1947–47 | Taiwan vs China | ... | 1,000 | 1,000 |
| 1954–55 | Civil strife | ... | ... | 5,000 |
| **Thailand** | | | | |
| 1940–41 | France vs Thailand | 2,000 | 2,000 | 4,000 |
| **Vietnam** | | | | |
| 1945–54 | Indep vs Fr; China, US intervene | 300,000 | 300,000 | 600,000 |
| 1960–65 | US intervenes in civil war | 200,000 | 100,000 | 300,000 |
| 1965–75 | US & S Vietnam vs N Vietnam | 1,000,000 | 1,058,000 | 2,058,000 |
| 1979–79 | China vs Vietnam | 9,000 | 26,000 | 35,000 |
| 1987–87 | China vs Vietnam – border | ... | 1,000 | 1,000 |
| Oceania | | ... | 127,000 | 127,000 |
| **Australia** | | | | |
| 1914–18 | W W I | ... | 60,000 | 60,000 |
| 1939–45 | W W II | ... | 34,000 | 34,000 |
| **New Zealand** | | | | |
| 1914–18 | W W I | ... | 16,000 | 16,000 |
| 1939–45 | W W II | ... | 17,000 | 17,000 |
| Sub-Saharan Africa | | 5,682,000 | 1,564,000 | 9,038500 |
| **Angola** | | | | |
| 1961–75 | Indep vs Port; USSR, S Af interv | 30,000 | 25,000 | 55,000 |
| 1975–95 | Civil War | ... | ... | 750,000 |
| **Burundi** | | | | |
| 1972–72 | Hutus vs Govt; massacres | 100,000 | 10,000 | 110,000 |
| 1988–95 | Tutsi massacred Hutu civs | ... | ... | 170,000 |
| **Cameroon** | | | | |
| 1955–60 | Independence vs France, UK | ... | ... | 32,000 |
| **Chad** | | | | |
| 1980–87 | Rebels vs Govt; Fr, Libya interv | 2,000 | 5,000 | 7,000 |
| 1990–94 | Govt vs. southern rebellion | ... | ... | 6,000 |
| **Congo** | | | | |
| 1993–93 | Ethnic violence | ... | ... | 2,000 |
| **Ethiopia** | | | | |
| 1935–36 | Italy vs Ethiopia | ... | 20,000 | 20,000 |
| 1941–41 | W W II | 5,000 | 5,000 | 10,000 |
| 1974–92 | Eritrean revolt & famine | 500,000 | 75,000 | 575,000 |
| 1976–83 | Cuba & Somalia intervene | 15,000 | 24,000 | 39,000 |
| **Ghana** | | | | |
| 1981–81 | Konkomba vs Nanumba | ... | ... | 1,000 |
| 1994–94 | Ethnic violence | ... | ... | 1,000 |
| **Guinea-Bissau** | | | | |
| 1962–74 | Independence vs Portugal | 5,000 | 10,000 | 15,000 |
| **Kenya** | | | | |
| 1952–63 | Independence vs UK | 3,000 | 12,000 | 15,000 |
| 1991–95 | Ethnic violence | ... | ... | 1,500 |
| **Liberia** | | | | |
| 1985–85 | Reprisal for coup attempt | 5,000 | ... | 5,000 |
| 1990–95 | Rebels vs rebels vs Government | ... | ... | 150,000 |
| **Madagascar** | | | | |
| 1947–48 | Independence vs France | 10,000 | 5,000 | 15,000 |
| **Mozambique** | | | | |
| 1965–75 | Independence vs Portugal | ... | ... | 30,000 |
| 1981–94 | Famine worsened by civil war | 1,000,000 | 50,000 | 1,050,000 |
| **Namibia** | | | | |
| 1903–08 | SW Af rev vs Germany; massacre | 80,000 | ... | 80,000 |
| **Nigeria** | | | | |
| 1967–70 | Biafrans vs Govt; famine & mass | 1,000,000 | 1,000,000 | 2,000,000 |
| 1980–81 | Fundamental Islam vs Government | ... | ... | 5,000 |
| 1984–84 | Fundamental Islam vs Government | ... | ... | 1,000 |
| 1991–92 | Ethnic violence | 5,000 | ... | 5,000 |
| **Rwanda** | | | | |
| 1956–65 | Tutsis vs Govt; massacres | 102,000 | 3,000 | 105,000 |
| 1992–92 | Tutsi vs Hutus | 2,000 | ... | 2,000 |
| 1994–95 | Ethnic massacres and aftermath | ... | ... | 500,000 |
| **Sierra Leone** | | | | |
| 1991–95 | Civil war | ... | ... | 30,000 |
| **Somalia** | | | | |
| 1988–95 | Civil war | 350,000 | 5,000 | 355,000 |
| **Sudan** | | | | |
| 1963–72 | Civil war; UK, Egypt intervene | 250,000 | 250,000 | 500,000 |
| 1984–95 | Civil war: south vs Government | 1,460,000 | 40,000 | 1,500,000 |
| **Tanzania** | | | | |
| 1905–07 | Revolt vs Germany; massacres | 150,000 | ... | 150,000 |
| **Uganda** | | | | |
| 1966–66 | Buganda tribe vs Government | 1,000 | 1,000 | 2,000 |
| 1971–78 | Idi Amin massacres | 300,000 | ... | 300,000 |
| 1978–79 | Tanz vs Amin; Libya intervenes | ... | 3,000 | 3,000 |
| 1981–87 | Army vs people; massacres | 300,000 | 8,000 | 308,000 |
| **West Sahara** | | | | |
| 1975–87 | Independence from Morocco | 3,000 | 13,000 | 16,000 |
| **Zaire** | | | | |
| 1960–65 | UK, Belgium intervene, Katanga | ... | ... | 100,000 |
| **Zambia** | | | | |
| 1964–64 | Civil strife | ... | ... | 1,000 |
| **Zimbabwe** | | | | |
| 1972–79 | Patriot Front vs Rhodesia | ... | ... | 12,000 |
| 1983–84 | Ethnic violence; African interv | 2,000 | ... | 2,000 |
| 1983–83 | Political violence | 2,000 | ... | 2,000 |
| Other Africa | | 143,000 | 102,000 | 398,000 |
| **Algeria** | | | | |
| 1945–45 | France intervenes in civil war | 2,000 | ... | 2,000 |
| 1954–62 | France intervenes in civil war | 82,000 | 18,000 | 100,000 |
| 1962–63 | Rebel leaders vs Government | 1,000 | 1,000 | 2,000 |
| 1992–95 | Islamic factions vs Government | ... | ... | 50,000 |
| **Libya** | | | | |
| 1911–17 | UK, Italy intervene in civil war | ... | ... | 16,000 |
| 1920–32 | Italian conquest of Libya | ... | ... | 40,000 |
| 1930–32 | Italy intervenes in civil war | ... | ... | 40,000 |
| **Morocco** | | | | |
| 1907–08 | France intervenes in civil war | 1,000 | ... | 1,000 |
| 1909–10 | France intervenes in civil war | 1,000 | 1,000 | 2,000 |
| 1909–10 | Spain vs Morocco | ... | 10,000 | 10,000 |
| 1911–11 | France intervenes in civil war | 1,000 | 1,000 | 2,000 |
| 1916–17 | France intervenes in civil war | 1,000 | 1,000 | 2,000 |
| 1921–26 | France & Spain intervene | 11,000 | 29,000 | 40,000 |
| 1953–56 | Independ from Fr; Spain intervenes | 3,000 | ... | 3,000 |
| **South Africa** | | | | |
| 1899–02 | Boer independence vs UK | 20,000 | 32,000 | 52,000 |
| 1906–06 | Zulu revolt vs UK | ... | ... | 5,000 |
| 1939–45 | W W II | ... | 9,000 | 9,000 |
| 1976–76 | Demonstrators vs security forces | 1,000 | ... | 1,000 |
| 1983–94 | Political, ethnic violence | 16,000 | ... | 16,000 |
| **Tunisia** | | | | |
| 1952–54 | Independence from France | 3,000 | ... | 3,000 |
| TOTAL DEATHS, 1900–1995 | | 62,194,000[3] | 43,920,000[3] | 109,745,500 |

... Not Available

1. Location refers to country which was principal battleground.
2. Includes all deaths, both national and foreign, resulting from the war
3. Incomplete: breakdown of civilian and military deaths not available in all cases.
4. Civilian casualties largely in Iraq.

*World Military and Social Expenditures 1996* **19**

**表5-3　アメリカとソ連の戦死者数（Sivard, 1996）**

| | Number of Deaths[2] | | |
|---|---|---|---|
| **Location and Identification of Conflict[1]** | **Civilian[3]** | **Military[3]** | **Total** |
| North America | … | 628,000 | 628,000 |
| **United States** | | | |
| 1917–18　W W I | … | 126,000 | 126,000＊ |
| 1941–45　W W II | … | 408,000 | 408,000＊ |
| **Canada** | | | |
| 1914–18　W W I | … | 55,000 | 55,000 |
| 1939–45　W W II | … | 39,000 | 39,000 |
| **Vietnam** | | | |
| 1945–54　Indep vs Fr; China, US intervene | 300,000 | 300,000 | 600,000＊ |
| 1960–65　US intervenes in civil war | 200,000 | 100,000 | 300,000＊ |
| 1965–75　US & S Vietnam vs N Vietnam | 1,000,000 | 1,058,000 | 2,058,000＊ |
| 1979–79　China vs Vietnam | 9,000 | 26,000 | 35,000 |
| 1987–87　China vs Vietnam – border | … | 1,000 | 1,000 |
| **Korea** | | | |
| 1948–48　Army vs Government | … | 1,000 | 1,000 |
| 1950–53　Korean War; China, US intervene | 1,500,000 | 1,500,000 | 3,000,000 |
| **Korea, South** | | | |
| 1980–80　Army kills people | 1,000 | … | 1,000 |
| **former USSR** | | | |
| 1904–05　Japan vs Russia | … | 130,000 | 130,000 |
| 1905–06　Peasants & workers vs Govt | 1,000 | … | 1,000 |
| 1905–05　Pogrom, Russians vs Jews | 2,000 | … | 2,000 |
| 1914–17　W W I | 3,000,000 | 2,950,000 | 5,950,000 |
| 1916–16　Kirghiz massacre Russians | … | … | 9,000 |
| 1917–17　Bourgeois rev vs Czar | 1,000 | 1,000 | 2,000 |
| 1918–20　Civ War; US, UK, Fr, Jap interv | 500,000 | 300,000 | 800,000 |
| 1939–39　Japan vs USSR | … | 13,000 | 13,000 |
| 1941–45　W W II | 8,500,000 | 8,500,000 | 17,000,000＊ |
| 1969–69　China attacks USSR border | … | 1,000 | 1,000 |
| 1989–95　Armenia vs Azerbaijan | … | … | 20,000 |
| 1992–95　Georgia – Abkhazians vs Govt | … | … | 3,000 |
| 1992–95　Georgia – Ossetians vs Govt | … | … | 3,000 |
| 1992–92　Moldova – ethnic conflict | … | … | 1,000 |
| 1992–95　Tajikistan – Comm vs Islam | … | … | 50,000 |
| 1994–95　Russia vs Chechen separatists | 24,000 | 6,000 | 30,000 |

＊は本文中で言及されているところ

とが言える。

では，日本はどうだろうか（表5-4）。日露戦争はロシアで起こったので，戦死者数は先ほど見たロシアの方に入っている。1938年には，大きな戦争ではなかったが，ソ連軍と日本軍がぶつかりあった日ソ国境紛争があった。第2次世界大戦では，日本は沖縄を占領され，本土も空襲にあった。そのため50万人という非戦闘員が亡くなっている。戦争中を生き抜いた人，そして今でも生きている方がいらっしゃるが，戦争経験者の方々の人口はだんだん減ってきて

表 5-4　日本と中国の戦死者数（Sivard, 1996）

| | | | | |
|---|---|---|---|---|
| **Japan** | | | | |
| 1923–23 | Massacre of Koreans | 10,000 | ... | 10,000 |
| 1938–38 | USSR vs Japan | ... | 2,000 | 2,000 |
| 1941–45 | W W II | 500,000 | 1,500,000 | 2,000,000* |
| **China** | | | | |
| 1900–00 | Boxer War (5 nations invade) | 13,000 | 3,000 | 16,000 |
| 1900–00 | Manchuria vs Russ occupation | ... | ... | 4,000 |
| 1904–04 | UK expedition to Tibet | ... | ... | 1,000 |
| 1911–11 | Republicans vs Government | 1,000 | 1,000 | 2,000 |
| 1912–13 | Tibet vs China | ... | ... | 2,000 |
| 1913–14 | Bandits vs Government | 5,000 | 5,000 | 10,000 |
| 1913–13 | Republicans vs Government | 5,000 | 5,000 | 10,000 |
| 1914–14 | Pai–Lings vs Government | ... | ... | 5,000 |
| 1917–18 | Szechuanese vs others | 1,000 | 1,000 | 2,000 |
| 1917–18 | Yunnan revolt | ... | ... | 1,000 |
| 1918–18 | Tibet vs China; UK intervenes | ... | 1,000 | 1,000 |
| 1920–20 | Szechuanese vs others | 2,000 | 2,000 | 4,000 |
| 1926–28 | Civ War; USSR, Jap intervene | ... | ... | 10,000 |
| 1928–28 | Muslim rebellion vs Govt | ... | ... | 200,000 |
| 1929–29 | USSR vs China | ... | 3,000 | 3,000 |
| 1929–30 | Warlords vs Government | ... | ... | 75,000 |
| 1930–35 | Communists vs Government | ... | ... | 500,000 |
| 1931–33 | Japan vs Manchuria | ... | 60,000 | 60,000 |
| 1931–34 | USSR intervenes Turkistan | ... | ... | 20,000 |
| 1937–41 | Japan vs China | 1,150,000 | 650,000 | 1,800,000 |
| 1941–45 | W W II | 850,000 | 1,350,000 | 2,200,000 |
| 1946–50 | Comms vs Kuomintang; US interv | 500,000 | 500,000 | 1,000,000 |
| 1950–51 | China vs Tibet | 2,000 | ... | 2,000 |
| 1950–51 | Govt executes landlords | 1,000,000 | ... | 1,000,000* |
| 1956–59 | Tibetan revolt | 60,000 | 40,000 | 100,000 |
| 1967–68 | Cultural Revolution | 450,000 | 50,000 | 500,000* |
| 1983–84 | Government executions | 5,000 | ... | 5,000 |
| 1989–89 | Government kills students | 1,000 | ... | 1,000* |
| 1990–90 | Government executions | 2,000 | ... | 2,000 |

＊は本文中で言及されているところ

いる。その方たちは，戦争を目の当たりにされているのだ。

中国はどうか（表 5-4）。中国は，書ききれないくらい多くの紛争を自分の国土に抱えた。20 世紀の幕開けとともに，義和団の乱（Boxer War）が起きた。これには 5 カ国が介入した。これに始まって，1950 年から 1951 年には，地主階級の粛清（Government executes landlords）というのが出てくる。これは，1949 年に中華人民共和国が独立を果たすが，その後の国内動乱がいかに激しかったかを示している。政府が地主階級を 100 万人粛清したのである。それから少し経つと，1966 年から 1977 年まで続いた文化大革命がある。この時にも 50 万人の軍人・民間人が亡くなっている。そして，1989 年の天安門事件である。表 5-4 には，政府が殺した学生の数が示されている。これも大変な事実で

図5-9　文化大革命（The Wall Street Journal, 2016）

図5-10　天安門事件（AFP, 2017）

あると思う。

【確実な数値のみ扱う特徴】

シヴァードの年鑑は，確実な数値のみを扱い，あまり推定値を書き込まない。わからない部分については不明（unknown）としている。それが，この年鑑の特徴である（表5-5）。例えば，ルワンダの虐殺事件を皆さんもご存じだと思うが，50万人という数字を出している。これは，すごく控えめな見積もりだと思う。カンボジアでも，ポルポト政権の犠牲者を100万人というカウントにしてある。多い人はこの2倍も3倍もあげている。

表5-6は，シヴァードがアメリカの軍事支出と仮想的な非軍事支出について，自分だったら兵器に使うお金を教育や健康，福祉に使っていくという提案の表である。まず，トップで，現状の艦隊の攻撃用潜水艦を補完するために原子力潜水艦（Seawolf）を投入する軍事費25億ドルと，世界中の子どもたちにワクチンと微量栄養素を含む予防接種を施すプログラムの費用は全く同じ額でできるという代替可能性を示している。潜水艦を買うなら，世界中の子どもたちにワクチンと予防接種を施したほうが賢いのではないかとの提案である。

次に，敵の核・通常兵器に対して，緊急を要する攻撃のための大陸間ステルス爆撃機の費用22億ドルは，開発途上国の1億2,000万人の女性に継続して1年間，家族計画のサービスを提供するのと同じ額であるとし，それらの交換を提案している。ステルス爆撃機は，特殊な電波吸収材を使って加工され，レーダーに捕捉されない工夫がされた爆撃機である。

表 5-5　シヴァードの年鑑の特徴（Sivard, 1996）

| | | | | |
|---|---|---|---|---|
| **Rwanda** | | | | |
| 1956–65 | Tutsis vs Govt; massacres | 102,000 | 3,000 | 105,000 |
| 1992–92 | Tutsi vs Hutus | 2,000 | ... | 2,000 |
| 1994–95 | Ethnic massacres and aftermath | ... | ... | 500,000* |
| **Cambodia** | | | | |
| 1970–75 | NV & US intervene in civil war | 78,000 | 78,000 | 156,000 |
| 1975–78 | Pol Pot famine & massacre | 750,000 | 250,000 | 1,000,000* |
| 1978–89 | Vietnam vs Cambodia | 14,000 | 51,000 | 65,000 |
| TOTAL DEATHS, 1900–1995 | | 62,194,000[3] | 43,920,000[3] | 109,745,500 |

... Not Available

1. Location refers to country which was principal battleground.

2. Includes all deaths, both national and foreign, resulting from the war

3. Incomplete; breakdown of civilian and military deaths not available in all cases.

4. Civilian casualties largely in Iraq.

＊は本文中で言及されているところ

表 5-6　軍事支出と非軍事支出の交換（Sivard, 1996）

**Costs of Protection**

| Weapons | Dollars | Other Options |
|---|---|---|
| Seawolf nuclear-powered submarine to complement the current fleet of attack submarines. | $2,500,000,000 | Immunization program with added vaccines and micronutrients for the world's children. |
| Intercontinental Stealth Bomber, designed for "time-critical" targets, nuclear and conventional. | $2,200,000,000 | Supplying family planning services for one year to 120 million women in the developing world. |
| Aegis guided missile destroyer, intended for defense of aircraft carriers. | $969,000,000 | One extra year of primary schooling for 11,400,000 girls in least developed countries. |
| Joint Stars, a 707-class aircraft modified to operate a target-attack radar system. | $387,000,000 | A year's treatment for 400,000,000 children suffering from debilitating intestinal worms. |
| Hornet twin-engine strike fighter for fleet air defense. | $50,000,000 | 5,000,000 insecticide-treated nets for beds, to reduce malaria mortality. |
| Trident II, submarine-launched ballistic missile with ten nuclear warheads. | $50,000,000 | Vitamin A supplements for 100,000,000 children for one year. |
| Multiple launcher rocket system loaded with ballistic rockets; a long-range self-propelled artillery weapon widely used in the Gulf War. | $29,000,000 | One year's basic rural water and sanitation services for 2,000,000 people in developing countries. |
| Abrams M1 tank, upgraded with improved armor and nuclear/biological/chemical protection. | $5,800,000 | For low-income countries, 530,000 vials of insulin essential to diabetics. |
| Tomahawk cruise missile for conventional, or nuclear-armed, surface ship or submarine. | $1,730,000 | 1,200 wells equipped with hand pumps, for families without local water resources. |
| Ground-launched tactical missile system insuring deep fire in nearly all weather conditions. | $1,100,000 | 5 years of monthly penicillin treatments for 15,000 children with rheumatic fever. |
| Wide-area smart mine, soldier portable, lethal to targets within 100 meters. | $297,000 | 3,000,000 packets for oral rehydration therapy for diarrheal illnesses. |
| Laser-guided air-to-surface missile, providing surgical-strike capability for attack helicopter. | $59,000 | 4 ground stations for receiving health information by satellite in remote areas of Africa. |

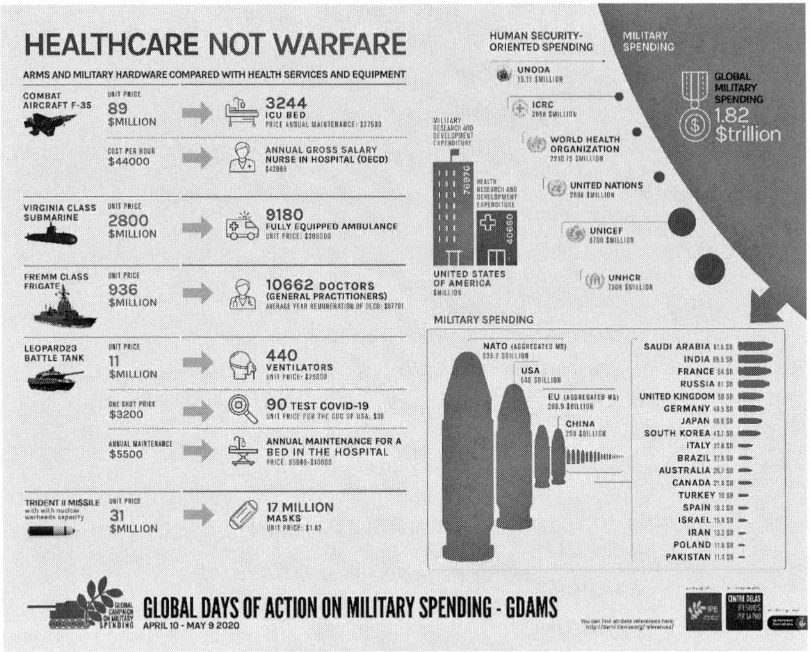


図5–11　軍事費と保健医療費の比較（GDAMS, 2020）

航空母艦護衛用のイージス誘導型ミサイル装備駆逐艦を装備する9億6,900万ドルと，最貧国の1,140万人の女子児童を小学校1年間延長して教育に通わせるのとが同じ費用である。女子の就学率は，開発途上国では非常に低くなっている。

ボーイング707クラスの航空機を攻撃目標レーダーシステムで作動するように改装する費用3億8,700万ドルを，腸内寄生虫によって衰弱している4億人の子どもたちの治療費に充てることができる。このレーダーシステムは，敵の地上部隊を探知して識別し，味方の地上部隊を指揮・管制するジョイントスターズ（Joint Surveillance and Target Attack Radar System: JSTARS）のことで，イラク戦争などで実戦配備された。

ツインエンジン型攻撃戦闘機ホーネットは，当時の艦隊防空護衛用の主力であった。その経費5,000万ドルで，マラリアの死亡率を下げるための蚊帳500

万セットを届けることができる。蚊帳は日本の企業が得意としているところである。住友化学は，ポリエチレンに防虫剤ピレスロイドを練り込み，マラリアに苦しむ人々のために防虫剤処理蚊帳「オリセットネット」を開発した。2001年には世界保健機関（World Health Organization: WHO）が長期残効型蚊帳としての効果を認め，国際連合児童基金（United Nations Children's Fund: UNICEF）などの国際機関を通じて，世界80カ国以上に供給されている（伊藤・奥野，2006）。

他にもいろいろなことが書かかれている。ガルブレイスが「理性」を発揮せよと巻頭言で言ったのは，実は，この代替可能性こそ，私たち市民が喚起せねばならないポイントであることを指している。現在では，これに特化したNGOなどが，さまざまなアクションを起こしている。最近のもので同じような仕事として，Global Day of Action on Military Spending（GDAMS）がまとめた表を紹介しておこう（図5-11）。皆さんも現在の状況を考えてほしい。

# 第6講
# 戦争原因の文化人類学的説明など

これまで，戦争のデータを使い，戦争の形態や被害者数の変化と現状について学んできた。この講では，なぜ戦争が起きるのか，なぜ戦争が世界からなくならないのかの根本的な問いについて考えてみたい。人間の行動から説き起こすと，戦争の原因には，さまざまな説明の方法がある。もちろん，クラウゼヴィッツが説明づけたように，政治的目的達成の手段としての戦争という説明の仕方もあるが，それへの批判もある。この講では，はじめに，動物行動学，先史考古学などの考察を取り上げ，クレフェルトらの非政治的な戦争に関する議論，さらに，そこから文化人類学的に整理されたホイットニー＝スミスのモデルなどを検証する。

**【クラウゼヴィッツ批判】**

第2講で，戦争の肯定的定義についての話をした。そこでクラウゼヴィッツの『戦争論』を取り上げ，この書籍が今でも現役の軍人や戦略家たちに大きな影響を与えていることを示した。クラウゼヴィッツは，政治的目的を達成しようとして戦争を行う，あるいは政治的利害が手に入るときには戦争に訴えなければいけないとした。

しかし，戦争の起源については様々な議論がある。ここでは視点を変えて，クラウゼヴィッツのような戦略論だけではなく，他にも，戦争はなぜ起こるのかという根源的な問いについて，動物行動学，先史考古学，文化人類学，歴史学，社会学など，さまざまな学術領域からの説明を検討してみよう。

**【動物行動学とチンパンジー】**

ここで，そもそも，戦争をするのは人間だけなのかという疑問が浮かぶ。動物行動学のマイケル・ウィルソン（Michael L. Wilson）らは，「チンパンジーやボノボが示す致死的攻撃は人間の影響より種の適応戦略と考えた方が説明できる」（日本語訳は，オール・アバウト・サイエンス・ジャパンによる）という著名な論文で，チンパンジーが違うグループのチンパンジーを攻撃し，殺害に至るケースについての検証を行っている（Wilson, et al., 2014）。

この論文の内容を紹介しよう。彼らは，チンパンジーが相手に対して致命的な暴力（lethal violence）をふるう原因について，以下の2つの異なる仮説を立て，18のチンパンジー（Pan troglodytes）の群れと4つのボノボ（Pan paniscus）の群れを50年間にわたって観察した。その仮説は，

1. 種の持つ本来の習性（適応戦略）の結果
2. 人間の生活圏とチンパンジーの生活圏が重なったことによる影響

である。ウィルソンらは，チンパンジーの群れで152のケースとボノボの群れで1つのケースの殺害を確認した。雄が攻撃参加側の92パーセントを占め，犠牲側の73パーセントも雄であった。そして，66パーセントの殺害が群れと群れの間の攻撃によるものであることを明らかにした。そして，犠牲側に対す

る攻撃側の頭数は8倍であったこともわかった。この研究の結果，ウィルソンは仮説2を否定し，チンパンジーが相手に対して致命的な暴力をふるう原因は，仮説1の適応戦略の結果だと結論付けたのである。

すなわち，攻撃側が勝利すれば，食料や番《つが》いとなる相手など，資源へのアクセスが増加し，種として身体的な利益を得ることができるというのである。日本語では，雑誌『科学』に，松沢哲郎がこの観察結果をわかりやすく解説した「ちびっこチンパンジーと仲間たち：チンパンジーがチンパンジーを殺す 152例の報告から」の記事がある（松沢，2014)。是非，目を通して，人間の根源にある攻撃性の意味について考えてもらいたい。そして，動物と私たち人間との共通点を確認する一方で，動物と人間の違いである「知性」や「理性」の役割についても考えてみてほしい。

## 【先史考古学と戦闘の遺跡】

次に，考古学の知見を紹介しよう。先史考古学の分野でよく知られているのは，人類で最初の戦争の痕跡を残していると言われるスーダンのジャバル・サハバ遺跡117区画（Jebel Sahaba site 117）である。考古学者フレッド・ウェンドルフ（Fred Wendorf）が，スーダンのおよそ1万3,000年前の墓地を発見し，その発掘によって戦闘行為による死者の存在が明らかになった（Wendorf,1968)。ウェンドルフから寄贈を受け，この考古学資料を保存する大英博物館の記述によると，発見された61人のうち，少なくとも45パーセントが何らかの暴力による負傷で亡くなっているとされる。これらは，先史時代の狩猟採集民のグループ間の意図的な殺害（intentional killing）の証拠なのではないかという議論である。図6-1の写真の鉛筆が指す部分は，矢やその他の武器の残骸である。

ミラソン・ラール（Mirazón Lahr）らも，ケニアのトゥルカナ湖畔にあるナタルク遺跡から，定住が始まる前の先史時代に，狩猟採集者のグループ間の戦闘があったことを検証している。ただ，ラールら自身が指摘するように，このようなグループ間の意図的な殺害の証拠となる遺跡はまだ多くは見つかっていない（Lahr, et al., 2016)。まだ検証事例は十分ではないが，先史考古学でも，遺跡の意味を検証しながら，戦争の起源についての考察が試みられている。こ

**図6-1　ジャバル・サハバ遺跡で発掘された戦闘行為による死者の遺骨（The British Museum）**

こには，クラウゼヴィッツが考えたのとは趣を異にする戦争の理由が潜んでいるようにも思われる。

## 【非政治的な戦争】

では，クラウゼヴィッツの『戦争論』そのものに対する社会科学的批判にはどのようなものがあるのだろうか。批判の中で有名な書物を2つ紹介しておこう。イスラエルの研究者クレフェルトが書いた『戦争の変遷』（第2講参照）と，アザー・ガット（Azar Gat）の『文明と戦争』（ガット，2012）である。興味のある人は手に取ってほしい。

ここでは，クレフェルトの議論を少し紹介しておきたい。クレフェルトは，何が人々を戦争に追い込むのか，駆り立てるのかという点について，クラウゼヴィッツを批判している。クレフェルトは，戦争は国家の「利益」を求めた行為ではなく，戦争それ自体が人類の営みであるとし，真っ向からクラウゼヴィッツの『戦争論』批判を展開した。彼は，さまざまな政治的手段もすべて尽き果ててしまい，戦争をせざるを得ない「非政治的な戦争」があるではないかというのである。クレフェルトは，第1次世界大戦の時のドイツ，1941年に真珠湾を攻撃した日本の状態，1960年代の第3次中東戦争時を挙げている。

その例証，命題が真であるか偽であるかは置いておくとしても，少なくとも主観的には，おそらくドイツ，日本，イスラエルの軍人たちや政治家たちは，そういった思考方法を採っていたかもしれない。そうすると，クラウゼヴィッツのとらえていた枠組みとは離れたところで巨大な戦争は起こり得るのだということになる。

例えば，日本の1941年には，少なくとも私たちが知っていることとして，次のようなことが挙げられよう。陸軍大臣の東条英機が，「生きて虜囚の辱めを受けず」と記された「戦陣訓」を全軍に通達している（NHK「戦争証言アーカイブス」ウェブサイトで，東条陸相自身が読み上げる「戦陣訓」を聞くことができる）。ここには，政治の連続としての戦争への理性的な判断は示されていない。そのような国内の雰囲気の中で，当時のアメリカ大統領，フランクリン・ルーズベルト（Franklin D. Roosevelt, 1882–1945）が対日石油輸出全面禁止を実施し，対日経済制裁としての「ABCD包囲網」によって，日本は国家としての決断を迫られることになる。そして，12月8日の真珠湾攻撃に至る。もちろん，国家としての利益損失を最小限にとどめようと戦争回避のための外交努力は，野村吉三郎駐米大使らによってギリギリまで模索されてはいたが，さまざまな政治的手段もすべて尽き果てた。このような事実は，クレフェルトの議論を理解する助けになろう。

## 【文化人類学的説明】

次に，ホイットニー＝スミス（Elin Whitney-Smith）の“*Cain and Abel: Scarcity, Information and the Invention of WAR*（カインとアベル：欠乏，情報と戦争の発明）”を紹介したい（Whitney-Smith, 2013）。これは，人々の生活が狩猟採集から牧畜，農耕へと変遷していく中で，どのように戦争が発明され，変遷していったかということを，旧約聖書のエデンのエピソードと，その子どもたちカインとアベルの物語を使いながら文化人類学的な観点からモデル化したものである。

実は，先ほど触れたクレフェルトもガットも，このような文化人類学的なエデンの存在を否定している。狩猟・採集の時代でも，むしろルールのない，あるいは，近代の騎士道や武士道の時代にあっては卑怯だと言われるような奇襲攻撃などに基づく争いが当時は多数あったことを強調して，決して理想的なエデンのような社会ではなかったと説くのである。

ただ，ここでは，動物行動学，先史考古学の分析と，クラウゼヴィッツ，さらには，クレフェルトらをつなぐものとして，文化人類学の方法論を見てもらいたいと考えた。学会での評価は別としても，このホイットニー＝スミスの議論は，モデル化された水準が非常に高く，説明力があると私は考える。

**【カインとアベルの物語】**

ホイットニー＝スミスの「カインとアベル」と称するモデルを理解するために，旧約聖書の創世記に登場する物語を知っておく必要がある。日本キリスト教団京都教会の伊藤大道副牧師の『創世記』の解説によると，以下のようになる（伊藤，2007)。

皆さんも，エデンの園を追い出されたアダムとイヴの話はよくご存じと思う。その後，この夫婦にはカインとアベルという2人の息子が生まれる。2人は大きくなり，兄のカインは土を耕す農業者になり，アベルは羊飼いになる。やがて，2人は神へささげ物をする。カインは土の実りを，アベルは羊の群れの中から初子《ういご》を持ってくる。神は，カインのささげものには目をくれず，アベルのささげもののみに目を留めた。カインはそのことに怒りを覚え，神はそれをたしなめた。その後，カインはアベルを野原に誘い出して殺してしまう。聖書によると，これが人類最初の殺人である。ホイットニー＝スミスは，この創世記の記述に仮託しながら自らの戦争発生の説明モデルを発案した。

では，ホイットニー＝スミスの議論を具体的に検証してみよう。表6-1は，彼女が自分のモデルの要点を整理したものである。ここで重要なことは，人々の生活をめぐる行動原則のパラダイムチェンジがあり，それがどのような戦争を後々生み出すかということである。

ホイットニー＝スミスの「カインとアベル」と称するモデルは，狩猟採集時

**表 6-1　ホイットニー＝スミスによる戦争発生の説明モデル（Whitney-Smith, 2013）**

<table>
<tr><th></th><th>生活</th><th>地位とアイデンティティ</th><th>パラダイム</th><th>変化</th><th>戦闘者として</th></tr>
<tr><td>エデン</td><td>狩猟・採集：<br>いつどこに動物や採集可能な植物があるかを知れば，ものを所有する必要はなかった。</td><td>物語を語る，踊り，歌うことに基づく地位。</td><td>豊饒</td><td>草食動物の巨大な群れの消滅。</td><td>周辺化された生活様式になる。</td></tr>
<tr><td>カイン</td><td>定着農耕：<br>採集に代えて望む場所で作物を育てることに知識を用いた。</td><td rowspan="2">情報の共有ではなく，物質的財産の所有に基づく文化を創造し始めた。<br><br>他者からものを奪い去る強者がより高い地位を得た。<br><br>集団構成員</td><td>土地への執着<br><br>人口増</td><td>土地不足：開拓，情報テクノロジーの出現（書くこと）とともに，都市や帝国を築いた。</td><td>襲撃者から守るために彼らは城塞化，入植地防衛戦争。</td></tr>
<tr><td>アベル</td><td>遊牧牧畜：<br>動物を1カ所に集め家畜化することに知識を用いた。</td><td>物への執着<br><br>周期的欠乏</td><td>襲撃者となる。戦争形態は，残虐で単純。</td><td>家畜の殺害・移動の知識を用いて，集団を分散して殺害し，敵を蹴散らした。</td></tr>
</table>

代から出発する。彼女はこれを人類最初の情報時代であるという。なぜ情報時代だったかと言うと，いつ，どこに，動物や採集可能な植物があるのかさえ知ってさえいれば，もの自体を所有する必要はなかったからである。つまり，お腹が空けば，自分の知識（情報）に基づいて，それを採ってきて食べればよい。情報とは，それぞれの人の頭の中に蓄積されているものであり，力を使って人の知識を奪い取ることは不可能である。あえて何かを所有するとなれば，それは共有という方法によってであった。つまり，1つの集団で誰が使ってもよいという形で共有すればよい。そのような時代から人類は出発したと，ホイットニー＝スミスは考察している。

また，現代のわれわれの見地からは，氷河期はむしろ極めて牧歌的に見えると彼女は言っている。氷河期の人々が求めるのは，より寒くない新しい土地である。そこに集団で移動すると，初めて出会う他の集団の人々がいる。しかし，2つの集団がそれぞれ持っている，どこかで何かが育つことや，どこを動物が通過するかといった，頭の中の情報だけを持って動くのであるから，その集団間に戦争はない。つまり，豊かさ，あるいは共有の感覚が人々にはあったのである。

では，集団の中の地位はどのように決まるのか。1つには「物語を語ること」ができる点が問われる。すなわち，自分たちはどこから来てどこに行くのか，集団の中の英雄はどういう人かということを皆の前で語ることができる。あるいは，踊りを上手に踊ることができる，あるいは，歌を上手に歌うことができる。このようなことに基づいて，地位が決定される。したがって，その時代のものの見方や考え方を支配する認識の枠組み，すなわち，パラダイムは，豊穣であり，ホイットニー＝スミスはこれを「エデン」（狩猟・採集）と名付けた。

ところが，氷河期の中で，徐々に草食動物の巨大な群れが消滅していくと，豊饒の世界認識から，欠乏の世界認識へ転換がもたらされた。すなわち，どこに狩猟できる動物がいるのか，あるいはいつ採集可能な植物があるかといった，頭の中にあった情報は，もはや役に立たなくなる。狩猟・採集は，むしろ，地球上では周辺化された生活様式になる。そこで，人々は，情報の共有ではなく，物質的財産の所有に基づく文化を創造し始め，他者から強い力で物を奪い去る強者，財産のある人が，より高い地位を得るようになった。このとき，理想の地のようなエデンはもはや存在しない，あるいは，一番外側（marginal）の部分に追いやられてしまうことになる。

狩猟・採集に代わって，人々は自分たちが望む場所で作物を育てることに知識を用いて，そこで集落を形成して定着していった。すなわち農業である。ホイットニー＝スミスは，このような人々の集団を「カイン」と名付けた。もう1つの生活様式は，それまで蓄えた動物についての知識を，動物をフェンスで囲い1カ所に集めて人工的に育てる（家畜化する）ことに用いた。すなわち牧畜であり，ホイットニー＝スミスはこれを「アベル」と名付けた。

この農業定住集団としてのカインと，遊牧移動手段としてのアベルという両者の生活様式では，人々は，自分が属するそれぞれの集団からアイデンティティを得る。自分がある集団の構成員であることを確認して初めて安心するという心のあり方が形成される。したがって，ここで，人々の生活をめぐる行動原則のパラダイムは，豊穣の享受から欠乏への備え，すなわち，集団のメンバーシップとそれに対するアイデンティティにシフトした。戦争はここで初めて登場するのだと，ホイットニー＝スミスは述べている。戦争は，欠乏に対する反応であり，その形態は，おのおのの集団が経験した欠乏の種類を反映するのだというのである。

では，欠乏とはどのようなものなのだろうか。例えば，農耕の民（カイン）は，定住して，作物を植えた。ところが，これにももちろん欠点があり，人口が増えるにつれて，土地の不足を経験した。すると，より多くの土地を手に入れるために，元々あった場所から外へ外へと向かって進んでいく。そして，一片の土地を守り持ち堪えるというタイプの戦争を展開した。遊牧の民（アベル）のような襲撃者から自分たちを守るために，彼らは城塞入植地を築いた。つまり，自分たちの集落全体が城によって囲まれ敵の侵入を防ぐ形になっていて，畑は城の外側に作ってあり，敵対者が来れば城の中に逃げ込んで守りにつく形である。このころ同時に，農耕社会では，新しい情報テクノロジー，つまり書く技術が出現した。これは非常に大きな発明であり，これが土台となり，彼らは大きな都市や帝国を築いていった。富は大地からもたらされたので，彼らは土地に執着した。防衛戦争一本やりではなく，彼らはそれを発展させて，後に帝国主義戦争を生み出すこととなる。他のところに攻め入っていくという戦争を展開していくというのである。

逆に，遊牧の民（アベル）は，気温が非常に低かったり，雨が多かったりして，家畜が食べる草が生えないといったある種の欠乏を周期的に経験し，そのときには他の集団に対して襲撃者となった。彼らは，普段から持っている知識，つまり家畜を殺害する，あるいは家畜を集団で移動させる知識を用いて，他の集団を分散して殺害し，敵を蹴散らすという手法をとった。彼らが経験した欠乏はきわめて不規則であり，しかも，彼らは自分たちの食べ物となる作物の植え付けをしなかったので，「地誌的知識」を所有することに執着しなかった。自分たちの家畜さえ無事であればよい。なくなったらどこかを襲って奪えばよい。彼らの戦争形態は残虐で単純であった。

したがって，次のようなパラダイムが生まれていく。エデン（狩猟・採集）の豊穣は，欠乏・周辺化というパラダイムにシフトしていく。カイン（定着農耕）は，集団の構成員であるというアイデンティティが大事で，土地不足が常に付きまとう。アベル（遊牧）も集団構成員であるというアイデンティティが重要であり，それと同時に，周期的欠乏に襲われる。そして，こうしたパラダイム間の相互作用が生まれ，それを通して，それぞれ，組み合わせが異なる種類の戦争が人類社会に確立されていくというのである。

ここで，表 6–1 のように，エデン，カイン，アベルの 3 者が対決していくことになる。定着農業を行うカインの欲求は，食物を育てる土地に集中していた。ところが，狩猟・採集のエデンは，所有感覚をもたないので，カインが自分たちの土地（これを現代風に言えば国家の領土）に入植してくると，闘うことなくただ立ち去って明け渡し，自分たちは新しい土地を求めて出ていく。戦争は一方的であった。

そして，アベルの欲求は物質的財である。家畜を育てる以外にほとんど生産をしなかったので，何らかの財はどこからか奪ってこざるをえない。エデンは，ほとんど所有をしなかったので，エデンを襲う価値はなく，ここでも戦争はまれであった。アベルが妻や奴隷を必要とすれば，いとも簡単にエデンの住民を捕縛した。これも，一方的な戦争である。このような戦争の非対称性がここでモデル化されているのは大変興味深い。

そして，欠乏は，集団の中に，それまでなかったようなヒエラルキー（階層秩序）を導いた。より力の強い者，あるいは，賢い者は，弱者から物を奪い，抑え込んだ。外部の集団ないしは内部の弱者から貢ぎ物を受け取る形で，ある人はどんどん豊かになっていく。情報，力，カリスマ性を持ち得る者が集団の指導権を握り，その者の好みに従って構成員に生存手段が分け与えられていく上下関係が生じた。

以上が，ホイットニー＝スミスのモデルの詳細である。ただ，今の時代，われわれの周囲を見ると，商品は完全に過剰供給であふれ，飽食であり，けっして欠乏の時代ではない。では，なぜ，この現代という時代は，彼女の示したモデルのような欠乏の時代ではないにもかかわらず，ヒエラルキー的な構造を作りあげたのであろうか。これをホイットニー＝スミスに尋ねてみたいところである。『平和学入門 1』第 2 講で議論したシャンパングラスモデル，カスケードモデルは，いったいどう説明されるのだろうか。この文化人類学のモデルに，動物行動学，先史考古学の知見を重ね合わせるなどして，自分なりのモデルへの意見を考えてみてほしい。

# 第 7 講
# 戦争原因としての軍産官学労情民複合体

前講では，戦争がなぜ起こるのかについて，さまざまな学術領域からの説明の方法があることを確認した。続いて，この講では，『平和学入門 1』第 4 講で議論した軍産官学労情民複合体と戦争の関わりについて深く考えたい。武力紛争の背景には兵器の存在がある。そして，その兵器は通常，国家政府によって軍事産業部門から買い上げられる。すなわち，国家が軍事費に予算を配分するから武力が整うとも言える。世界各国の軍事費の趨勢を見ていくと，その中でアメリカの軍事支出が際立って大きいことがわかる。ここでは，そのアメリカの軍事費の背景を探ってみよう。そこから，さらに検証を進めて，アメリカとは対極にある軍備を持たない国々のあり方についても考えてみよう。そして，なぜ，世界から戦争がなくならないのかについての答えに接近してみよう。

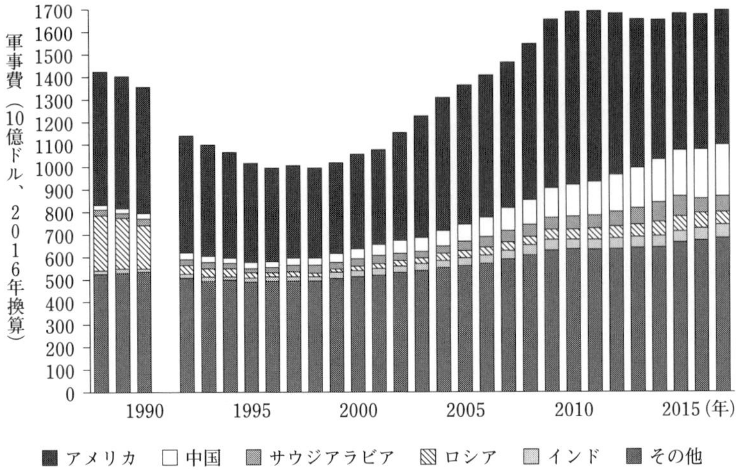


**図 7-1　世界の軍事支出（SIPRI, 2018）**

## 【世界各国の軍事費の趨勢】

武力紛争の背景には兵器の存在があり，その兵器は通常，国家政府によって軍事産業部門から買い上げられると冒頭で述べた。国家が軍事費に予算を配分するから武力が整うということを考える上で，まず，図 7-1 を見てほしい。これは，冷戦が終結したと言われるあたりから 21 世紀まで，世界の軍事支出の合計の変化を調べたグラフである。冷戦終焉後，実際に世界の軍事費は減少傾向をたどった。しかし，それが，1990 年代の中ごろを過ぎると下げ止まりとなり，それを過ぎて 21 世紀に入ると，また世界の軍事費は増加傾向に移った。2010 年ころには，世界の軍事費のピークであったと言われる冷戦時代を超える額を軍事に費やしたことがわかる。

次に，アメリカの軍事支出の長期統計を見てみよう（図 7-2）。図 7-1 で示した世界全体の軍事支出の推移とほぼ同じ形をしている。世界の軍事支出は 40 パーセントほどをアメリカが占めているので，増減はアメリカ次第であるとも言えるだろう。ただ，ここで，冷戦終焉以降のカーブの違いについても理解しておく必要がある。実は，図 7-2 を見てもわかるように，アメリカの軍事費は 2013 年ころから少し減少傾向にある。しかし，世界全体では，軍事費総額は大きくは減っていない。その理由は，他国の軍事費，特に中国の軍事費の伸び

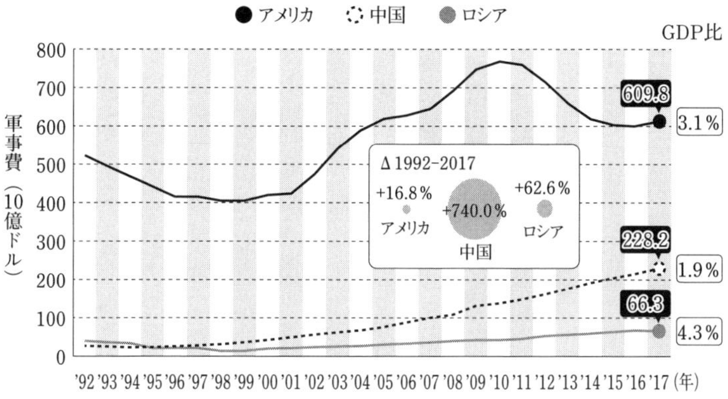


**図 7-2　アメリカと中国の軍事支出の伸び（Statista, 2019）**

が，アメリカの減少分を補っているためである。

## 【アメリカ軍事費の突出】

ここからは視覚的に，世界各国の軍事費の中でアメリカの軍事支出が際立って大きいことを検証していこう。図 7-3 は 2012 年のグラフだが，この時期には世界の軍事費が 1 兆 7,500 億ドルを超えている。アメリカが最も多いことがわかる。冷戦のころには，当時のソ連がアメリカに拮抗するような額であったのは言うまでもない。ところが，冷戦が終結し，ソ連が解体されロシアとなり，中国の経済が徐々に上向きになってくると，第 2 位に躍り出てきたのは中国である。

国連で世界全体の安全保障に責任を持つ国々，つまり常任理事国はどこも軍事費が非常に高く，トップ 10 に 5 カ国すべてが入っている。それ以外では，BRICS という将来大国となるであろうと言われている国々が入っている。ある意味で例外的な国で入っているのは，日本とドイツであろう。

その日本も世界第 5 位で軍事大国であると言える。軍事支出であろうが自衛隊による国防費であろうが，ここでは軍事支出とカウントされる。日本は自衛隊しか持たない，軍事力を持たない，軍事費が低いと言われながらも，世界全体で見れば第 5 位であって，極めて大きいことが事実としてわかる。

図 7-4 は，アメリカ 1 カ国の軍事費と，他の軍事大国の軍事費を足したもの

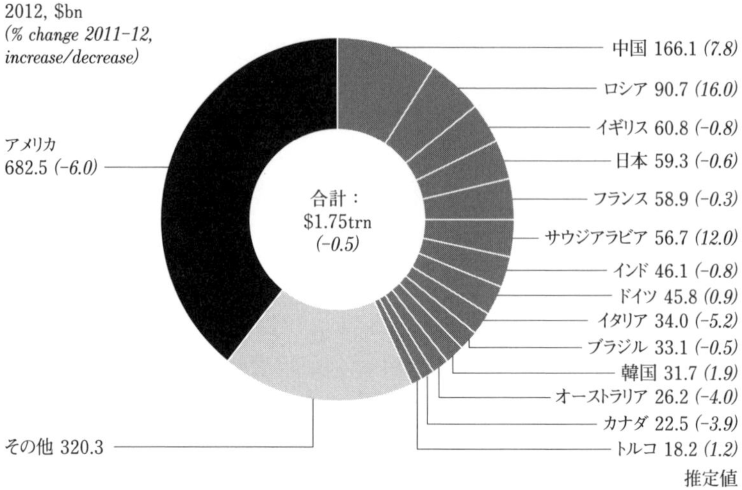


**図 7-3　世界各国の軍事支出：2012 年（The Economist, 2013）**

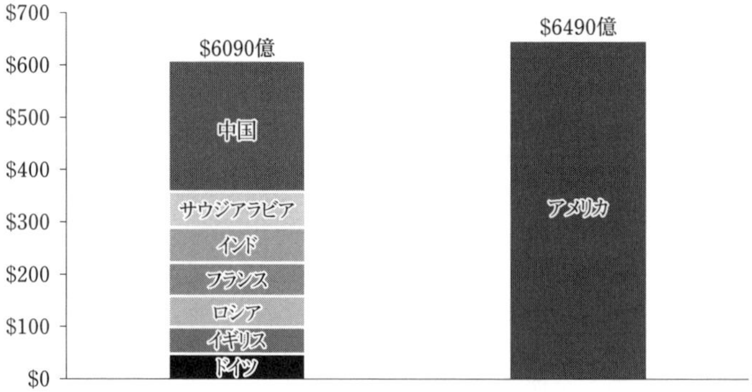


**図 7-4　アメリカと軍事大国 7 カ国の軍事費の比較（Peter G. Peterson Foundation, 2019）**

を比べているグラフである。いかにアメリカの軍事支出が膨大であるかがわかる。アメリカだけが巨大で，それに続く中国以外は，まさにどんぐりの背くらべである。

### 【軍事指標と軍事化された国家】

次は，単一の指標ではなく，複合化された指標を示そう。図 7-5 は世界軍事

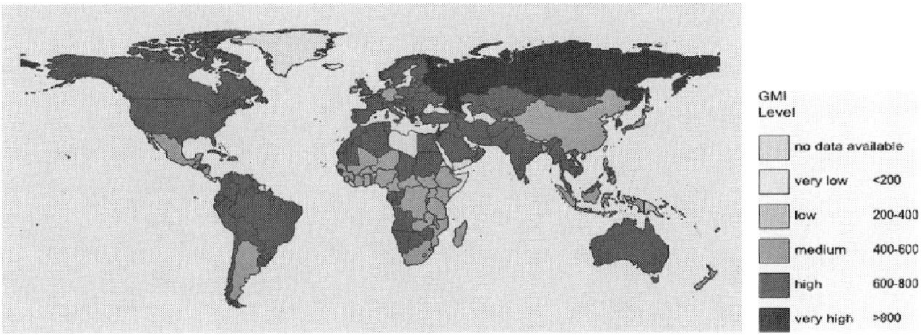


**図 7–5　世界軍事指標：2018 年（BICC）**

指標（Global Militarization Index: GMI）と言われ，ドイツのボン国際軍民転換センター（Bonn International Center for Conversion: BICC）が作成したものである。まず，該当する国の軍事費を国内総生産と比べて，ある種の指標を出す。次に，保健・衛生に使われた予算と軍事費を比較して指標を出す。そして，軍隊と州兵や民間軍事組織などの準軍隊の総合計数を，医者の数と比べて指標を出す。さらに，その国が持ちうる銃火器，つまりライフルなどと比べて大きな破壊力を持つミサイルなどの兵器の数を取り入れる。こうしたものをさまざまな方式で混ぜ合わせて 1 つの軍事指標を算出し，それが高いほど軍事化されていて，低いほど非軍事化されていると見る。この指標が非常に高い国はロシアで，アメリカ，カナダ，北アフリカ諸国，中東の国々，インドなどはその次に高い国，日本や中国などは中ぐらいの規模の軍事化された国家であるとわかる。

世界 151 カ国に対して図 7–5 の軍事指標を適用してランキング化すると，第 1 位はイスラエル，次いでシンガポール，アルメニア，シリアとなっている (BICC, 2014)。これらの国々は指標化すると，イメージよりはるかに軍事性が高いことがわかる。アメリカは，意外にも 31 位という位置にある。日本は 96 位で下から数えた方が早いくらいである。日本は GDP と比べて軍事費が低いことが，この数値に影響していると容易に想像がつく。兵員数も 30 万人を切っており，自衛隊員募集に躍起になっている。戦争をしているか，あるいは可能性が高い国々が，この指標化によってあぶり出されてくる。何が発見できるか，じっくりと考えてみてほしい。

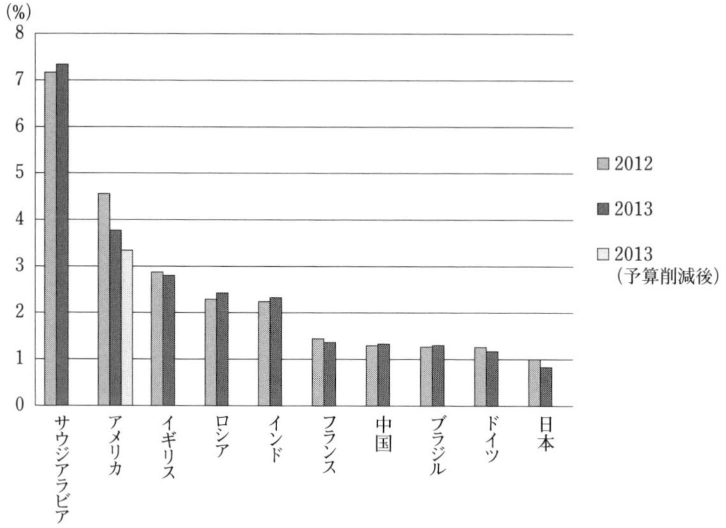


**図 7–6　軍事費上位 10 カ国の GDP に対する割合（TIME, 2012）**

図 7–6 は，国内総生産（GDP）と比べてどのぐらいを軍事費に投入したかを示している。アメリカだけに示されている右端のバーは，予算法による一時的強制削減措置後の予算を示したもので，一定の数値を超えると聖域なくあらゆる予算を削減すると決められているので，真ん中のバーよりも短くなっている。日本は 1970 年代の三木武夫内閣の閣議決定以降しばらく，防衛費は国民総生産（GNP）の 1 パーセント以下という政策をとってきたので，その傾向が続き，この比較では最後の方に位置している。2 番目に大きかった中国も，これで見ると 1 パーセント少しである。中東のサウジアラビアが GDP 比較では突出していることも覚えておこう。このように，他の指標とクロスさせたりすると，違った意味での軍事化された国家の存在が見えてくる。

**【兵器の輸出国家】**

戦争の統計をいろいろ扱ってきたが，もう 1 つの指標を示そう。近代戦争となると石とか棒を使ってするわけにはいかず，兵器がなければならない。世界中どこの国も兵器を生産しているかと言うとそうもいかない。生産していない

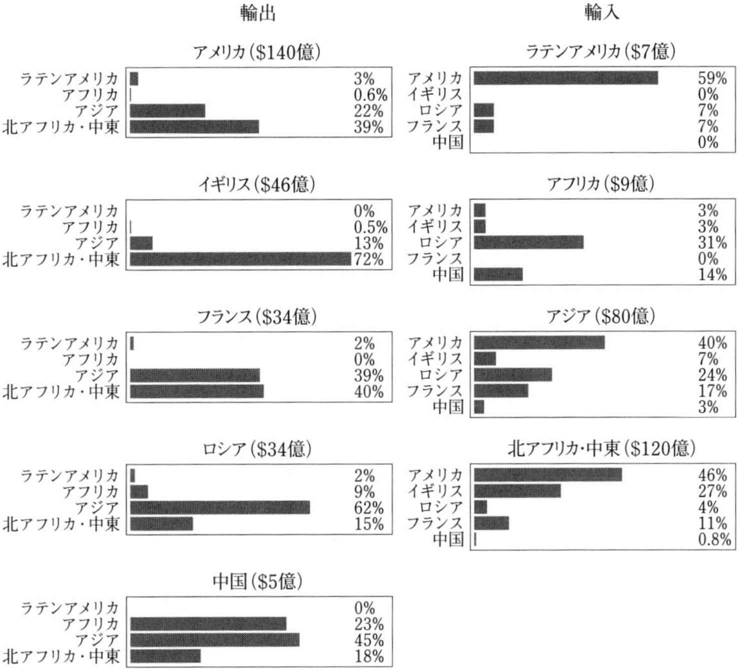


**図 7–7 兵器の輸出入（Global Solutions）**

国は，生産している国からお金で兵器を買い求め戦争が行われる。これが現実である。図 7–7 は，兵器の輸出入をまとめたものである。左側が輸出する方の国々，右側が輸入する国々で，どこから多く買い入れているかを表している。ここでもトップに出るのがアメリカで，年間 140 億ドルも輸出している。先ほど見た統計で軍事指標の高かった国々，例えば中東や北アフリカの国々に向かって，アメリカの兵器輸出の 39 パーセントがなされている。

翻ってこれを考えると，実に愚かなことがわかる。すなわち，石油資源に恵まれている中東や北アフリカは，石油を世界中にどんどん輸出して，儲けたお金でどんどん兵器を買い，その結果，戦争は終わらない。イギリスを見ると，総額は 46 億ドルとアメリカよりも少ないが，そのうちの 72 パーセントは中東や北アフリカの国々に輸出している。両国が兵器を造り，それを中東や北アフリカ諸国が購入して，そのお金で米英が儲けている構図が浮かび上がる。フランス，ロシア，中国と以下続く。中国も，年間5億ドルであるが，兵器輸出国であることは間違いない。この5カ国に共通するのは何か。国連の安保常任理事国ということである。彼らは改選されず毎回，自動的に理事国になり，1カ国でも拒否すれば決議を出せない拒否権を持つ。世界の安全を保障する国々が，世界に対して非安全をばらまいていることがこれで実証されている。

右側の輸入国を見ても，やはり，さまざまなことがわかってくる。北アフリカや中東の国々は，年間120億ドルもの兵器を買っている。そのうちの半分くらいがアメリカから輸入されている。ということは，考えようによっては，アメリカ，イギリスが兵器の輸出をすっかりやめてしまうと，4分の3の新型兵器はこの地域に届かず，他の国々がそれを代替しなければ兵器は入手できないことになる。すなわち，戦後間もなくから始めて，いまだに戦争を継続しているこの地域で，兵器は旧式化し消耗されていき戦争はもはやできなくなる。こうした結論を導き出すことは不可能ではない。

図7-8は，今，述べたことを，諸国に分割してグラフ化したものである。2011年になると，開発途上国との間に契約された兵器輸出の79パーセント，約8割がアメリカからである。これを，これからどこにも輸出しないとなれば，開発途上国での戦争はほとんど不可能になるだろう。しかし，なかなか現実にはそうはならない。

図7-9は，GDPに占める保健衛生費と軍事費の割合を比較して，軍事費がどのくらい各地域にしわ寄せを起こしているかを示したものである。第5講で検証したように，シヴァードが代替可能性を示した根源的な問題点である。保健衛生と軍事費に使われた予算が何パーセントかを見て，軍事費の負担が高い地域がわかるようになっている。産油国の多い中東は，予算のおよそ4.6パーセントを軍事費に費やしている。これに対して，保健衛生には，わずか3.0パーセントしか使っていない。西欧・中欧やオセアニアのように軍事費の割合が低い地域では，圧倒的に教育や保健衛生の予算が大きいことも読み取れる。

### 【アメリカの政権と軍事産業】

では，ここで，アメリカの軍事予算について具体的な議論をしていこう。図7-10は，アメリカの政権と軍事費の関係，それと同時に，EU諸国，中国，ロ

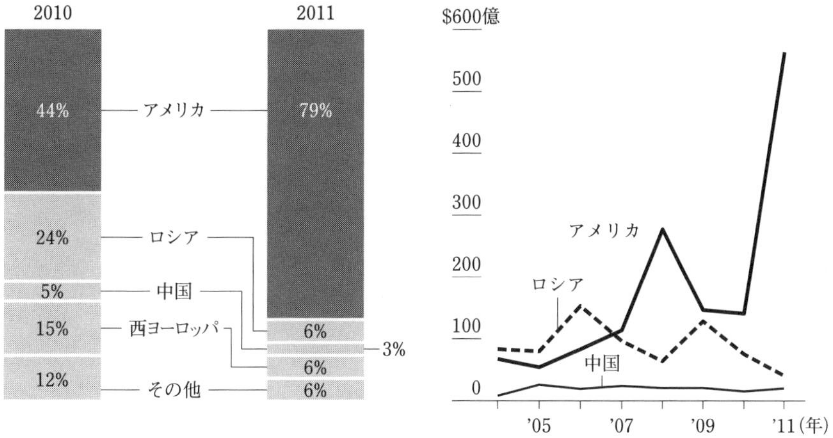


**図 7-8　発展途上国への兵器輸出（The New York Times, 2012）**

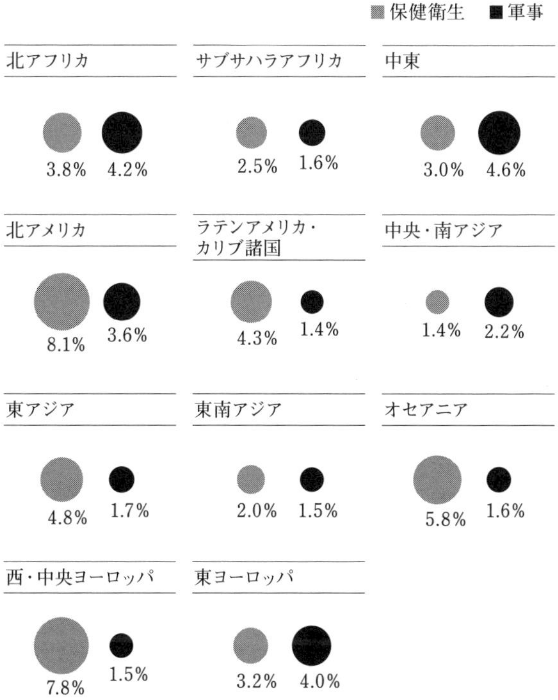


**図 7-9　GDP に占める保健衛生費と軍事費の割合の比較（SIPRI, 2016）**

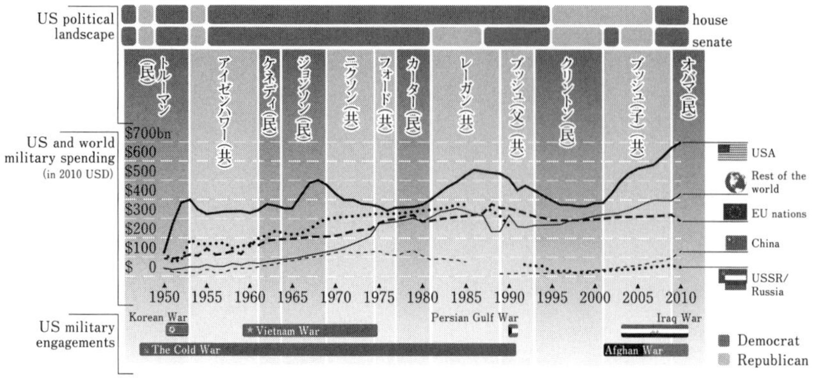


**図7-10　アメリカの政権と軍事費の関係（GoodMeasures）**

シアなど他の国々の軍事費を示したものである。『人間・国家・戦争：国際政治の3つのイメージ』（ウォルツ，2013）で議論されているケネス・ウォルツ（Kenneth Waltz, 1924-2013）の国際システム，国内政治，指導者の3つのイメージを考えるとき，大変興味深いグラフである。国際システムとしては冷戦構造下の代理戦争，中国の覇権の拡大，国内政治としては共和党と民主党の政権の違い，指導者としては大統領の資質で捉えることができる。

戦後間もなく登場した共和党アイゼンハワー政権のときは，軍産複合体が国を支配し始めようとしていると警告しただけあって，冷戦が始まったところであるにもかかわらず，軍事費（USAと書かれた太い実践）は増やさずに我慢したと言えよう。民主党のケネディ政権のときの副大統領から昇格して次の大統領になるジョンソンについては，ケネディ暗殺事件後，ジョンソンの背景に軍産共同体の存在があったのではないかという言い方もされてきた。因果関係は証明できないが，ぐっと軍事費が上がっていることは確認できる。さまざまな不祥事や疑惑で辞任したニクソン（Richard M. Nixon, 1913-1994）のときは，実は軍事費は減っていた。最も顕著な伸びを示したのは1980年代のレーガン（Ronald Reagan, 1911-2004）の2期の間，そして，2000年代のジョージ・W・ブッシュ（George W. Bush, 1946-現在）の2期の間である（この第43代ブッシュ大統領は，第41代ブッシュ大統領の息子）。共和党政権に挟まれた民主党のクリントン政権（William Clinton, 1946-現在）では，軍事費が減っているのも見

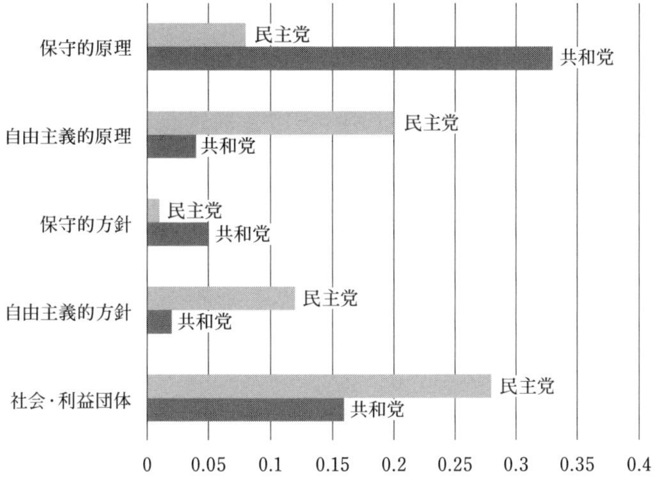


**図 7-11　党大会での指名受け入れ演説における言説（Washington Post, 2016）**

て取れる。共和党と民主党の違いについては詳しくは述べないが，簡単な理解としては，日本的に言うと，共和党が保守系で民主党が革新系であると思うとわかりやすい。ただし，軍事予算については，保守と革新という二分法で説明がつくほど事は簡単ではないことを後で述べよう。

図 7-11 は，両党の党大会で大統領選候補者の演説の言説分析をワシントンポストが実施した結果のグラフである。共和党候補がコンサバティブ，すなわち，保守系の言説を使い，保守層に訴える政策に言及していることがわかる。対照的に，民主党候補者は党大会で自分が選ばれるために，リベラル，すなわち自由主義的な言説を使い，自由主義的な政策に訴えていることが見える。

兵器貿易あるいは軍事予算が減らない理由の 1 つを考えるヒントを挙げてみよう。表 7-1 は，1999 年から 2000 年の財政年度，2001 年から 2002 年の財政年度に，アメリカにある軍事産業から二大政党，すなわち共和党と民主党とに対してなされた献金，拠出金である。大統領選挙の年に，軍事産業の会社はこぞって政党に献金して，大統領をコントロールしようと必死になる。トップにランクされているのはロッキード・マーチンで 270 万ドル，1 ドルを 100 円と考えると 3 億円近くにも上る。共和党と民主党への献金の割合が 61 対 39 とい

**表7-1　アメリカのミサイル核兵器産業の政党献金（World Policy Institute）**

| Company | 1999/2000 | (%R/%D) | 2001/2002 | (%R/%D) |
|---|---|---|---|---|
| • Lockheed Martin | $2,704,525 | (61/39) | $1,268,863 | (64/35) |
| • Boeing | $1,914,886 | (56/44) | $784,236 | (54/45) |
| • General Dynamics | $1,251,792 | (60/40) | $724,552 | (72/28) |
| • Raytheon | $909,065 | (62/38) | $503,176 | (52/43) |
| • Northrop Grumman | $686,930 | (61/39) | $543,710 | (80/20) |
| • TRW | $487,334 | (78/21) | $140,200 | (70/30) |
| • Honeywell | $330,766 | (83/17) | $59,500 | (61/39) |
| • Bechtel | $212,925 | (32/68) | $118,600 | (38/62) |
| • Fluor | $84,050 | (58/42) | $70,640 | (90/10) |
| • BWX Technologies | $11,000 | (86/14) | NA | |
| Total | $8,593,273 | (61/39) | $4,213,477 | (64/36) |

TRW=Thompson Ramo Wooldridge Inc., BWX=Babcock & Wilcox Technical Services Group, Inc.
%R/%D は共和党／民主党の 100% 比

うのは実に興味深い数値で，3億円の政党献金のうち，61パーセントは共和党，39パーセントは民主党に拠出している。つまり，保険をかけるかのように，異なった言説を使う両方の政党に献金している。以下，ボーイング，ジェネラル・ダイナミクスと続く。これら企業の名前は，皆さんも聞いたことがあるだろう。

世界中の軍事支出の半分近くがアメリカで，アメリカ次第で世界中の軍事費の額が増減する。兵器貿易でもトップの輸出国にランクされており，とりもなおさずアメリカの軍事産業の儲けになっている。軍事産業が政党にお金を出して，大統領が予算を作って，アメリカが税金で軍事産業から兵器を買い付け，自国の軍事力を強化して，兵器を世界に売りまくってお金を儲ける。3億円の政党献金に見合うほどロッキード・マーチンも儲けていると言える。

表7-2は，アメリカの世界政治研究所（World Policy Institute: WPI）が2002年に発表した論文の付表である。巻末の参考文献に論文のURLを挙げた。しかし，WPIがこの表を世界に広めたくないという意向を持っているのかどうかはわからないが，現在このURLにアクセスすると，論文自体は出てきても，この表は削除されていて見ることができない。この表は，ホワイトハウスの高官や軍人の，軍事産業との契約75件をまとめて書き出しているもので，非常に興味深い。

### 表 7-2　ブッシュ（Jr.）政権幹部と軍事産業（World Policy Institute）

Willam D Hartug with Jonathan Reingold "The Role of the Acna Lobby In the Bush Adniri strations Radical Reversal of Two Decades of Us Nuclear Policy," A World Policy Institute Special Report, May 2002

| Department | Rank | Name | Affiliation (s) | Compensation |
|---|---|---|---|---|
| White House/ Executive | President | George W. Bush | ex-energyindustry CEO | N/A |
| White House/ Executive | Vice President | Dick Cheney | CEO, shareholder of Halliburton (oil, defense construction) | $35.1 mil. salary, $500,001–$1 mil. deferred comp., $1–$5 mil. CashValue Bonus Plan |
| | | | director, Procter & Gamble | $250,001–$500,000 shareholder, restricted stock |
| | | | director, Brown and Root Saudi Limited Co. | N/A |
| | | | shareholder, Anadarko Petroleum | $250,001–$500,000 deferred stock payment |
| | | Lynn Cheney, wife of Vice President | director, Lockheed Martin | $500,000–$1,000,000 deferred fees |
| White House/ Executive | National Security Advisor | Condoleezza Rice | board member, Chevron | $250,000–$500,000 restricted stock |
| White House/ Executive | U.S. Trade Representative | Robert Zoellick | advisory council, Enron | $50,000 fees |
| | | | director, Said Holdings, investment firm brokered numerous British-Saudi arms deals | fees, under $200,000 |
| White House/ Executive | Deputy U.S. Trade Representative | Linnet Deily | director, shareholder, Reliant Energy | up to $600,000 stock, retirement benefits, life insurance |

Deferred compensation＝繰り延べ据え置き報酬，Cash Value Bonus Plan＝時価ボーナス計画，Restricted stock＝制限付き株式，Deferred stock payment＝株式延払い，deferred fees＝据え置き報酬，retirement benefits＝退職給付金，life insurance＝生命保険。

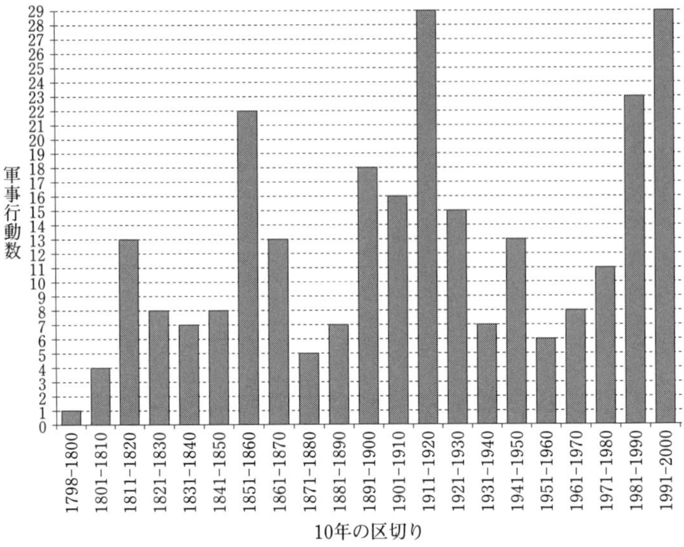


**図7–12　アメリカの対外軍事行動：1789–2000年（古矢（2004）をもとに筆者作成）**

例えば，ジョージ・W・ブッシュ大統領（Jr.）の肩書はエネルギー産業のCEOで，その見返りは不明（not available）と書かれている。チェイニー副大統領（Richard Bruce Cheney, 1941–現在）は，軍事関係の建築工事会社のCEOであり，なおかつ株主であり，驚くべきことに3,510万ドル，日本円にして約35億円の給与と，しかも時価ボーナス計画で50万ドルから100万ドルほどの繰り延べ据え置き報酬に加えて，1億5,000万ドルほどのボーナスがある。さらに，軍事産業のディレクターとしての報酬は，制限付き株式の総額2万5,000ドルから3万5,000ドルほどである。

チェイニー副大統領の妻は，なんとロッキード・マーチンのディレクターで，そこから据え置き報酬を50万ドルから100万ドルもらっている。ライス国務長官（Condoleezza Rice, 1954–現在）は，航空機産業シェブロンの役員で制限株をもらっている。貿易部代表はエンロンの顧問評議会の報酬として5万ドルもらっていて，もう1つの会社からは20万ドルもらっている。貿易部副代表もエネルギー会社のディレクターとして株式延べ払いで上限60万ドルまでもらっている。このように延々75件まとめられている。

アメリカの政府高官と軍人たちは，兵器会社からこのようなボーナスや株式，サラリーをもらうような契約をしている。こういう契約を結んでいる場合，「紛争地に兵器を送るな！」と助言をできるだろうか。図7–8で議論したように，2011年にはアメリカが1カ国だけで開発途上国との兵器輸出の79パーセントもの契約を結んでいた。その背後にはこうした仕組みが潜んでいる。これは，厳然たる事実であるから，皆さんもしっかりと頭に置いておいてほしい。

## 【アメリカの軍事産業と国民】

そのようにしてアメリカが買い付けた兵器は，ためておくわけにはいかない。兵器は，腐りはしないが，どんどん新しいものが開発されるのでどこかで使わなければならない。あるいは，援助の形で提供して，その代わりに「こちらの言うことを聞け」という脅しの言葉とともに便宜供与をする。図7–12は，アメリカが過去にどのくらい対外軍事行動をしたかを10年ごとに表したグラフである。60～80年周期で大きな対外軍事行動をしていることがわかる。60～80年で兵器は激しく消耗してしまうので，新しく買い直して更新していく。あるいは開発途上国に売ってしまう。あれほど軍事産業に政府高官や地位の高い軍人が取り込まれている国が，この周期で対外軍事行動をおこしている。どうしたものか。

表7–3は，アメリカの建国以来，独立戦争からずっと，従軍した人数が総人口に対してどのくらいを占めるかを示した表である。独立戦争のときは5.7パーセントしか戦争に従事していない。それが，最も多いときで，第2次世界大戦で12.2パーセント，つまり約9人に1人は戦争に従事している。朝鮮戦争では3.8，ベトナムでは4.3，湾岸戦争では1.1と，従軍者は減っている。すなわち，アメリカ本土で戦争をしているのではなく，海外で戦争をし，なおかつ従軍する人数の割合は減っている。アメリカの人々は，相当，想像力を発揮しなければ，自分たちが仕掛け，従事している戦争がどういうものかわからないという国民性を持ってしまうシステムにはまってしまっている。

表7–4は，アメリカの軍事費が財政をどのくらい圧迫しているか，国民1人あたりに換算するとどのくらい使ったかを示している。湾岸戦争ではアメリカ

表7-3　アメリカの従軍者と人口比（WPI）

| Conflict | Population (millions) | Enrolled (thousands) | Ratio |
|---|---|---|---|
| Revolutionary War | 3.5 | 200.0 | 5.7% |
| War of 1812 | 7.6 | 286.0 | 3.8% |
| Mexican War | 21.1 | 78.7 | 0.4% |
| Civil War: Union | 26.2 | 2,803.3 | 10.7% |
| : Confederate | 8.1 | 1,064.2 | 13.1% |
| : Combined | 34.3 | 3,867.5 | 11.1% |
| Spanish-American War | 74.6 | 306.8 | 0.4% |
| World War I | 102.8 | 4,743.8 | 4.6% |
| World War II | 133.5 | 16,353.7 | 12.2% |
| Korean War | 151.7 | 5,764.1 | 3.8% |
| Vietnam War | 204.9 | 8,744.0 | 4.3% |
| Gulf War | 260.0 | 2,750.0 | 1.1% |

表7-4　アメリカの財政コスト（WPI）

| Conflict | Cost in Current | $ Billions 1990s | Per Capit (in $1990 |
|---|---|---|---|
| The Revolution（1775–1783） | .10 | 1.2 | $　342.8 |
| War of 1812（1812–1815） | .09 | 0.7 | 92.1 |
| Mexican War（1846–1848） | .07 | 1.1 | 52.1 |
| Civil War（1861–1865）: Union | 3.20 | 27.3 | 1,041.9 |
| : Confederate | 2.00 | 17.1 | 2,111.1 |
| : Combined | 5.20 | 44.4 | 1,294.4 |
| Spanish American War（1898） | .40 | 6.3 | 84.4 |
| World War I（1917–1918） | 26.00 | 196.5 | 1,911.4 |
| World War II（1941–1945） | 288.00 | 2,091.3 | 15,655.1 |
| Korea（1950–1953） | 54.00 | 263.9 | 1,739.6 |
| Vietnam（1964–1972） | 111.00 | 346.7 | 1,692.0 |
| Gulf War（1990–1991） | 61.00 | 61.1 | 235.0 |

軍側にそれほど被害者もなく一方的な勝利であったが，それでも1人あたり235ドルである。当時も，世界中では1日1ドル以下で暮らす人が何億人もいた。そうした人たちの1年間の総所得が365ドルとすると，その人たちの年間所得の3分の2くらいを，アメリカ国民1人1人が湾岸戦争では負担した。そういう予算の使い方もアメリカはしていると見ることもできる。

## 【軍隊を持たない国家】

ここまで，軍事費を余計に使っている国を示してきたが，逆に軍事費を使っていない国，実際に兵隊がいない国，軍隊を持っていない国も世界中でたくさん存在している。そういった軍隊を持たない国はどのくらいあるのかを考えてみよう。

アンドラという，スペインとフランスの間に挟まれた小さな国は，軍隊を持っていない。カリブ海のドミニカ，グレナダ，ハイチも軍隊を持っていない。ドミニカは，軍隊があるとクーデターが起きて物騒だとして軍隊を廃止した。グレナダは，ずっとキューバ寄りの政権であった。アメリカがどうにもそれが気に入らないと，1983 年に圧倒的兵力で上陸侵攻し，国連総会で「近年まれにみる国際法違反の破廉恥な行為」とレッテルを貼られた。このときのグレナダの代表が，悲愴な面持ちで「世界はいったいどうなっているのだ」と述べたのをニュースで見たことを強く記憶している。ただアメリカが気に入らない政権ができただけで，そこに軍事力で攻めて政権を打倒した。その後，グレナダ人民革命軍を解体し，グレナダには軍隊を持たせない，その代わりアメリカが防衛について責任を持つという国にしてしまった。警察隊は 900 人規模であるが，軍隊は持っていない。ハイチも同様に，経済規模やクーデターの心配から軍隊は必要ないとして持っていない。太平洋上の島々は，旧宗主国あるいは信託統治に当たっていたアメリカやイギリスなどが外交防衛に責任を持つ形で軍隊を廃止した。

スイスとオーストリアに囲まれたリヒテンシュタインは小さな国で，これも防衛は他国に任せ，自国で軍事力を持たない。ローマ教皇庁のあるバチカン市国は，一応独立国の扱いを受けるが，中世から続く傭兵が残っている。この傭兵は，勇敢で我慢強さに定評のあるスイス人で，その伝統がいまだに続いている。ヨハネ・パウロ 2 世の葬儀などではイタリア軍が警備に協力するなど，地理，政治的には実質，イタリアの保護下とも言える。事実上の保護国だが法律上はそうではない。

条件付きで軍隊を持たない国もある。軍隊を持たない国と言えば，ほぼ，最初に挙げられるのがコスタリカである。一応，恒久的制度としての軍隊を廃止すると憲法では規定している。しかし，有事には徴兵制を行って軍を組織できることになっている。地方の警備隊，国境警備隊なども含めた準軍隊は，7,500人規模で存在していて，この準軍隊に費やす予算は，隣国ニカラグアの国軍の3倍近くある。非武装国家と言えば，よくコスタリカの名が挙げられるけれども，実際は非武装国家ではないという見方もできる。ただ，コスタリカの見習うべきポイントは，教育に莫大な予算を費やしていることである。「兵員よりも教師を」とのスローガンをもって軍隊を廃止して，その分，教育に力を入れた。そのために，近くの国々から留学生を無償で受け入れて，学位を与え，彼らは母国に帰った後，その国の中枢勢力になる。つまり，安全保障を教育・文化で行っている国である（国連平和大学もコスタリカにある）。コスタリカが，政情が安定しない物騒な中南米地域にありながら，7,500人の準軍隊で自国を守っている秘密はここにある。

アイスランドでは，首都レイキャビクの空港のすぐそばに，かつてはNATO軍の基地があり，アメリカ軍が駐留していた。今はこれも撤退して，国連PKOのために国外へ派遣する待機部隊しか持っていない。北極圏に近いあれほどの戦略的要衝にある国が，戦闘をするための軍隊を持たずに済ませている。国連PKOから声がかかると人員を供給している。ある意味では理想に近いあり方をしていると言える。

モナコも，フランスが防衛の責任を持っていて，自国の軍隊はない。パナマも，アメリカ軍の侵攻によって軍が解体されて今はない。条件付きで軍隊を持っていない，こうした国々は現在，世界に30近くある。それでも，きちんと，ある種の安全保障はなしとげてきた。さまざまな工夫をしながら，軍隊を持たなくても大丈夫だと示してきたのである。

### 【軍事費資料からの知見】

この講では，ここまで，軍事費の観点から平和を考えてみた。武力紛争の背景には兵器の存在がある。そして，国家が軍事費に予算を配分するから武力が整う。さまざまな資料から世界各国の軍事費の趨勢を見ていくと，その中で，アメリカの軍事支出が際立って大きいことがわかった。そして，その対極にある軍備を持たない国々のあり方についても知ることができた。では，本講で得られた，軍事費資料からの知見をまとめてみよう。

・冷戦の終焉期には，世界の軍事費は減少したが，21 世紀に向かって再び増加している。
・そのほとんどはアメリカによる支出である。
・アメリカ政府高官や軍人は，軍事産業から莫大な利益を得ている。兵器は貧しい国で売られて使われている。
・軍事力を放棄しても，戦争に巻き込まれなかった国家は数多く存在する。

このようなことを念頭に，科学技術の進展と戦争のあり方の変化について次講で考察することにしよう。

# 第8講
# 科学技術の進展と戦争の変化

この講では，科学技術の進展と戦争の変化と題して，科学技術と戦争がどのような関係にあったかを論じていきたい。先に結論めいたことを述べると，20世紀とは，人口増加，科学技術の発展に至るまで，他の世紀とは異なった「全く異質な世紀」であったと言えよう。移動，運搬，通信などさまざまな科学技術が爆発的に進展し，人間の身体性を軽々と超越してしまう時代が到来した。大型コンテナ船が，これまで考えられなかった物量を，大洋を跨いで運び，また，旅客機がかつて考えられなかったスピードで人々を移動させ，相互依存の時代が到来した。その科学技術の発展は，戦争のあり方も変えてしまい，戦争の死者数の増加の背景の1つであろうと推測できる。本講では，それら科学技術を，大量化，巨大化，精密化，差異化，高速化，情報化，体系化のように分類し，それらの観点から科学技術の累積と戦争の関係を検証していきたい。

**【20世紀の人口爆発】**

人口や産業の発達については，すでに『平和学入門1』第12講で議論したが，ここで少し復習しておこう。爆発的な勢いで人口が増えた異質な20世紀の連続の中に，この21世紀はある。国際連合人口基金（United Nations Population Fund: UNFPA）の作った，人類の人口変動グラフ（『平和学入門1』179頁参照）を見ると，紀元前8000年くらいの旧石器時代から産業革命が始まるまでは，20世紀の爆発的増加に比すれば，人口の増加は微増と言っても過言ではない。ところが，1900年には12億5000万人で，50年後の1950年には，その倍の25億人になった。そして，2000年には61億人になった。2050年には，91億人と予想されている。この20世紀と21世紀の初頭での人口の増え方が，いかに人類にとって異常な事態であるかが，よくわかると思う。極端な考えだが，もし，人間の体の構成要素である水素と酸素と炭素など地球上の全部を集めて人間を作ったとすると，これ以上の数の人間はできないという限界値が存在するはずである。それは人間が必要とする食料エネルギーや，動力に使ったり電気を生み出したりする化石系エネルギー源にも言えよう。

『人口論』を著したマルサス（Thomas R. Malthus, 1766–1834）は，人口の爆発的増加はさまざまな不足をもたらす原因になると言っている。すなわち，食糧不足，住宅不足，用水不足，それから雇用不足の4つである。これまでの経過を見てみると，その通りになってきたと言わざるを得ないだろう。よく言われるような「衣食住」の不足から，現在ではむしろ「医職銃（健康・衛生，雇用，治安・安全）」の不安へと，異常なまでの転換期にあるのではないかとの見方も成り立つ。

世界中のGDPを合わせると，1950年を基点にして確実に5倍以上増えている。この背景には，科学技術の発展によって1人あたりの生産額が伸びていることがある。本来，科学技術が発展すると，少ない人口で多くの物を作れるようになる。したがって，科学技術が発達すればするほど雇用は減り，しかも生産される物は増えるという関係にある。加えて，貿易額はさらに著しい増加を見せている。この50年間でだいたい40倍以上，世界中で物のやりとりが増えている。それによって世界は平等に豊かになったかと言うと，逆に不平等が増していることが観察されている。

## 【人類の知識の累積と戦死者】

第5講の図5–4で，20世紀の戦争と戦争関連死者数を確認したのを思い出してほしい。人類に何らかの英知が働いて，第3次世界大戦は起きていないけれど，それでも現代に近づくにつれて戦争での死者数がどんどん大きくなっている。これまで検討してきたように，相互依存の時代，グローバル化の時代が到来し，そうした時代には戦争の死者数も増えている。その背景には，仮説として，科学技術の発展があろうと推測できる。

衛藤瀋吉らは，ハラシー（Halacy）とグッドラッド（Goodlad）を引用しながら，20世紀において，人口増加と同じように，知識の集積も爆発的に飛躍していることを指摘している（衛藤他，1982）。二重引用となるが，大変わかりやすい日本語の表現なので，あえて記しておこう。

> 文明の曙から1945年までの技術進歩を線グラフにすると，高さ4インチのグラフ用紙が必要である。ところが，1945年から1960年までの15年間の技術進歩を同じグラフで示すには，実に13階建ての高層ビルと同じ高さの図表がいる。
>
> （ハラシー；衛藤他，1982）

> 人類の知識の累積をキリスト紀元以来1つのグラフにまとめると，1750年に倍になり，1900年にさらに倍になり，1950年にまた倍になってその次の倍増はわずか10年後の1960年におこったと推定される。
>
> （グッドラッド；衛藤他，1982）

ハラシーの指摘は，技術の進歩の程度が人類の想像を超えるものであることを示し，グッドラッドの引用は，それが恐ろしいほどのスピードでもたらされていることを示している。20世紀後半のある一時期を取り上げただけでも，それまでの期間に比べると等比級数的に科学技術は発展しているのである。

## 【軍事分野における科学技術の発達】

このような科学技術の発達を最も享受したのはどの分野かと皆さんに問うと，

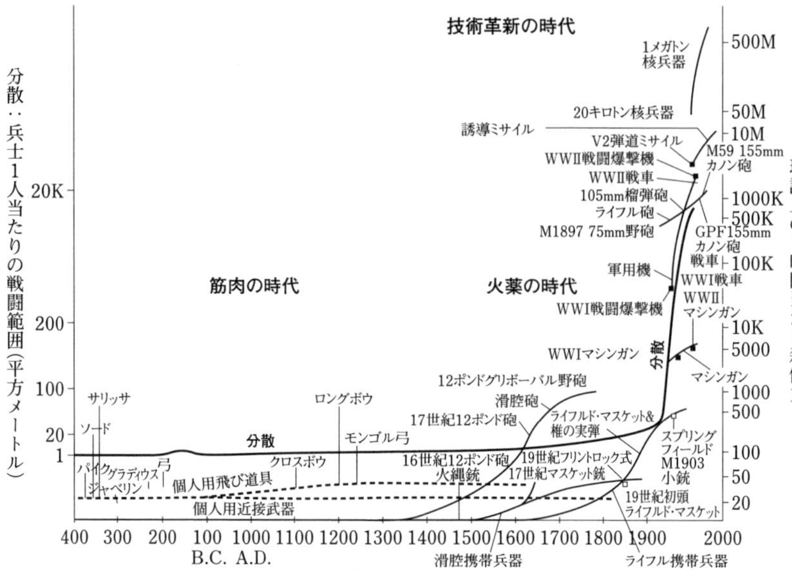


**図 8-1 武器・兵器の殺人能力 (Dupuy, 1980)**

医学分野や通信分野という答えが出てくることが多い。しかし，実は，軍事分野がこの科学技術の進歩を最も享受した領域であったと言えよう。

図 8-1 は，1 時間にどれくらいの人数を殺すことができるのかについて，その推移の理論値を集めたものである。紀元前から，こん棒で殴ったり，刀剣で切ったり刺したり，弓で射たりする「筋力に頼った時代」(age of muscle) が長く続く。この時代は，理論値としては 1 時間に殺せても 40 人であった。その後，中国で発明された火薬が 14 世紀ごろにヨーロッパにもたらされ，15 世紀には大砲やそれを小型化して発展した火縄銃が使われるようになる。武器の動力源として「筋力」から「火薬爆発力」への変化である。これは戦争の形態を一変させ，小銃を装備した歩兵部隊に配置され，大砲がそれを援護する形式の軍事革命につながっていく。これが「火薬の時代」(age of gunpowder) である。この時代では，1 時間に 1,000 人を殺すことが理論的には可能となる。そして，ついに人類は，20 世紀半ばに「技術革新の時代」(age of technological innovation) を迎える。この時代に至り人類は，「核爆弾」と，それを何千

**表 8-1　科学技術発達の5つの方向性**

| | |
|---|---|
| ①大量化 | 価格低下　大衆化 |
| | 複写の軽便化　希少性の喪失 |
| ②巨大化 | 研究開発生産費増大　国家独占 |
| | 結果の重大さの認識の欠落 |
| ③精密化 | 技術のブラックボックス化 |
| ④差異化 | 目的・手段の多様化 |
| ⑤高速化 | 熟慮・省察の軽視 |
| | Action-Reaction の連鎖の速さのみ重視 |

キロメートルも先の攻撃目標まで正確に届ける「運搬（デリバリー）の技術」を合わせた核兵器を手に入れてしまう。大陸間弾道ミサイル（intercontinental ballistic missile: ICBM）が，その複合的産物の代表的なものである。これによって，5億人を1時間あたりで殺す科学技術を人間は手にすることになる。核爆弾とデリバリーの技術がセットで重要なことは，北朝鮮が核実験のみならずミサイル発射実験を繰り返していることからもわかるだろう。ただ核爆弾を保有するのではなく，それを敵国に正確に落とすことができる技術もセットで開発されたのである。

では，そのデリバリーの能力の発展について考えてみよう。以前は，大砲の射程は3海里（約5.6キロメートル）くらいとされていて，それが国際法上の領海3海里規定のおおもとになったと主張する人もいる。今はどうだろうか。今やミサイルは2万キロメートルを射程におさめている。地球の周囲が約4万キロメートルなので，地球のどこからでもターゲットに対して核爆弾をお見舞いすることができてしまう。それからすると，3海里の時代は牧歌的とも言えるが，それは今からせいぜい500年くらい前の話である。人類の歴史から考えると，わずか500年の間に，武器・兵器の性能はあまりにも驚異的な伸びを遂げたのである。

## 【科学技術発達の5つの方向性と2つの次元】

これまでの科学技術の発達を生産に当てはめてみると，私が考える限り，表8-1のように，①大量化，②巨大化，③精密化，④差異化，⑤高速化といった方向に科学技術は発達してきたと思われる。その上に，さらに⑥情報化，⑦体

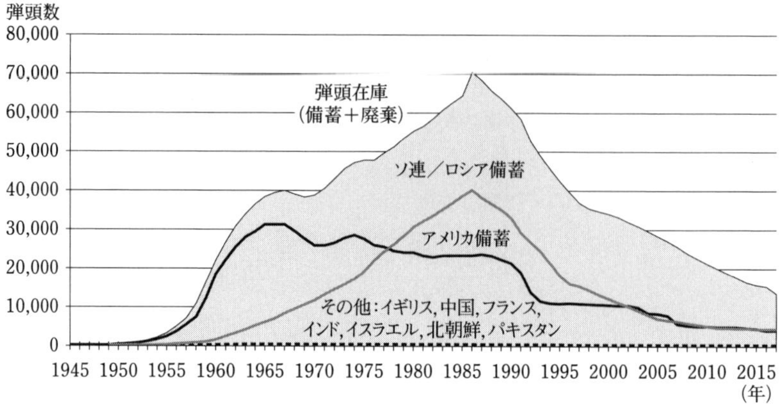


**図 8-2　世界の核兵器備蓄：1945-2017 年（Global Research, 2017）**

系化といった次元の異なる要素が加わる。先ほどから述べているように，このような発達の方向性のもと，軍事分野が最も科学技術の発達を享受したのである。このような科学技術の発達が，軍事力あるいは人々のものの考え方にどういう影響をもたらしたのだろうか。続いて，①から⑤について，個々の方向性ごとに見ていこう。

## 【①大量化】

まず，①の大量化は，生産された製品の価格低下，大衆化，複写の軽便化，希少性の喪失をもたらした。核実験が行われて，人類が初めて手にした核兵器が，早速，1945 年に広島と長崎で使われた。図 8-2 に示してあるように，アメリカとソ連／ロシアは，争うように戦略核兵器だけでなく，非戦略核兵器（戦略核より射程が短い，戦術核と戦域核）も大量に生産した。1996 年には包括的核実験禁止条約（CTBT）が国連総会で採択され，軍縮が行われたので，アメリカの両兵器は合わせて 1 万発ほど，ロシアもほぼ同じくらいで，以下，イギリス，フランス，中国となっている。1945 年以前にはなかった核兵器が，そのピーク時にはアメリカだけでも 3 万発以上，ロシアも 4 万発以上も生産してしまった。この背景には，明らかに科学技術の大量化の発展がある。

核兵器の大量化の生み出す破壊力を考えてみよう。20 世紀の終わりころ，その時点での核兵器の総破壊力が8,000メガトンであるといわれる。第2次世界大戦，朝鮮戦争，ベトナム戦争で使われた爆発物の総量は11メガトンである。あれだけの殺戮が行われたこの3つの戦争で使われた兵器の破壊力をすべて合わせても，20世紀終わりの時期の核兵器総量の破壊力の可能性に比べて，わずか，0.14パーセントにしかならない。世界中の全人類を殺すのに到底必要のない大量の核兵器を人類は所有してしまった。これは，オーバーキルと呼ばれる（『平和学入門1』第11講参照)。科学技術の大量化によって，このようなことが起きたのである。

## 【②巨大化】

では，②の巨大化は，軍事技術の中でどのように進展したのだろうか。巨大化は，研究開発生産費の増大をもたらし，巨大化した兵器は国家が独占する。これも『平和学入門1』第11講の繰り返しになるが，復習しておこう。爆発物の爆発力を表すとき，トリニトロトルエン（trinitrotoluene: TNT）という物質の破壊力に換算する。当初，大砲などに使われた爆発物はg（グラム）で表せば事足りた。ところが，軍事技術が発達するにしたがって大きな兵器が出てきて，10の3乗倍のkg（キログラム)，その10の3乗倍のt（トン)，さらにその10の3乗倍のkt（キロトン)，そしてその10の3乗倍のmt（メガトン）と，わずか50年足らずの間に，軍事的に使われる兵器の爆発力は10の12乗倍となった。

ところが，今や，それでも足りず，100万人の死者を出す破壊力という意味で，ハーマン・カーン（Herman Kahn, 1922–1983）がつくったメガデス（megadeath）を使う動きもある。これは，広島で落とされた原子爆弾の数値をもとに計算すると，1個の原爆で100万人の死者数が出るという意味である。このように，人類の命を軽視するかのような単位を使わざるを得ないほど，核の破壊力の技術は巨大化したと言える。

広島に投下された原爆「リトルボーイ（Little Boy)」は15キロトン，長崎に投下された「ファットマン（Fat Man)」は21キロトンと推定されている。これに比べて，水素爆弾（水爆）の「ツァーリ・ボンバ（Tsar Bomba，核爆弾の皇帝)」の破壊力は50メガトンと，まったく想像がつかない，1つの爆弾としては異常な数値である。このように，グラムからメガトン，あるいは，10の12乗に至るまで1つあたりの破壊力が巨大化したものが，他にあるだろうか。『平和学入門1』第11講でも議論したように，原爆は核分裂エネルギーを，水爆は核融合エネルギーを使用したものである。

そして，巨大化は，その結果の重大さの認識を，開発者当人たちや国民から欠落させてしまう。その事例を挙げよう。『平和学入門1』第11講に登場するマンハッタン計画の責任者の1人，「原爆の父」と呼ばれる物理学者オッペンハイマー（Julius R. Oppenheimer, 1904–1967）は，広島・長崎の原爆投下の後，ヒンドゥー教の聖典『バガヴァッド・ギータ』の「われは死神なり，世界の破壊者なり（Now I am become Death, the destroyer of worlds）」という一節に，両被爆地で使用された核兵器開発の自らの行いの意味を見出し，ある種の救いを求めることになる。ガンディーが非暴力の運動を展開するバックボーンとしたのも，この『バガヴァッド・ギータ』であったことは，『平和学入門1』第3講で述べたとおりである。奇しくも，暴力と非暴力の両極にいる2人が同じ経典に生き方の指針を求めたことの意味を，私たちは深く考えねばならないであろう。“Now I am become Death, the destroyer of worlds” とウェブ検索すると，実際にオッペンハイマーが語っている姿がYouTubeにアップされている。英語字幕を出しながら，是非，視聴してほしい。その動画の中で，オッペンハイマーは，原爆投下について「私たちはもう世界が同じではなくなったことを知ったのだ。ほんの一部の者たちは笑い，ほんの一部の者たちは泣き，しかし，ほとんどの人々は沈黙したのだ（We knew the world would not be the same. A few people laughed, a few people cried, most people were silent.）」とも語っている。彼が，原爆投下のあの閃光に焼かれる人々の姿を本当に知っていたら，あるいは，その投下がもたらす悲劇のことの重大さを認識していたら，自らの精神を維持するのに，このような言葉に頼る必要があっただろうか。

**【③精密化】**

③の精密化は，極められれば極められるほど，技術がブラックボックス化する。エアコンなど電化製品が故障したときも，個々のパーツの故障箇所を切り分けて修理をするのではなく，制御基盤などの基盤交換を行うのが当たり前に

なってきている。これも，この精密化によるブラックボックス化の身近な事例といえよう。

例えば，軍事技術で言うと，精密化は，CEP（円形半数必中界）という単位で計ることが可能である。円を描いて，そこにミサイルであれ大砲であれ何発かを撃ち込み，そのうちの半数，例えば10発撃ったうちの，標的の中心から近いところに落ちた5発を選び出して，その中心から一番遠いものまでの距離をみたものである（Lewis & Postol, 1998）。

今の兵器は，どのくらい正確か。人工衛星によるGPSを使って戦略核兵器を撃ったとすると，アメリカの潜水艦発射弾道ミサイルの1つであるトライデントⅡ（Trident II）という兵器の場合，CEPはわずか90メートルにすぎない。つまり，発射したうちの半数は90メートルから100メートル以内に落ちることを意味する。ロシアの弾道ミサイル9M723は最大射程距離が500キロメートルで，CEPは2メートルから5メートルの範囲内である（CSIS, 2019）。

すでに1970年代には，人工衛星から写した画像を解析することによって，兵隊の制服の肩章まで判別できるほどだったと言われている。例えば，ロシア上空を飛んでいるアメリカの偵察衛星によって，ロシアのある将軍が，ある軍事基地で，ある飛行機に乗ったといった事実確認がすべて可能であった。そのことを知らないのはアメリカとロシアの国民だけで，政府同士はすべて知っていたのである。

## 【④差異化】

④の差異化は，目的と手段の多様化をもたらす。ノリスらによると，アメリカは，1945年以来，核兵器を100種類開発した（Norris & Kristensen, 2009）。しかし，そのうち実際に配備されたのは，たったの15種類にすぎなかった。核兵器を100種類以上まで差異化してしまって，いったい何に使うのだろうか。

どこから撃ってくるか（発射位置），撃たれる方はどこにあるのか（対象物の位置）の組み合わせを見てみると，6×6＝36通りが考えられる（表8-2）。100種類というのは，それだけ，差異化を軍事技術が取り入れた証拠である。乗用車が次々とモデルチェンジをしたり，テレビにさまざまな機能がついたり，映像の解像度が高くなったりする技術は，このような核兵器の差異化の技術の発

表 8-2 発射位置と対象物の位置（筆者作成）

| 対象物／発射位置 | | 陸 | | 海 | | 空 | |
|---|---|---|---|---|---|---|---|
| | | 地　上 | 地　中 | 海　上 | 海　中 | 大気圏内 | 圏　外 |
| 陸 | 地　上 | | | | | | |
| | 地　中 | | | | | | |
| 海 | 海　上 | | | | | | |
| | 海　中 | | | | | | |
| 空 | 大気圏内 | | | | | | |
| | 圏　外 | | | | | | |

すべてあると思って間違いない

達に比べると，子どもの技術のようなものとも言えよう。

## 【⑤高速化】

⑤の高速化は，ものごとを熟慮する，あるいは省察することを軽視するといったことをもたらす。作用・反作用（action-reaction）の連鎖における速さのみが重視されるようになる。さらに，技術が進歩することによって，物の移動距離は伸び，しかも高速になる。情報は，いまや瞬間的に届いてしまう。そうすると，われわれの生活自体が，時間性を重視する行為を軽くみなしがちになる。人に対する，先の先まで考えた思いやりとか，本人がこれをやってよいのかいけないのか迷うこと，熟慮することが，あまり価値を持たなくなってしまう。

## 【量・質・単位・時間・空間】

ここまで考察してきたように，科学技術の発達を生産に当てはめてみると，①大量化，②巨大化，③精密化，④差異化，⑤高速化といった方向に科学技術は発達した。大量化した核弾頭によって恐怖の均衡を生み出し，巨大化した爆発力によって戦死者は増大する。精密化した兵器は，攻撃対象を殺傷する確率を向上させ，差異化によって第一撃への反応が難しい一方的な攻撃を可能にした。さらに，高速化が相手を殺すことへの省察の時間さえ奪っている。その上に，さらに⑥情報化，⑦体系化といった次元の異なる要素が加わり，科学技術

表 8-3　科学技術発達の 5 つの方向性と 5 つの要素（筆者作成）

| | 量 | 質 | 単位 | 時間 | 空間 |
|---|---|---|---|---|---|
| 大量化 | 大量化 | | 大量化 | 大量化 | |
| 巨大化 | | 巨大化 | 巨大化 | | 巨大化 |
| 精密化 | | 精密化 | 精密化 | | 精密化 |
| 差違化 | | 差違化 | 差違化 | | |
| 高速化 | | | 高速化 | 高速化 | 高速化 |
| 情報化 | 情報化 | 情報化 | 情報化 | 情報化 | 情報化 |
| 体系化 | 体系化 | 体系化 | 体系化 | 体系化 | 体系化 |

の発展が，戦争のあり方も変えてしまい，戦争の死者数の増加の背景の１つであるという仮説が立証された。

兵器の生産や存在を考えるときには，こうした量，質，単位，時間，空間という要素を，①大量化，②巨大化，③精密化，④差異化，⑤高速化，⑥情報化，⑦体系化にあてはめて，マトリックスにしてみると，さらに深い理解の助けになる。私たちが普段，グローバル化されていく生活の中で感じるような科学技術の変化，すなわち量的な変化，質的な変化，そして，それらに伴う単位の変化を，軍事技術の変化も享受しているのである。同様に，それらの科学技術の変化は，デヴィッド・ハーヴェイ（David Harvey, 1935–現在）のいう「時間・空間の圧縮」（time-space compression）を引き起こし，軍事技術分野でも同様の時間・空間の圧縮をもたらしている。

しかし，通常の科学技術分野における発達と全く異なる点がある。この講で議論してきた軍事技術の発達は，すべて，人を殺すことを，大量に，広範囲に，正確に，邪魔されないように，素早く，効率的に実行させるように発達してきている。そして，その変化の大きさは，破壊力の単位の観点から検証したように，等比級数的に劇的に変わってきているのである。

戦争に正義がもたらされ，非戦闘員が無差別にターゲットになる。そして，戦争に国家が支配する科学技術がもたらされた結果，正確に大量に殺人・破壊がなされるようになったのである。このように考えてみると，先ほどまで議論してきた軍事技術が，科学技術を享受した一番の分野であるという推測が立証されるだろう。

**表 8-4　グレイによる戦争の名辞のまとめ（Gray，2013 から筆者作成）**

| 和訳 | 英語 | 使用時期と筆者など |
|---|---|---|
| 原子戦争，核戦争，熱核戦争 | Atomic War, Nuclear War, Thermonuclear War | 1945 以降さまざまな文献 |
| 冷戦 | The Cold War | 1950 年代以降さまざまな文献 |
| テクノロジー戦争 | Technology War | Possony and Pournelle 1970 |
| 軍国主義アメリカ | Militarism USA | Donovan 1970 |
| 終わりなき戦争 | War without End | Klare 1972 |
| 永久戦争 | Permanent War | Melman 1974 |
| 涼戦 | Cool War | Pohl 1981 |
| 空中投下戦闘 | Air Land Battle | U.S. Army 1982 |
| 情報戦争，インフォ・ウォー，I- ウォー | Information War, Info War, Iwar | 1990 年代以降さまざまな文献 |
| 命令と統制の戦争 | Command and Control Warfare | U.S. Army 1995 |
| 超現実的戦争 | Hyper-real War | Bey 1995 |
| 新皮質戦争 | Neocortical Warfare | Szafranski 1995 |
| 第 6 代戦争 | Sixth Generation War | Bowdish 1995 |
| 第 4 期戦争 | Fourth Epoch War | Bunker 1995 |
| インフラストラクチャー戦争 | Infrastructural Warfare | Wilson 1998 |
| 新しい戦争 | New War | Kaldor 2000 |
| 非対称的交戦 | Asymmetric Warfare | Foghelin 2000 |
| 認知的交戦，無気力交戦 | Cognitive Warfare, Inertia Warfare | Baumard 2000 |
| スペクタクル・ウォー，高潔な戦争，最新型戦争 | Spectacle War, Virtuous War, Late Modern War | James Der Derian 2000 |
| 水際戦争 | Littoral War | U.S. Marines; Graicer 2000 |
| 英雄なき戦争 | Non-heroic War | Luttwak 2000 |

**【新しい戦争と古い戦争（名辞）】**

ここまで議論してきたように，これまでの古い戦争とは全く異なった新しい戦争の時代が到来した。そこで，核時代になってからの新しい戦争と古い戦争をどうやって区別しようかと学者たちは考え，いろいろな言葉が使われ始めた。

ここでは，クリス・グレイ（Chris H. Gray）の著書 *"Peace, War and Computers"*（Gray, 2013）の中の戦争の名辞のまとめを紹介しよう。

巨大な戦争があると同時に，小規模な戦争がいろいろなところで起きる。そして，例えば限定戦争，民族浄化などが起きてくる。それから，ラパポートが言った「自動戦場（automatic battlefield）」も，いずれ登場するだろう。では，この表 8–4 に描き出された数々の戦争につけられた名辞から得られる真に重要な争点は何であろうか。それは，現代の戦争では，多くのことが古い戦争とは異なっているということだろう。グレイは，このように述べている。

> 戦争の変化は，戦争および第 2 次世界大戦以来の新型の戦争に対して提案されてきた信じ切れないほどのラベルの激増にもっともよく見て取れる。

すなわち，これらの名辞の多様さは，大量化，巨大化，精密化，差異化，高速化，情報化，体系化の軍事技術の発展によって，第 2 次世界大戦以降，あらゆる形式の新型の戦争が生み出されてきているということを表しているのである。

### コラム 2　終末時計（Doomsday Clock）

私たちは，核による恐怖の均衡の時代を生きざるを得ない（『平和学入門 1』第 11 講，『平和学入門 2』第 11 講参照）。そして，私たちがその核の大戦から逃れることができるのか否かの命運を握っているのは，世界の数人の政治家と軍人である。

図 8–3 は，「アメリカ大統領の核のフットボール（President's nuclear football)」というニックネームで呼ばれるバッグである（正式には，「大統領用緊急鞄（President's emergency satchel)」)。ホワイトハウスのミリタリーオフィス（White House Military Office: WHMO）の責任者だったビル・ガリイ（Bill Gulley）によると，この中には，巷間言われるような「世界の終末を迎えさせる赤いボタン（a doomsday red-button keypad)」は格納されておらず，

図 8-3　アメリカ大統領の核のフットボール（NBC News Digital, 2017）

1. 黒と赤のインクで印刷された報復的核攻撃オプションの 75 ページの黒い本。
2. 大統領を保護するための機密シェルターの位置リストが記載された別の黒い本。
3. 緊急放送システムの操作方法に関する 10 ページの手順を含む書類フォルダー。
4. 認証コードが記載されたインデックスカード。

の 4 つだけが入っている（BUSINESS INSIDER, 2017）。このバッグは，2016 年のオバマ大統領の歴史的な広島訪問の際も例外ではなく，常に，大統領の行く場所に一緒に持って動くことになっている（BBC, 2016）。

そのボタンが押されるかもしれないという世界の状態を表した「終末時計」（Doomsday Clock）というものがある（https://thebulletin.org/doomsday-clock/）。シカゴ大学の核物理学者たちが始めた取り組みで，世界が終末を迎えるまで残り何分あるか，比喩的に示したものである。『原子力科学者会報（*Bulletin of the Atomic Scientists*）』という雑誌の表紙に，緊張

**図8-4 『原子力科学者会報』の表紙（Bulletin of the Atomic Scientists）**

度がどれくらい高まったか議論した結果を時間として表している（図8-4）。

この雑誌のウェブサイトには，時系列で終末時計が示され，その時刻の意味が詳細に書かれている。そのいくつかの意味を，かいつまんで紹介しよう。この雑誌が取り組みを始めた1947年には，世界が終末を迎えるまで7分とされている。1953年にはあと2分というところまでいった。アメリカとソ連とが核実験を行い，これほど緊張した時代はないと記録されている。1962年のキューバ危機の後，緊張緩和（デタント）と言われる時代が訪れ，1963年に部分的核実験禁止条約（Partial Test Ban Treaty: PTBT）がアメリカ，イギリス，ソ連によって締結された。この年の終末時計は12分まで伸びた。1984年には，またしても3分という緊張状態になる。これは，核兵器の縮小会談が失敗に終わったことを受けた結果である。

冷戦が終結し，1991年には17分と，戦後最も緊張が緩和していると捉えられた。戦略兵器削減条約（Strategic Arms Reduction Treaty: START）という軍縮交渉を米ソが始めた（STARTについては『平和学入門1』第11講参照）。2002年には，終末まで7分とされた。これは，2001年のアメリカ同時多発テロを受け，テロリストが核兵器を武装する可能性があるとして，アメリカが弾道弾迎撃ミサイル制限条約（Anti-Ballistic Missile Trea-

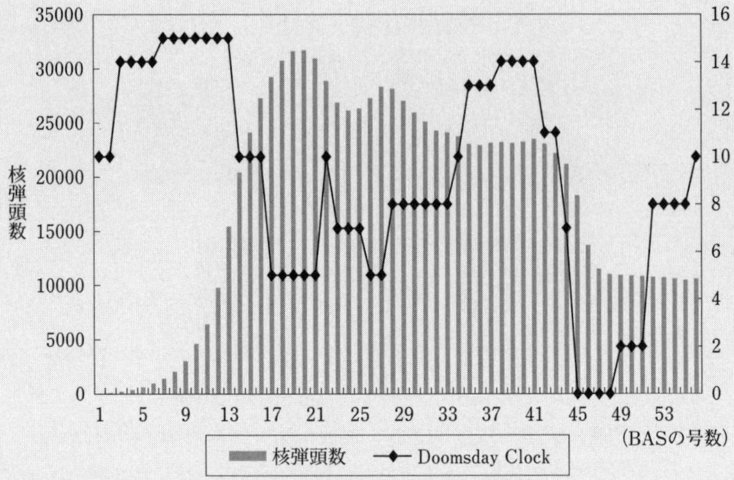


**図 8-5　核弾頭数と終末時計（筆者作成）**

ty: ABM Treaty）からの一方的離脱をロシアに通告したことによる。2007年には，あと5分とされた。この年は，核兵器ばかりではなく気候変動，エコシステムという要素を加えて地球の終末を示すようになった記念すべき年であると言える。

2015年からは毎年，声明が出されており，なんと2020年1月に発表された終末時計は100秒と，かつてないほど“midnight”に近づいた。核の脅威の増大，気候変動対策の欠如といった人類への脅威に加え，インターネットを利用した偽情報やデマの拡散などが社会の対応能力を悪化させていると指摘している（Bulletin of the Atomic Scientists, 2020）。

図8-5は，終末時計が示した残り時間に，世界が蓄積した核弾頭の数を重ね合わせて私が作成したものである。これを作成する前は，両者は反比例の関係にあるかと予想していたのだが，ある部分はそうであったが，必ずしもきれいに反比例の関係にないことがわかった。これは，核兵器の削減交渉が成功したといった政治的要素も組み込まれていることにほかならない。

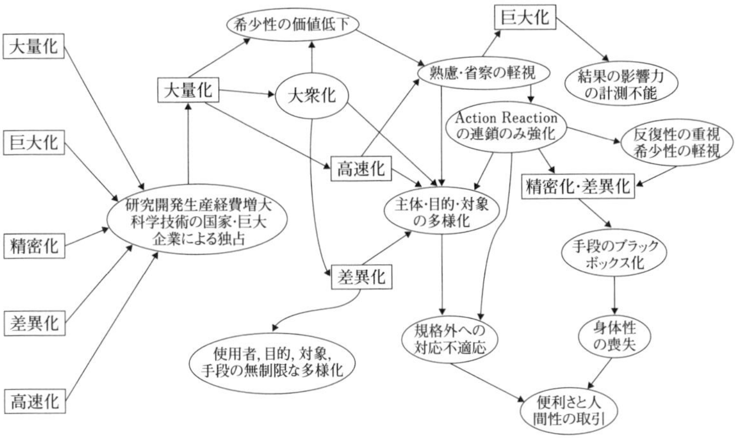


**図 8-6　科学技術の 5 大方向とその影響（筆者作成）**

## 【科学技術の 5 大方向とその影響】

これまで議論してきた科学技術の方向と互いに影響し合っている主な現象を取り上げると，図 8-6 のような形になろうかと思う。科学技術は現在，社会にこのような影響を与えているし，それを享受しているのは軍事技術であることを忘れないでいただきたい。

では，そのような軍事技術がどのように戦争を変えたのかを端的に表す例を挙げよう。1991 年の湾岸戦争のとき，イラクの発電所などが，アメリカの B–52G という爆撃機 7 機によって攻撃された。これを CNN が，海上の空母から発進した爆撃機が攻撃したと伝えたが，事実はそれと異なっていたということが後から露見した。「オータナティブな戦略についてのコンソーシアム（Strategy Alternatives Consortium: SAC）」のレポートから，その様子を見てみよう（Joiner, 2016）。

この作戦は，「シニアサプライズ作戦（Operation Senior Surprise）」，別名「シークレット・スクウェーレル（Secret Squirrel）」と呼ばれた。B–52G 爆撃機は，アメリカのルイジアナ州バークスデール空軍基地を離陸した。そして，北アフリカのカナリア諸島上空で給油し，ジブラルタル海峡を抜けて，地中海上空を飛行して，エジプト領空から紅海へ抜け，サウジアラビア領空を通過し，イラクを爆撃した。そして，同じ道を引き返して，カナリア諸島で給油して，

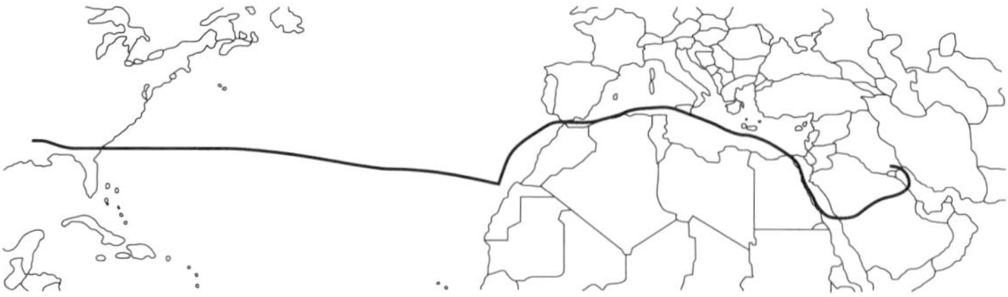

**図8-7　30時間1万4,000マイルの爆撃（筆者作成）**

ルイジアナ州の基地に戻る。それは，約30時間，1万4,000マイルの爆撃の旅程であった（図8-7）。バークスデール空軍基地が選ばれたのは，使用するミサイルが唯一格納されていたことと，計算上16時間で爆撃目標に到達できるからであった（時間については，34時間や35時間などの説がある。United States Air Force, 2016）。

これは，ここまで科学技術が発達してしまってよいのかということを端的に示した例だろう。しかも，イラクで行った爆撃は，極めて精密なものであった。例えば，鉄の扉が設置された防空壕に対する攻撃では，まず扉に穴を空ける爆弾を撃ち込んで，次にその空いた穴をめがけてミサイルを撃ち込んで，見事にミサイルが防空壕の中に入って隠れている人々を全員殺せるような威力の強さを見せた。言ってみれば無辜の民，武装していない人々を殺すために，強力な兵器が使われたのである。なぜ，それほど強力な兵器が必要なのか。これはデモンストレーションを意図したもので，アメリカは核弾頭を装備した大陸間弾道弾を使わなくてもB-52Gでこれほどの爆撃が可能であり，核の応酬を避けながらも相手国に壊滅的な打撃を与えることができることを世界に示したのである。

**【科学技術の進展と行動規範の欠如】**

いったい，そのことは何が問題なのだろうか。実は，「これはやってよい」，あるいは「これはやってはいけない」という行為規範ができるのに先んじて，新たに科学技術が産み出すものが増加してしまっているのである。これが現代の大きな矛盾である。法律学でよく言われる例だが，電気に関する法律がない時に，「電気を盗んだら罪になるのか」という問いである。「電気を盗んでも，法律がないから罪にならないのか」という議論と同じで，予測もしなかったものが出てくるので，それに対応する行為規範がないのである。

では，科学技術が進歩するのに対して，行為規範がそれに対応せずに欠如したままであると，世界はどうなってしまうのだろうか。表 8–5 を使いながら検証してみよう。まず，一番左端を見てほしい。科学技術の進展を，（A）主体・目的・対象の多様化と影響の拡大と，（B）人間性の喪失の 2 つに分解して考えてみた。さらに，前者（A）を以下の 4 つに分け，

1. 行使主体の多様化
2. 行使目的の多様化
3. 行使対象の多様化
4. 影響の著しい拡大

そして，後者（B）を以下の 4 つに分けて考察していこう。

5. 人間行為の時間性の消去
6. 技術のブラックボックス化
7. 技術の身体性の喪失
8. 反応重視型人間の増加

まず，（A）の「1. 行使主体の多様化」である。使い手が多様化し，大衆化され，いろいろな人が技術を使えるようになる。では，誰がそれを使ってよいのか。私は核兵器を使ってよいのか，いけないのか。ネットを駆使して情報を集めれば作れるかもしれないし，盗めるかもしれない。これは，いけないことなのかもしれないが，では，個人が使ってはいけないという行為規範があるのかどうか。それらが問題となってくる。

そして，「2. 行使目的の多様化」である。ある 1 つの目的を達成するために，科学技術はさらに便利になるようにと発達する。ところが，その目的とは違うことに使うケースが出てきてしまう。そのとき，その異なった目的に対して行為規範があるのかないのかが問題になってくる。そのことから，目的選択規範

**表8-5　科学技術の進展と行為規範の欠如（筆者作成）**

| | | 現　象 | 分　野 | 問題点 |
|---|---|---|---|---|
| (A) 主体・目的・対象の多様化と影響の拡大 | 1. 行使主体の多様化 | ・行使主体が個人とその加算的集団から有機的組織体としての企業，社会，国家，人類へ拡大<br>・小規模な部分社会や個人へ拡大 | ・情報・通信，交通，近代軍事技術等 | ・行使主体に対応した行為規範の欠如による負の効果の拡大 |
| | 2. 行使目的の多様化 | ・人間の直接的な生の維持のための技術から，市場，社会，大規模戦争等のように非限定，広域化，微小化 | ・市場経済における生産システム，情報通信網，交通網，無差別殺傷戦争等 | ・技術と人間の生，生活との相関認識の不明確性<br>・目的選択規範の欠如による負の効果の拡大 |
| | 3. 行使対象の多様化 | ・自然および他の個人を対象にすることから，最初から地球内外の自然，社会，地域，国家等，対象を多様化 | ・宇宙開発，地球環境技術，情報，通信網，交通網，安全保障等 | ・行使対象に対する影響アセスメント不足<br>・評価・判断規範の欠如 |
| | 4. 影響の著しい拡大 | ・超微小から宇宙規模までの操作および影響範囲の飛躍的拡大 | ・宇宙通信，高速交通機関，原子力兵器，地球環境技術，量子力学，マイクロマシン等 | ・行使結果のアセスメントと判断規範の未確立<br>・影響の非局在化による行使責任の不明確性 |
| (B) 人間性の喪失 | 5. 人間行為の時間性の消去 | ・技術進歩による時間的生産効率の向上，距離移動の高速化，情報移動の高速化 | ・自動生産ライン，高速旅客機，コンピュータ・コミュニケーション等 | ・反省，思考することへの価値観の低下<br>・思いやり，迷う等の時間性重視行為の欠如 |
| | 6. 技術のブラックボックス化 | ・インプットとアウトプットの関係のみ過剰重視による過程技術と利用者およびオペレーターとの断絶 | ・自動工作機械（ロボット），自動車，テレビ，コンピューター等 | ・故障に対するフィードバック欠如<br>・モジュール交換による製品の廃棄の増加<br>・弱者，障害者，困窮者に対する社会的欠陥部品視 |
| | 7. 技術の身体性の喪失 | ・機能，射程の身体類似性，延長性の隔絶 | ・重化学コンビナート，コンピューター，自動機械，通信，交通，ドローン攻撃などの近代兵器等 | ・技術に対する把握感の欠如<br>・技術に対する直接的責任意識の喪失<br>・技術社会の非人間性化 |
| | 8. 反応重視型人間の増加 | ・自己決定よりも刺激にいかに速く反応するかが問われる | ・ゲーム，戦場での殺人行為の閾値が下がる | ・時代遅れな戦争法規<br>・引き金を引くことの規範性よりも反射能力が問われる |

の欠如による負の効果が拡大されてしまう。

次に，「3. 行使対象の多様化」である。使う目的ではなく，それを誰に，あるいは，何に対して使うかが多様化してくる。本来は予定していなかったいろいろなことに使ってしまう。それを評価する，あるいは判断する規範ができる前に，そういう技術がもたらされてしまう。

そして，「4. 影響の著しい拡大」である。精密化が進むので，ごく小さなものから宇宙規模のものまで，飛躍的に科学技術革新の影響力が拡大する。行為の結果はどうなるのかというアセスメントが確立されていない。すなわち，結果がどうなるかわからない，けれども使ってしまうという傾向が出てきてしまう。

こうした規範の欠如から，市場で安価に入手した技術を，誰がどのような目的で何に対しても使ってよいのかという疑問が生じる。たとえ，その結果が量り知れないものであるとしても，現実に規範形成が追いつかない。例を挙げれば，2013年に日本の学術界が東日本大震災を意識して改訂した「科学者の行動規範」という声明がある。この声明には，原子力発電に対する人間社会の傲慢さをいさめるように書かれている。

> （説明と公開）
> 5　科学者は，自らが携わる研究の意義と役割を公開して積極的に説明し，その研究が人間，社会，環境に及ぼし得る影響や起こし得る変化を評価し，その結果を中立性・客観性をもって公表すると共に，社会との建設的な対話を築くように努める。
>
> （科学研究の利用の両義性）
> 6　科学者は，自らの研究の成果が，科学者自身の意図に反して，破壊的行為に悪用される可能性もあることを認識し，研究の実施，成果の公表にあたっては，社会に許容される適切な手段と方法を選択する。
>
> （日本学術会議，2013）

これは，科学技術を生み出す方の科学者に対しての戒め，規範である。使う側に対しての規範も，なかなか追いつかないというのが現実である。

では，続いて，(B) の「人間性の喪失」を検証しよう。「5. 人間行為の時間性の消去」とはどういうことであろうか。これは，技術進歩による時間的生産効率の向上，距離移動の高速化，情報移動の高速化が，「手仕事の時間」や「歩く速さの時間」のような人間の身体性を格段に超えてしまうことを意味する。そのことによって，先ほども述べたように，われわれの生活自体が，時間性を重視する行為を軽くみなしがちになり，ものごとを熟慮する，あるいは省察することを軽視するといったことをもたらす。人に対する，先の先まで考えた思いやりとか，本人がこれをやってよいのかいけないのか迷うこと，熟慮する時間や手間が，あまり価値を持たなくなってしまう。

「6. 技術のブラックボックス化」はどのようなことをもたらすのであろうか。科学技術のブラックボックス化がどんどん進むと，大量化や複写化で発生するのと同じ意味合いで，規格品以外への対応力が低下してくる。そのような社会の力の低下は，人々の意識の劣化も招いてしまう。人を見れば，その人は自分と同じ能力を持っている，同じ来歴を持っていると見なしがちになり，弱者や障害者，困窮者を見ると，そういった人たちの多様性を尊重しながら，社会として護っていこうとするどころか，これは規格品ではない，社会的欠陥部品であるという見方をするようになってしまいがちになる。実際に，そういう事件は数々起きている。

しかも，ブラックボックス化すると，物事がモジュールからできあがっていることになってしまう。ここでいうモジュールとは，いくつかの部品的機能を集めた交換可能な構成部分という意味で，制御基盤などがそれにあたる。例えば，車が故障してメーカーに持っていったとする。ディーラーの修理担当は，「あるところが壊れているので，部品交換ですね，3日お待ちください」と言って，壊れたモジュールと新しいモジュールを交換して，古いものは捨てられる。このときのポイントは，実際のところ，そのモジュールの中のどの部品が悪いのかは，メーカー側や修理担当にとってはさほど重要ではない。たった1本だけ断線しているのかもしれないし，何かのねじが緩んで接触不良を起こしているだけかもしれない。しかし，その故障の原因を切り分ける手間をかけずに，そのモジュール全部を捨ててしまうのである。したがって，故障に対する

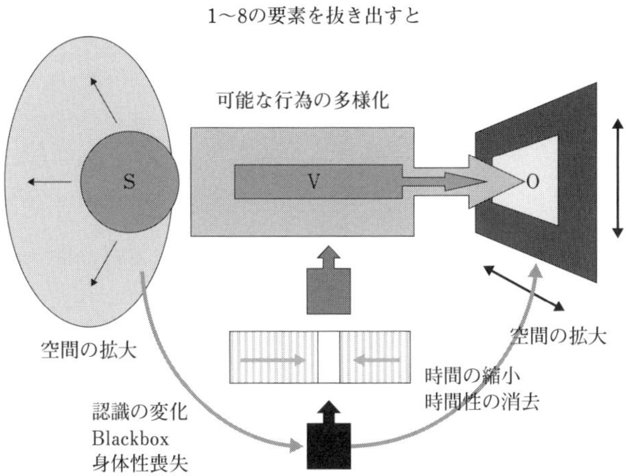


**図 8-8　科学技術進展の要素を抜き出すと（筆者作成）**

フィードバックも欠如し，壊れていない部分ごと廃棄され，無駄を重ねていくことになる。

「7. 技術の身体性の喪失」では，技術が身体の延長上にあるという身体類似性を失っていく。したがって技術によって社会が非人間化してくるという弊害が予想される。ドローン爆撃機をアメリカ国内の空軍基地のオペレーションルームで操作している状況を想像してほしい。その1時間，2時間前には，自宅でのいつもの朝の家族との食事や，愛車での出勤風景がある。同僚にジョークを飛ばしながら基地に入構し，コーヒーを片手にエアコンの効いた部屋で「コックピット」に座って，目の前のモニターに映し出される「現地の映像」に向かうのである。そこに，人間の身体性はあるだろうか。そこにあるのは，技術に対する把握感の欠如，技術に対する直接的責任意識の喪失，技術社会の非人間性化である。

そして，「8. 反応重視型人間の増加」である。反応重視型人間が増加し，自分で物事を一生懸命に考えて自己決定するより前に，刺激に対していかに速く対応するかが，より価値を持つようになる。それによって，まるでゲームのように戦場での殺人行為の閾値がどんどん下がってくる。戦争放棄などは時代遅れな行為規範にすぎなくなり，戦場で自分が引き金を引くかどうかについて，それがよいことなのか悪いことなのか規範性を問うよりも，敵が来たら撃てという反射能力が問われる。そういう反応重視型の人間をどんどん産み出してしまう。

これらの要素を抜き出すと図8-8のようになる。科学技術が社会に影響を与え，そのエッセンスを取り入れたのが，言うまでもなく軍事技術であると言えるだろう。

### 【反応重視型人間の戦争への応用】

行為規範が追いつく前にすでに身近に生じている現象例として，科学技術の発達によって，以下のような反応重視型人間が増加していることがわかる。

- 結果を熟慮せずに反応の速さを目的とする。
- 失敗したら即座にゲームのように選択肢を替える。失敗がもたらす影響を考えない。
- 単純でわかりやすいことしか受け入れない。
- 論理よりもイメージが先行する。
- 反復学習効果に疑問を抱かない。

何かに似ていないだろうか。例えば，ナチス時代に叫ばれたスローガンを考えるとわかるだろう。これは非常に危ないことである。

実際のところ，この反応重視型人間は，戦争に見事に応用された。第2次世界大戦のとき，大量の帰還兵を対象に，「敵に対して至近距離にあって，自分あるいは仲間が生命の危険に陥ったときに，あなたは銃の引き金を引いたか」というインタビュー調査が行われた。デーヴ・グロスマン（Dave Grossman, 1956–現在）の記述を手掛かりに，これがどのように利用されたのかを知っておこう。

> 先に述べたように，同類である人間を殺すことには大きな抵抗感がある。第2次大戦中，75から80パーセントのライフル銃手は，敵にまともに銃を向けようとしなかった。自分や仲間の生命を救うためであってもだ。そ

れ以前の戦争でも非発砲率は似たようなものだった。それが，ベトナムでは5パーセント近くにまで下がっているのだ。

（グロスマン，2004，388頁）

そのアンケートに対して，至近距離なので撃てば間違いなく敵を倒すことができるにもかかわらず，驚くべきことに75〜80パーセントの人は「撃てなかった」と回答した。その結果にアメリカ陸軍は驚き，反応重視型人間を作り上げていくようになる。この本の著者であるグロスマンは，ウェストポイント（陸軍士官学校）の教授をやっていた人で，心理学だけではなく，落下傘部隊などの実戦の資格を持っている。こうした訓練の成果が上がって，ベトナム戦争では，銃の引き金を引けなかった人の割合を5パーセントまで下げることが可能となったのである。

第2次大戦以降，現代戦に新たな時代が静かに幕を開けた。心理戦の時代――敵ではなく，自国の軍隊に対する心理戦である。プロパガンダを初めとして，いささか原始的な心理操作の道具は昔から戦争にはつきものだった。しかし，今世紀後半の心理学は，科学技術の進歩に劣らぬ絶大な影響を戦場にもたらした。

S・L・A・マーシャルは朝鮮戦争にも派遣され，第2次大戦のときと同種の調査を行った。その結果，（先の調査結果をふまえて導入された，新しい訓練法のおかげで）歩兵の55パーセントが発砲していたことがわかった。しかも，周辺部防衛の危機に際してはほぼ全員が発砲していたのである。訓練技術はその後さらに磨きをかけられ，ベトナム戦争での発砲率は90から95パーセントにも上ったと言われている。この驚くべき殺傷率の上昇をもたらしたのは，脱感作，条件づけ，否認防衛機制の三方法の組み合わせだった。

（グロスマン，2004，390頁）

グロスマンに言わせれば，兵士たちに，いわゆる「パブロフの犬」の訓練をすればよいというのである。つまり，条件反射で人を撃つように軍人たちを仕立てていく。かつて，第2次世界大戦の訓練は，戦場の草地に伏せて丸い標的に撃ち込むといったやり方をしていた。それを，人間に近い形をした標的を用意して，命中すると倒れるようにしたり，風船を中に入れておき，当たると血のような赤い液体が噴き出るようにしたり，あるいは，標的をロープで引っ張って空を飛ぶようにして，それを見たらすぐに撃てと条件反射を植え付ける。そして，成功した人には，1級や2級のライフル銃手にしたり，休暇日数を増やしたりといった報酬を与える。そうすると，軍人たちは，その成功だけを目指すようになり，人を殺すか否かということはブラックボックス化していく。こうした訓練によって，ベトナム戦争では，銃の引き金を引けなかった人たちの割合が5パーセントという低い数値まで下がったのである。

**【身近な現象例】**

科学技術あるいは知識をすべて応用していったということが，軍事技術発展の背景にあった。これらが私たちの日々の生活にも浸透し，行動を変化させている点について，もう少し身近な例を挙げて考えてみよう。例えば，あらゆるものの識別を機械が行う。複製文化によって記録の希少性が喪失された。自分のIDカードをなくしても，どこかのコンピューターに入力してあるから再発行が可能だと深層意識のどこかで思っていて，物を大事にしない。この世にたった1つしかない貴重なものである，それを所有しているという意識，緊張感を人間が持てなくなっている。

私も入試監督官として30年間ずっと言わされ続けてきたのだが，「受験票は，合格したときには入学証明書や学生証と交換する，非常に大切なものなので，試験の休憩時間に席を離れる際も必ず持って行くように」と注意する。しかし，それにもかかわらず，休み時間になって見てみると，思ったより多くの受験生が受験票を机の上に置いたまま席を離れる。これは大切なものだという認識が持てないことを示す良い例だろう。複製文化は，このような心の変化にも手を貸していく。

それから，科学技術の発達は，目的を転倒させる。他者ばかりでなく自己の存在軽視へ手を貸す。例えば，大学とは，知識や知性を習得する場であるが，目的がどこかで転倒してしまい，良い成績や単位を取ることが目的になってしまっている。これほど存在が軽くなることはない。知識や知性を磨くために入学したのに，途中のプロセスがブラックボックスに入ってしまい，とにかく卒業証書を手にすればよいと，本来の目的よりも形式的要素を重視する。学生によく見られることだが，とにかく異様なまでに出席に執着し，たとえアンフェアな手段を用いてでも提出物にこだわり，誰かに書いてもらってでも出席を満たそうとする。自分自身が知識を習得しなければ何の意味もないのに，形式的なものに目的が転倒してしまっている。こういうことを考える上で，『今道友信わが哲学を語る』（今道，佐藤・池田編，2010），特に第3章を読んでみてほしい。

## 【暫定的な回答】

科学技術が発展してきて，それを軍事技術がとりいれたために，戦争はどのように変化したのだろうか。まず，自分が相手を殺す，あるいは相手が自分を殺すといった殺傷の感覚が薄れる。つまり何か道具が殺傷しているような感覚にとらわれる。そして，科学技術の最先端は，摘み取るような形で軍事技術に転嫁されるので，国家予算にも莫大な資金がかかり，一方では，利益を生む。それから，新しく作られた技術の実験場が必要になる。旧ソ連時代，アメリカの東海岸の主要都市を攻撃する実験を，自国の領土内で行っていたという事実がある。兵器は，シミュレーションだけではなく，生の実験をしてみないと，期待しているとおりの効果が実際にあるかどうか，確実にはわからない。実験場が必要になるということは，何を意味するのだろうか。実は，米ソが直接対決するのではなく，第三世界で戦争が行われた，いわゆる「代理戦争」では，両国ともに新兵器を次々に投入し，実際に戦場での効果を試していた。こうして，戦争が増えていったのである。

# 第3部

# 戦争を防ぐ仕組み

# 第9講
# 勢力均衡政策

ここまでは，戦争の歴史や現状，戦争自体について焦点を合わせて述べてきた。この講からは角度を変えて，戦争を防ぐことに関して，世界では歴史的にどのような努力がなされてきたか，あるいは，どのような仕組みがあったのかについて述べようと思う。初めに，軍備管理・軍縮の方法論とは何かを考察してみよう。そして，武力を背景にした勢力均衡政策の利点と欠点について，モデルを使いながら理解を進めよう。

**【軍備管理（arms control）】**

なぜ軍備があるかということの本質は，戦略的には抑止と防衛とに分かれる。まず，戦争が起こらないように抑止する。そして，これが破れて初めて防衛が機能する。現代では，国連憲章をはじめ，さまざまな国際法の中で，攻撃用兵器はすべて禁止されている。世界的なコンセンサスとして，兵器は防衛のために持つものであるとの認識がある。したがって，兵器はすべて防衛機能をもって配備され抑止が破れたときに使うという建前となる。

ところが，戦術的にそれを見ると，防衛のための装備という名目ではあるが，殺傷と破壊が目的化する。つまり，いかに効率よく正確に敵を殺傷して，想定通りにものを破壊するかに焦点が合わされている。そして，これは付け足しになるかもしれないが，『平和学入門1』第12講「経済関連指標と世界の現実」の冒頭で「生産，消費，廃棄の3つのプロセス」について図を用いて説明したように，経済的な観点からこの軍備を見ると，完璧な消費活動以外の何ものでもないことがわかる。もし，この地球上の資源が無限で，環境が壊されてもそれが復元可能であるということになれば，軍備ほど効率的な経済活動は他にない。すべて戦争によって消費するか，あるいは軍縮や新式装備の登場によって役に立たなくなった旧式装備を廃棄するかにかかっているわけなので，経済的には完璧な消費であると言える。皮肉な言い方をすれば，経済にとってこんなにうれしいものはないという考え方もできるかと思う。

**【軍備縮小（disarmament）】**

現代において，軍備は戦争の必要条件である。例えば，核兵器がなければ核戦争は戦えない。核兵器を持っていないのに，核戦争をやるぞ，やるぞと言っても，全く意味がない。つまり，必要条件を欠いていることになる。核兵器を持っているという必要条件に，それを開始する意志という十分条件が加わると，核戦争が開始される。同様に，戦車がないのに戦車戦は成立しない。戦闘員がいないのに戦闘はできない。したがって，軍備は戦争の必要条件であると考えてみようという提案である。

そこで，軍備を撤廃すれば，戦闘用に訓練された人員による兵器を駆使した戦争はありえない。すなわち，軍備がなければ戦争はありえないとの論理的な帰結になる。争いがあるから社会が発展する，よりよくなるという考え方もできる。ところが，その争いに物理的な暴力が伴う，そこから犠牲者が出る，したがって，戦争は避けるだけ避けた方がよいという結論が導かれるわけである。

## 【軍備管理と軍縮との相違】

皆さん，よく軍縮という言葉を普通に使われると思うが，実は，軍備管理と軍縮は違うものである。軍縮は“disarmament”で，“armament（軍備）”を否定形の接頭辞 dis で修飾している。つまり，現状の軍備を減少させて，最終的には，分野別であれ，兵器の種類別であれ，兵員数であれ，すべて軍備撤廃を目指すことが軍縮である。

例えば，一国単独で軍縮を行った事例として，中華人民共和国の例がある。数百万人いた人民解放軍を，周恩来の時に 300 万人にまで削減したことがある。この背景を探っていくと，それほどたくさんの軍人を養い切れないなど，いろいろなことがわかるが，理由はどうあれ中華人民共和国が軍人を減らしたことは事実である。また，2 国間の事例として，中距離核戦力（Intermediate-range Nuclear Forces: INF）全廃条約がある。これは，冷戦時代の 1987 年に当時のソ連とアメリカが交わした条約で，これにより実際に中距離の核戦力の廃棄を始めた。多国間の事例としては，国連の軍縮特別総会が 2 度にわたって開催されたことが挙げられる。その中でさまざまなことが話し合われたが，結果としてそれほど特筆するべきことは出てこなかった。ただ，世界中の意志が戦争はもちろんなくなった方がよい，そのためには軍備を撤廃した方がよいという方向にコンセンサスが取れたということで価値がある。もちろん，事例はこれだけではない。

2 国間以上の取り決めによって，軍備を一定の量に固定して維持することを「軍備管理」という。相手の懐にまで手を突っ込んで，「これ以上，装備を持つなよ」ということをやるという意味では，1 つ進んでいる形になる。ただし，これは，軍縮を目指しているわけではなく，一定の量に固定することが大事であって，その結果は軍縮の場合もあり，現状維持の場合もあり，そしてまた軍備拡張の場合もある。歴史的に見れば，第 1 次世界大戦後に海軍軍縮会議とか軍縮条約とかが結ばれてきたが，ワシントン海軍軍縮会議も英語では

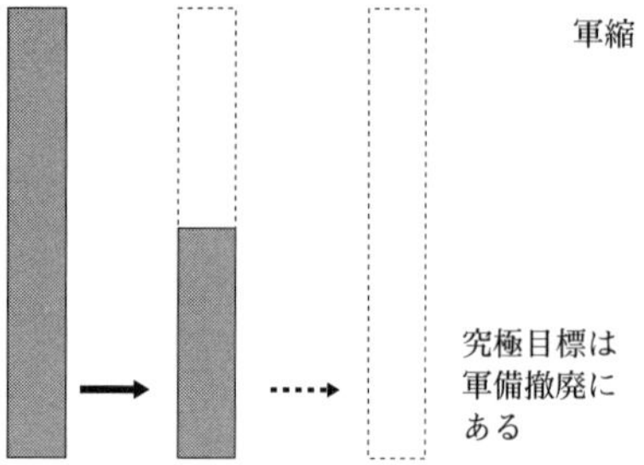


図 9-1　軍縮と軍備管理との相違 1（筆者作成）

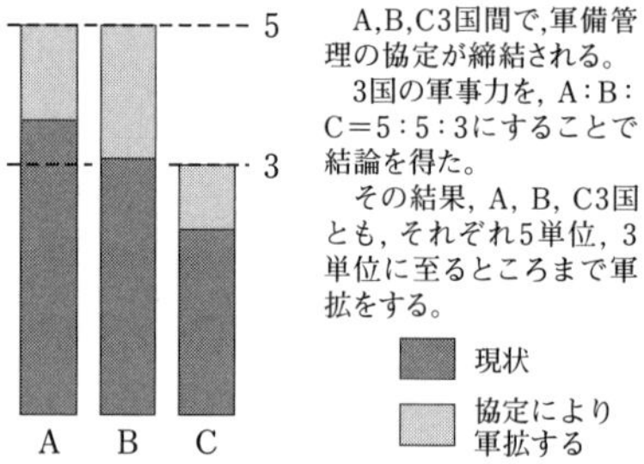


図 9-2　軍縮と軍備管理との相違 2（筆者作成）

“Conference on the Limitation of Armament” であり，Limitation は本来，「軍縮」ではなく「制限」と訳されるべきであった。したがってその実体は軍備管理であり，多くは軍備拡張であった。第 2 次世界大戦後，冷戦終焉を経て，ようやく事実上の軍縮である軍備管理が核兵器などの分野で行われている。皆さんが世界史で習ってきたような「○○軍縮条約」とはおおむね，その結果は軍拡だったと理解してほしい。

図 9-1 は，元々の軍備を半減していこうとして，最後には全面撤廃に至るということを図示したものである。これが軍縮の考え方で，その究極目標は軍備撤廃にある。

ところが，軍備管理とはこれと違って，例えば，ここに A，B，C という国がある。現状で海軍の軍艦を濃いグレー分だけ持っていると仮定する（図 9-2）。そして，A 対 B 対 C の割合を 5 対 5 対 3 にするとして，軍縮会議（既述のように本来的には軍備制限会議と訳すべきもの）と呼ばれるもので結論を得ることに

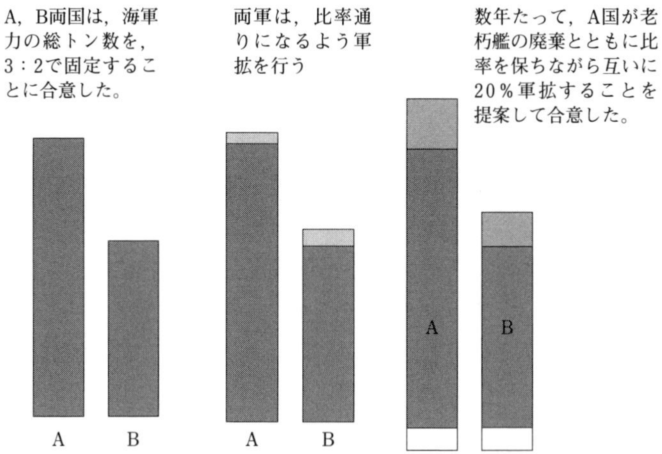


**図 9-3　軍縮と軍備管理との相違 3（筆者作成）**

なる。最終的に 5 対 5 対 3 にしなければならないというように，協定によって軍備管理が行われた。実際には，この薄いグレーで書かれた部分の軍拡を行うことによって，5 対 5 対 3 という比率をとにかく保つ，そのような管理を実施してきた。そこで軍備管理という呼び方をしたわけである。

もう 1 つの見方がある（図 9-3）。2 つの国が，それぞれの戦艦の総トン数を 3 対 2 の比率で固定することに合意したとする。そして，その比率どおりになるように軍拡を行う。ところが，何年かすると，合意したときの軍艦が老朽化し，廃棄しなければならなくなり，3 対 2 という比率に狂いが生じてくる。そこで，その 2 カ国はどうするだろうか。まず，図 9-3 にあるように，下の方に出た白い部分の軍艦を，これは今まで持っていたけれど，もう使わないとして廃棄する。そして，その減らした分だけ，また多くの場合はそれ以上という形で，軍備を拡張して，互いの比率は保たれた状態にする（上部の薄いグレーの部分）。これが軍備管理である。何度も繰り返すが，軍縮の場合には，最終的には全部これをなくすことを目的とする。ところが，軍備管理の場合はそうではない。

第 8 講で世界の核兵器備蓄を概観したように，多いときには 7 万個ぐらいの核弾頭が世界中にはあった。アメリカ合衆国の核弾頭数を途中で旧ソ連が追い抜いていた図8–2を思い出していただけただろうか。そして，一番下を這うように，イギリス，フランス，中国の核弾頭の数が書き込まれていた。これらは，アメリカ・ソ連の両国に比べれば取るに足らない量で，グラフ上にあるかないかわからないほどで，単位についても2桁ぐらい違った。

後述することに関連するが，1950年代に，「捏造された緊張関係」がアメリカで起きる。ソ連が人工衛星を飛ばしたことなどに基づいて，偽の報告書が書かれたのである。ソ連は大陸間弾道ミサイルを何発も保有している，したがって，わが国も持たなければ，ミサイルギャップが生じて大変不利な立場に追い込まれるというように，アメリカの議会では偽の報告書に基づいて熱心に議論された。それによってアメリカは急激に，1950年代に核弾頭数を増やしていく。ところが，事実はこれとは異なり，ソ連の核弾頭数はそれほど多くなかった。そのことは，図8–2のグラフを見ればわかる。それが明らかになったころにやっと，ソ連がアメリカに数で追いついた。これが実態であった。そして，「ヤルタからマルタへ」という形で冷戦に終止符が打たれると，ソ連の解体を見るが，そこから旧ソ連が保有する核弾頭数はどんどん減っていく。同時に，INF全廃条約などが結ばれて，幸いなことに両陣営とも核弾頭数を減らした。実際に，軍備管理や軍縮を核兵器の場合にあてはめてみると，このようなことがわかる。しかし，まだまだ世界中には数万発の核弾頭があることを，忘れてはならない。

**【現状のまとめ】**

それでは，戦争を防ぐことを考察するにあたって，世界の状況をまとめてみよう。

- 2010年代になって若干増えてはいるが，戦争（武力紛争）の数は減る傾向にある。
- 核兵器の絶対数は減りつつある。
- 軍事費は世界全体で増えている。
- 兵器は，科学技術の粋を集めて「発達」している。よく，科学技術が進歩するのは戦争のおかげであると勘違いする人がいるが，これは誤った命題であるので注意しなければならない。軍事技術が科学技術の粋を集めて発達しているというのが真実である（インターネットも，実は軍事用に作られたものだという，まことしやかな「神話」が成り立っているが，実際にきちんと調べてみると間違いだとわかる）。

- 戦場の無差別化が進んでいる。
- さらに，兵員の無差別化が進んでいる。
- そして，これまでなかった傾向として，非対称的な戦闘が増えている。例えば，アメリカ軍が無人爆撃機を飛ばして爆撃を行うと，アメリカの方は人的な損害が全くない。逆に，爆弾を落とされた方は，一方的にやられるだけである。これは無差別殺戮に等しい。
- 同時に，戦争の歴史的な変遷を述べたところで話したように，権力の帰趨をめぐる紛争は，相変わらず増えている。
- 最後に，紛争の対処方法も変化しつつある。これまでになかったような対処の方法が生じている。

これらのことをまとめてみると，まず，紛争のアクターが多様化していることがわかる。そして，紛争の領域，すなわち，何について争うのかという争点，どこで戦うのかという現場，何を対象に狙うのかという対象が拡大していることがわかる。そして，最後に見たように，紛争の処理方法が多様化している。この3点にまとめられるだろう。

### 【システムとして戦争を防ぐ：勢力均衡政策，集団安全保障政策，協調的安全保障政策】

軍縮や軍備管理で言っていることはわかったが，では，世界全体のシステムとして，戦争を防ぐためには，どのような政策が用いられてきたのか，すなわち，どのような仕組みが使われたのかについて考えてみよう。歴史上のシステムとして戦争を防ぐ試みとしては，この5点が想定されよう。

- 勢力均衡政策（balance of power）
- 集団安全保障（collective security）

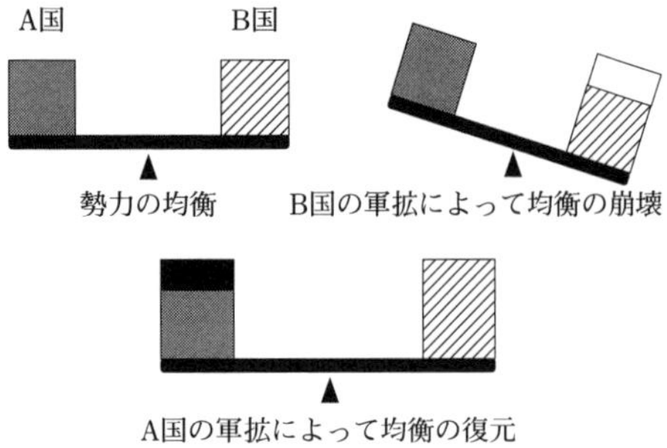


**図 9–4　軍拡における勢力均衡の原理（筆者作成）**

- 協調的安全保障（cooperative security）
- 覇権的安定（hegemonic stability）
- 世界政府（world government）

実際にこれまで試されたものは，勢力均衡政策，集団安全保障，協調的安全保障の3つである。覇権的安定については，現在のアメリカが世界の覇権を握り世界をコントロールしていると考えれば，ここに移行したように考えられなくもないが，まだまだそこまでには至っていないというのが常識的な理解である。そして，世界政府は，いまだにできていない。

## 【勢力均衡政策】

勢力均衡政策とは難しいものではない。相対立する2国家ないしは2つの同盟間の勢力を互いに等しくしておく国際システムである。その裏の意味は何かと言うと，もし勢力が等しければ，戦争を仕掛けても必ず勝つという見込みが立たないために，相対立する両者はどちらも戦争を始めない。これによって戦争のない状態が保たれるという考え方である。

この勢力均衡の原理は，実に単純である。A国の軍事力をグレーのボックス，B国の軍事力を斜線のボックスと考えてみよう（図9–4）。この2つのボックスを秤にかけたとき，均衡すれば互いに戦争を仕掛けない。したがって，これまで議論してきた，ある意味での「平和」になる。ところが，あるときB国が白の部分を軍拡したとすると，B国はなんとなくモゾモゾしてくる。なぜ

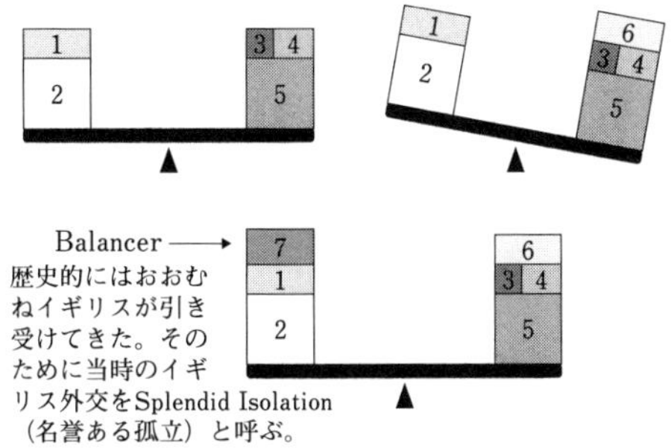


**図 9-5　同盟関係における勢力均衡の原理（筆者作成）**

かと言うと，A 国の方が軍事的に弱いから，「今がチャンスだ，戦争を始めるぞ」という考え方に偏りがちになるからである。ところが，勢力均衡政策をとっている立場上，今度は A 国の方の黒の部分，すなわち B が軍拡した白の部分に相当する部分を A も軍拡してくる。そして両方の勢力がバランスするように元の均衡に戻す。こういった原理を貫徹していく。極めて単純な考え方である。

実際の歴史では，A 国と B 国のような単純な 2 国間の勢力均衡政策の事例はあまり多くない。むしろ，同盟を組んで勢力の均衡を保つことの方が，歴史上の事実としてたくさんある。図 9-5 で説明しよう。1 と 2 の 2 つの国が同盟を組み，敵対している方は 3 と 4 と 5 の 3 つの国で同盟を組んでいる。このとき，勢力は均衡を保っている。そこに，3 カ国による同盟側に 6 の部分の軍事力を持った国家が加わったとすると，これにより，勢力均衡のバランスが崩れる。こうなると，右側の同盟は，左側の同盟に戦争を仕掛けたくなる。

例えば，すでに学んだクラウゼヴィッツの『戦争論』には，こうした機会を見逃してはいけない，すぐ戦争を仕掛けるべきであると書かれている。しかし，こうした状況を見るに見かねて，「バランスをとらなければ戦争が始まってしまう，困ったことだ」と言って，「それならば，わが国が左側の方の同盟に入って，勢力のバランスを保ってやろうではないか」という 7 の国が出てくる。このような国を「バランサー」と呼ぶ。

歴史上の事実としては，ヨーロッパ大陸の中で，このような同盟関係の合従連衡が，すったもんだしながら繰り返されてきた。大陸の外の島国であるイギリスが，第三者的な見方をしながら，バランスが崩れたときに，すっと，その均衡が取れるようにバランサーの役割をして入ってきた。このような勢力均衡が華やかであったころのイギリスの外交を，名誉ある孤立（Splendid Isolation）と呼ぶ。すなわち，イギリスは同盟に入らないが，バランスが崩れて戦争が起こりそうだとなると，それを阻止するために，おっとり刀で駆けつけるということがなされていたわけである。

**【勢力均衡下での戦争勃発】**

勢力均衡下でも，戦争は随分と起きている。では，なぜ勢力均衡下で戦争が起きるのだろうか。せっかく，こんな単純な，誰もが得するような仕組みを考え出したのに，なぜ戦争になってしまうのか疑問に思われるだろう。

1つには，勢力均衡政策をとると，ほぼ確実に軍拡競争が始まることが挙げられる。それはなぜだろうか。「勢力」という言葉は極めて曖昧であり，解釈する人によって，それが何を意味するかが異なってくる。では，まずは，軍事力であると仮定して考えてみよう。実は，そこには，これを考えるための単位が用意されていない。すなわち，勢力には，天秤にかけて計測するような単位が用意されていないのである。したがって，心理的な傾向が大きくなる。敵の軍備は過大に評価して，味方の軍備は過小評価しがちである。それから，核兵器の弾頭数で示したように「捏造された緊張」が存在する。つまるところは，どの国も味方が少し優勢なところで，勢力が均衡していると見る傾向がある。

例えば，現実に作戦のことを考える軍事担当者である参謀総長が何を考えているかを想定してみよう。今，2つの相敵対する内陸国AとBを想定する。内陸国を想定したのは，海軍などの軍備を考える必要がないからである。ここではさらに，軍備は専ら戦車が主体であると操作的に考え，戦争の勝敗を決定するのは戦車の量としよう。そして，両国とも偶然，同じ供給国から全く同型の戦車を購入している，すなわち性能に差がないと仮定する。兵士の練度，つまり訓練なども同じで，士気，つまり，やる気は同程度である。そして，長く隣国同士であったために，その文化や，どのような資源が付与されているか，あるいは，産業構造や人口構造も似通っていると仮定する。

この仮定にのっとって，A国の参謀総長が考えることは何か。現在，両国

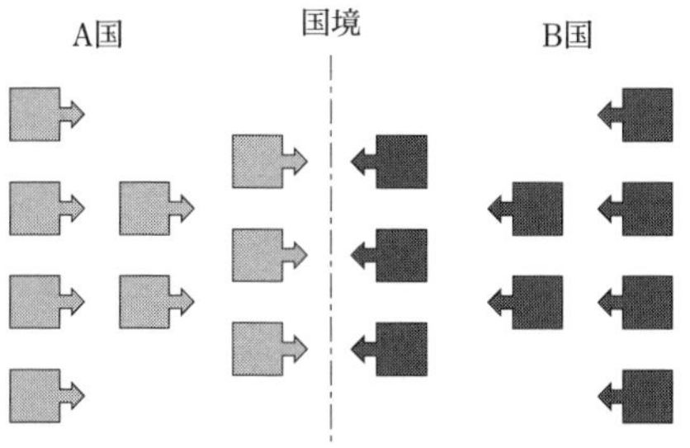


図 9-6　A 国と B 国の勢力均衡の現状（筆者作成）

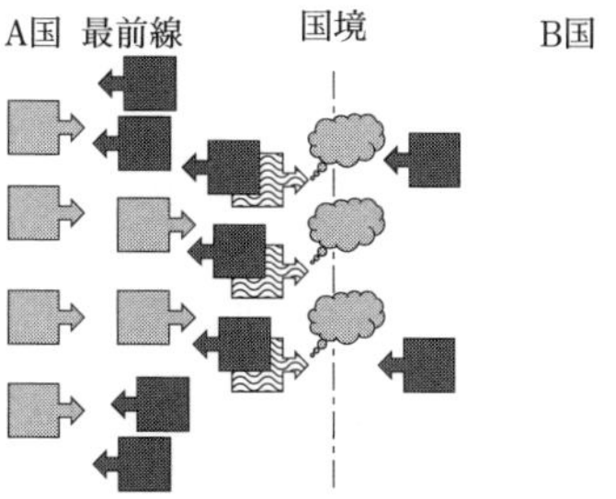


図 9-7　B 国による奇襲（筆者作成）

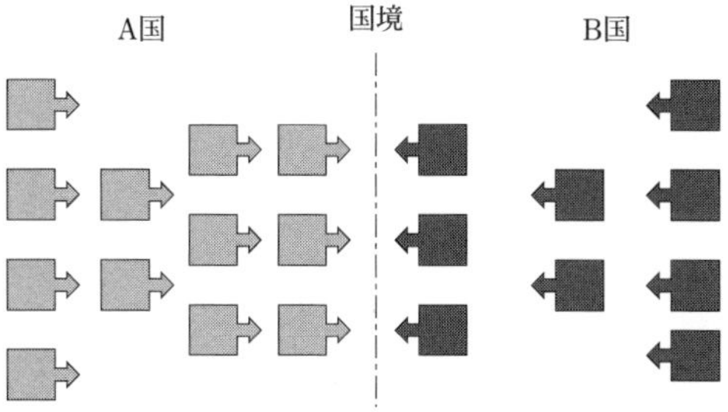


図 9-8　A 国にとっての勢力均衡（筆者作成）

ともに勢力均衡政策をとっており，戦車の数は全く同じである。したがって，この敵対関係の決着を戦争でつけるならば，奇襲攻撃をするしかない。B 国は歴史的に信用ならず，彼らは必ず奇襲戦法を採って攻撃してくるであろう。奇襲を受けると，準備が整っていない A 国の戦車は 3 分の 1 を失ってしまう。したがって，それ以後の戦闘は，勢力均衡の 3 対 3 ではなく，2 対 3 の戦いを強いられてしまうことになる。これは極めて由々しきことである。

A 国と B 国の勢力均衡の現状は，図に示すとこのような思考過程をたどることになる。まず，図 9-6 のように，同じ戦車，同じ練度で，同じ士気を持った兵士の数が同じである。もし，B 国が奇襲攻撃をかけた場合，A 国が 3 分の 1 を失う。つまり，図 9-7 のように，領土の中に踏み込まれてしまう。そのような想定をしてみると，A 国にとっての真の勢力均衡は，もし信用ならない B 国から奇襲攻撃を受けても 3 対 3，すなわち 1 対 1 の比で戦える戦力を持っていることである。すなわち，図 9-8 のように，敵よりも 3 分の 1 ほど多い数の戦車を持って初めて均衡がとれると考える。なぜなら，B国が信用ならないから，そのときに失う数を算定して均衡をとっておかなければ自国の安全が保障されないからである。そんな単純なことを軍事参謀が考えるのだろうかといぶかしく思うむきもあろうかと思うが，ここでは，操作的にそのように仮定しよう。

では，反対のB国の参謀総長はどのように考えるのだろうか。実は，A国の参謀総長が考えることと全く同じことを，立場を変えて考えている。したがって，両国にとっての勢力均衡は，3割3分，自分たちの方が多い形である。両国は，自分たちの方が少しでも多く，少しでも多くと，このような思考過程を経て，限りない軍拡競争へ踏み出すことになる。そのことは，われわれの周辺を見てもはっきりしているだろう。敵が増やしたのならば，こちらも増やす，ということをずっとやってきたわけである。

これに目をつけたのが，『平和学入門1』第5講で紹介したリチャードソンである。この人が，これを歴史的な事例に当てはめて，有名な軍拡競争のリチャードソンの方程式（Richardson Formula）を生み出した。少し重複するが復習をしてみよう。

$$\frac{dx}{dt}=ky-\alpha x+g$$
$$\frac{dy}{dt}=\ell x-\beta y+h$$

これがリチャードソン方程式と呼ばれるものである。仮にA国とB国が軍事的に対峙しているとすると，以下のように解釈することができる。

この中で，$k$と$l$は防衛係数といい，自国が相手国の軍事費に対して抱く不安の程度を示す。$\alpha$と$\beta$は疲労係数あるいは飢餓係数と呼ばれ，もし自国がどんどん軍事費を使って軍備を増やしていったら，国内の経済の他の部分はどうなるのかという不満や，経済的な負担をどのくらい感じるのかを示す。そして$g$と$h$は，不平係数あるいは苦情係数といって，相手国の軍事費の動きに関係なく，A国にとってB国が憎いというような感情を示す係数である。したがって，どんなに相手が軍縮したとしてもなくならない軍備を示す。この方程式で，ある時点での軍事費の動きを計ってみることが可能になるのである。

**表 9-1　リチャードソン方程式の係数などの説明（筆者作成）**

軍事費
$x$：A 国の軍事費
$y$：B 国の軍事費

防衛係数：相手国の軍事費に不安を抱く程度を示す係数。相手国の軍事費が大きく，防衛係数が大きいほど軍事費は膨張する。
$k$：A 国の B 国に対する不安を表す係数
$\ell$：B 国の A 国に対する不安を表す係数

疲労係数（飢餓係数）：自国の軍事費に対して国内の経済的不満や負担を感じる程度。
$\alpha$：A 国の自国軍事予算に対する疲労度を表す係数
$\beta$：B 国の自国軍事予算に対する疲労度を表す係数

不平係数（苦情係数）：相手国の軍事費に関係なく抱く敵意や憎悪。したがって相手が軍縮したとしてもなくならない軍備。
$g$：A 国国民の B 国への敵対心を表す要因
$h$：B 国国民の B 国への敵対心表す要因

もう 1 人，同じようなことに着目した人がいる。経済学者のケネス・ボールディング（Kenneth E. Boulding, 1919–1993）で，彼の仮説は相互作用モデルと呼ばれる。領土を一直線上に 2 次元で示して，1 国の軍事的中心は，それぞれ 1 つだけあるとする。軍事力は，軍事的中心から離れるにしたがって逓減，つまり比例して減っていく。そして，国境で均衡を保つ。このような仮説を立てた。これも『平和学入門 1』第 5 講で紹介した部分を復習しつつ，それに加えて，私の考えたことを展開してみたい。

図 9-9 で，下の方に走っている直線が，領土を 2 次元に限定して示している。その直線の下に△で，A 国の軍事的中心と，B 国の軍事的中心が示されている。これは限定条件の 1 つで，1 カ国に 1 つだけと仮定した軍事基地である。そこから垂直に伸びる太い縦の棒は，A 国の軍事力，B 国の軍事力である。このように基地の上にある軍事力は計測可能だという前提に立つ。その先から細い線がだんだん遠くに行くと下がるように描かれている。これは，軍事力は，軍事的中心から離れるにしたがって逓減するという限定条件を表している。そして，A と B の両方から逓減してきた軍事力がクロスするところに，A・B 両国の軍事的均衡点（国境）がある。これが隣り合った国同士は，国境で均衡

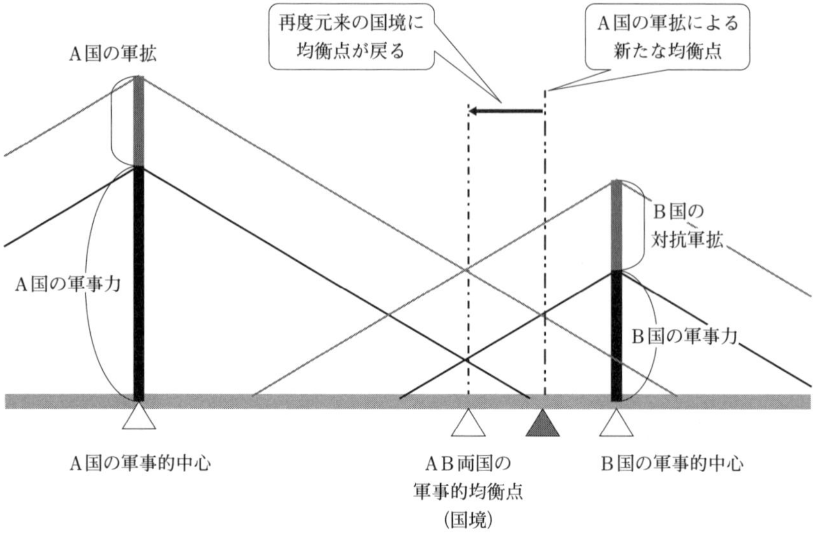


**図 9-9　ボールディングの相互作用モデル（筆者作成）**

を保つことが常であるということを図示している。「A国の軍拡」と図中で示された部分が，これだけ軍事力が増したということを示している。ここから細い線がどんどん降りてきて，黒い線とクロスするところ，グレーの三角印で指しているところは，B国の国境を越えてかなりB国の中まで入ってしまうことを示している。そうすると，A国の軍拡による新たな均衡点，つまり，B国の領土の中に入ったところで軍事力が均衡して，B国はこの部分をA国に領土を侵略されているような形になってしまう。これではいけないと，B国もやはり同じようにA国をまねて軍事力を拡張する。右の太いグレーの線で描かれている部分が，A国に対応してB国が軍備を拡張したことを示す。そうすると，この軍事力は中心を離れるに従って逓減して，再び元来の国境に均衡点が戻ることを示す。

このようにして，ボールディングは，隣り合った国が軍拡競争を行っていくという説明をした。これは，簡単な数式に定式化することが可能になる。軍事費や防衛力を計量化して式に当てはめていって，実際に隣り合う国同士の軍拡競争を計算していくことが可能である。誰でも思いつくような単純な発想でで

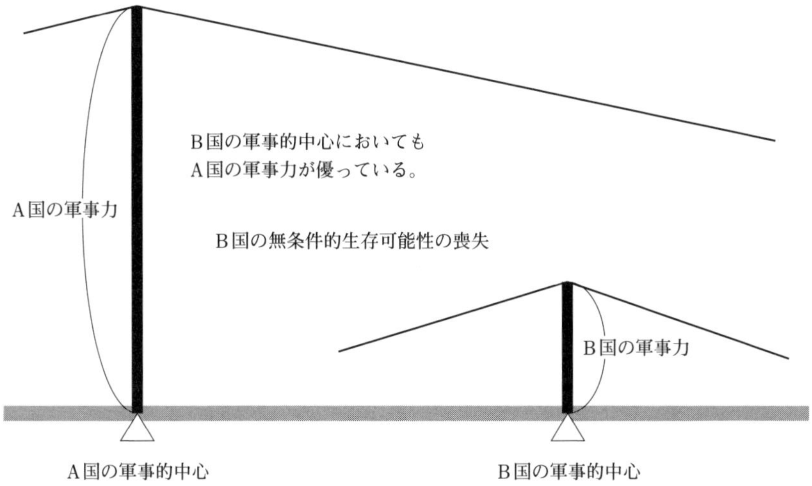


**図 9–10　ボールディングの相互作用モデルを用いた推論 1（筆者作成）**

きている軍拡の相互作用を表したモデルであると言える。

ここからは，ボールディングのモデルを使って，その後の世界がどうなるかを私が考えた部分である（図 9–10）。現状をよく考えてみればわかるが，巨大な A 国の軍事力は，軍事的中心から逓減していっても，実は，B 国の軍事力をすっぽり覆いかぶせてしまうほど大きなものがある。そうすると，B 国は，生存可能性を持たない。すなわち，無条件でこの世の中で生存していく可能性は喪失される。なぜならば，均衡点がないからである。

図 9–11 は，ミサイルの精度が非常に向上して，地球上あまねく軍事力が覆いかぶさっていて逓減しない。直線になってしまっている。対立する A・B 両国とも，相互確証破壊（mutual assured destruction: MAD）と称される軍事的段階にあって，その差はほとんどない。両国とも軍事的中心を破壊しうる，あるいは相手に破壊される状態にある。両国とも，とてつもない軍事力を持ってはいるが，実は両国とも無条件的生存可能性は喪失している状態にある。A がやる気になれば B はいつでも倒せる。B がやる気になればいつでも A は倒せる。

その他の小さな国々はどうだろうか。図 9–12 のように，全部すっぽりとその下に入ってしまい，無条件的生存可能性を持たない。米ソ冷戦という，果て

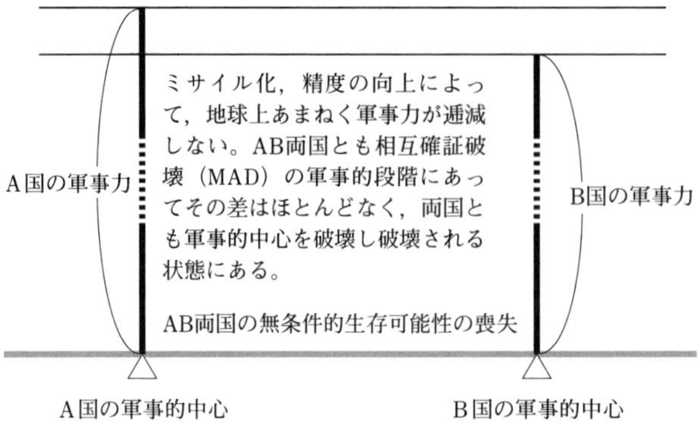


**図9–11　ボールディングの相互作用モデルを用いた推論2（筆者作成）**

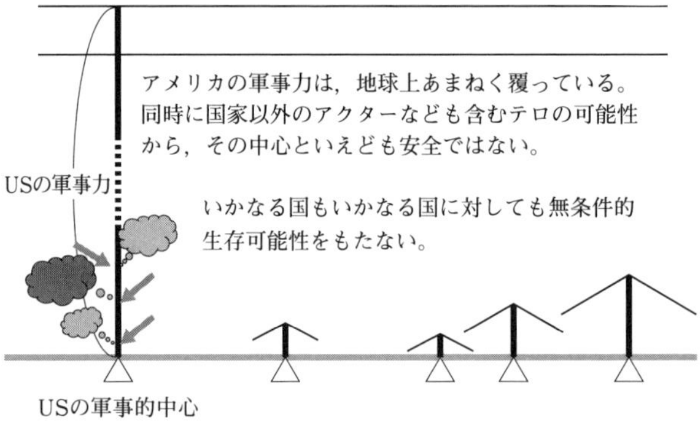


**図9–12　ボールディングの相互作用モデルを用いた推論3（筆者作成）**

しのない核軍拡競争によって勢力均衡を目指したわけであるが，その結果，世界はどのような国といえども無条件的生存可能性を失ってしまった。

さらに，2001年に起きた9.11事件を考えてみよう。アメリカの軍事力は，ミサイル化された核兵器によって，世界中，地球上をあまねく覆い尽くしている。ところが，非国家アクターなども含む国際的アクターが，アメリカの軍事的中心をテロという形で襲ってきても，それを抑えることができない。こうなってくると，アメリカと言えども例外ではなく，いかなる国も無条件的生存可能性を持てないことになる。

その意味では，もはや兵器は不要である。なぜなら，9.11事件で，航空機を武器に転用すれば世界を恐怖に陥れることが可能であると証明されたからである。軍事目標も標的にする必要すらない。なぜなら，市民やビジネスパーソンが生活したり働いたりしている場所・建物を襲えばよいからである。あのテロで示されたことは，「すべての対象を守る」，あるいは「すべての兵器と，武器たりうるものを回収すること」は，もはや不可能であるということである。

米ソは冷戦という，果てしのない核軍拡競争によって，勢力均衡を目指した。その結果，世界は，どのような国といえども，無条件的生存可能性を失ってしまった。しかも，その軍事大国に対して全く種類の違うテロ攻撃が仕掛けられて，成功してしまった。したがって，その大国の中心といえども安全ではなくなってしまった。軍事力を重ねれば重ねるほど，軍事力を持てば持つほど，非安全になっていくパラドックスを抱え込んでしまったのが，現代の世界である。アメリカの現在の最大の関心事は，どうしたら，こうしたテロから自国のすべての核兵器を守ることができるのかであろう。これまで，核兵器は，力が逓減しない兵器としてアメリカを守ってきた。ところが今度は，アメリカは核兵器を守らなければならない。非常に皮肉な形になってきてしまっているのが現状である。

これはボールディングが言ったことではなく，ボールディングのモデルをそのまま今の形に当てはめるとこうなるだろうという私の推論にすぎない。しかし，1つのモデルとして通用するだろう。そうすると，どんなに大きな軍事力を持った国であっても，軍事力で自分の国を守ることはできないという状態が，現在の真実であると言えるだろう。

### 【ハーツ＝ボールディング・シェーマ】

ボールディングが「主権国家の無条件的生存可能性の喪失」について，モデルを使って説明したのとちょうど同じころ，ジョン・ハーツ（John H. Herz, 1908-2005）が同じようなことを「主権国家の不浸透性の崩壊」であると言い表している。これは，ほとんど同じことを違う言葉で表現したものであると言えよう。主権国家とは元来，国境を越えて入ってこられることはない不浸透性を持っている。しかし，今では，いくらでも上空から敵が入ってくる。世界中にある約200の主権国家すべてで，その不浸透性は崩壊しているとハーツは述べた。

国際関係論分野では，このことを高柳先男がハーツ＝ボールディング・シェーマ（Herz-Boulding Schema）として整理している（高柳，1968）。現代にあって，無条件で生存可能な国家は１つもない。では，何によって存在しているかと言うと，敵対者が攻撃しないという善意に頼る以外にない。「やろうと思えばやれるけど，あえてやらないぞ」という善意である。やれば自分もやられるというわけである。敵対者の善意に頼る以外に，無条件で生存可能な国家は世界のどこにもない。敵の善意によって守られているという皮肉な結果が，現代の世界では常態化している。現代にあって，軍事力で自国を守れる国家は１つもない。したがって，軍事力以外の分野の強化が必要になるのである。

**【自動的軍拡】**

今まで見てきた軍拡のモデルは，リチャードソン方程式にしてもボールディングのモデルにしても，すべて相互作用のモデルであった。つまり，お互いがお互いを見ながら，A 国が軍備拡張すると，B 国もそれに合わせて軍備拡張するといった，敵の脅威との相互作用モデルであった。ところが，ドイツのディーター・ゼングハース（Dieter Senghaas, 1940–現在）は，「それは違うのではないか，むしろ国内要因で決定されて勝手に軍拡しているようである」と主張した（ゼングハース，1986）。これは，1970 年代の緊張緩和（デタント）の時期に，緊張が緩和しているにもかかわらず，米ソの軍備は増強され続けたことから生まれた理論である。相互作用の理論からいくと，緊張が緩和すれば軍備も縮小するはずなのに，米ソ両国が軍拡をどんどん続けているのはおかしいのではないかという疑問から生まれたこのモデル “Autistic Model” は，「自閉症的軍拡」と日本語では訳されている。文字の意味としては必ずしも合っているとは思わないが，相互作用ではなく自分からどんどん軍拡をしていってしまうことから名づけられたと考えられる。「自動的軍拡」がよい訳であろう。リチャードソン，ボールディング，ハーツらは，相互作用で軍備が拡張されると解き明かしたが，ゼングハースは，相互作用などは関係なく，実は，軍拡は国内要因で決定されていると考えた。彼は，敵が脅威であるということは，軍拡を正当化する議論としてのみ利用されているにすぎないと喝破したのである。

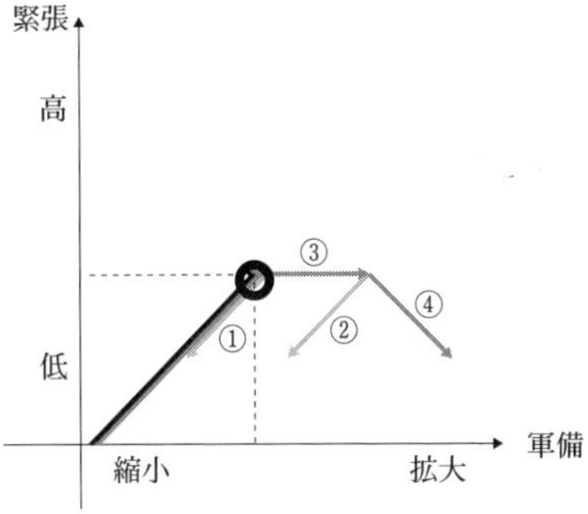


**図 9-13　緊張と軍備の実際（筆者作成）**

## 【緊張と軍備の実際】

その例として挙げたのが，緊張緩和（デタント）について，縦軸に緊張，横軸に軍備を置いた図 9-13 のグラフである。緊張が高まれば，残念ながら比例的に軍備を拡大していく。軍事の戦略家たちは，このように考える。もし，それが正しいならば，緊張が低下した場合には，この左下斜めに向かう①の矢印のように軍備を縮小してもよいことになる。ところが，歴史上実際に起きたことは，デタント期に緊張は緩和され，あるいは，ある時点で維持されたのに，③の矢印のように軍備だけは何の理由もなく拡大し続けた。そこからまたデタントになれば，②の矢印のように引き返すはずなのに，④の矢印のように歴史上の事実では，緊張が低くなっても軍備は拡大された。したがって，軍備拡張とは，相互作用，つまり緊張に比例して軍備が拡大されるのではなく，勝手に，自動的に，国内要因でどんどん拡大される，あるいは，時にはでっち上げのような形で敵の脅威をあおって予算をとって拡張する。そのような拡張にはそれなりの理由がなければならないので緊張関係をあおるということもやる。

こうした例は，世界中いろいろなところで見受けられる。例えば，あるところでゲリラの攻撃が激しいので軍事予算を増やすように軍部が要求すると，政府はそれに応じて予算を増やし，それによって利益を得る人がいる。ところが，実際に現地を確認すると，実はもう軍隊はゲリラの位置を把握していて，いつでも一網打尽にできる状態にあって，ことさら予算の増加は必要なかった。つまり，相互作用ではなく，国内要因によって自動的に軍備が拡張される。これをゼングハースは“Autistic Model”と名付けたのである。

**【軍事費の増大が継続した理由】**

では，軍事費が増大し，軍拡が継続していった理由は，どこにあったのだろうか。1つ目に，軍拡から利益を得る集団が存在したことがある。そういう人々は，「永遠の敵」とか「最悪の事態」といった言葉を使う。「もしも最悪の事態に陥ったら，こういうことになる」と喧伝し恐怖に陥れ，その結果，軍拡が必要だとの意見が多数を占めるようになる。2つ目の理由として，軍備が量から質の問題になったために，開発研究に膨大な費用がかかることが挙げられる。ドイツのウルリヒ・アルブレヒト（Ulrich Albrecht, 1941–2016）が行った経験的研究の結果，新兵器の開発には通常，既存の兵器の2倍の費用がかかることがわかっている（Albrecht, 1973）。その新規開発費をあらかじめ軍事予算に織り込んでいかなければならなかった。したがって，緊張が緩和されても軍事費が増大する一方であるといった事態が生じた。3つ目に，新兵器の開発には，リードタイムといって一定の時間がかかるために，現状とはかけ離れた時点を想定することが挙げられる。通常，実戦配備までに10年を要すると言われる。しかも，実戦配備の前に確認の実験をしなければならない。戦後，第三世界と呼ばれる国々が実験場として使われた。こうした主な3つの理由から，緊張が緩和しようが増大しようが，それにはかかわりなく米ソが軍拡を続けていった。すなわち，相互作用ではなかったということが言える。

**【軍拡競争から戦争へ】**

もし，軍拡競争が行われていった場合，戦争に至ったのはどのくらいで，至らなかったのはどのくらいなのか。あるいは，軍拡競争がなくて戦争に至ったのはどのくらいで，至らなかったのはどのくらいなのか。表9–2は，マイケル・ウォーレス（Michael D. Wallace）が1816年から1965年までの150年間の実証データをとった表である。極めてまれに起きない場合もあるが，だいたいは，勢力均衡政策をとると軍拡競争が起こる。世界システムを切り取って実証的に考察したところ，軍拡競争が起きた場合，そのうちの82パーセントが戦争に至り，戦争に至らなかったのは，たかだか18パーセントであったとい

**表 9-2　軍拡競争から戦争へ：大国間（Wallace, 1979: 15）**

1816〜1965 年　150 年間の実証データ

| | 軍拡競争 | 軍拡競争なし |
|---|---|---|
| 戦争に至った | 23（82%） | 3（4%） |
| 戦争に至らなかった | 5（18%） | 68（96%） |

う結果が導き出された。つまり，勢力均衡政策は，戦争を防ぐシステムとしては全く無能なシステムであったと言える。いまだにわが国の防衛白書でも，アメリカ軍が撤退すれば勢力の真空が生じ兵力の均衡が崩れ大変なことが起きるという言い方をされることがあるが，これは歴史的な実証に堪えない発言であると言える。他の方法論が構想されなければならないのである。

## 【勢力均衡政策検証から得られた知見】

勢力均衡政策にも，もちろん利点と欠点がある。利点としては，図 9-5 で天秤棒で示したように，原理が単純であること，わかりやすく説得力があること，したがって大衆動員力に優れていることがある。すでに述べたように，人間が熟慮する感覚を失いつつあり，スローガンに弱くなり，わかりやすいものにしか飛びつかない，わかりやすいものしか理解しない。そうすると，この勢力均衡政策は非常に具合がいい。

ところが，合理的な基準がなく，心理的な判断に頼りがちになり，結果として，軍拡競争を生ずる可能性が高く，軍拡すればするほど，軍備を持てば持つほど，かえって「非安全性」が高まるというパラドックスが生じる。さらに，勢力均衡政策をとると，小国の生存が無視されてしまう。これは，歴史的には，18 世紀のポーランドの分割の例に見ることができる。プロイセン，オーストリア，ロシアの 3 国が，蚕が葉を食べるようにポーランドを蝕んでいく。どこか 1 国がポーランドの中に領土を得たとなると，他の 2 国もポーランドの中に領土を求めなければ勢力の均衡が崩れると大真面目に論じた。どこかが取るたびにどこかも取るという分割を，3 度にわたり行った結果，1795 年，ポーランドという国が消滅した。勢力均衡政策をとった結果，小国の存在が無視された一例である。

このように，勢力均衡政策は，戦争を防ぐ手段としては有効ではなかったわけである。これに替わる政策が構想されなければ，世界の平和は保てない。いまだに勢力均衡政策を堂々と発言してまかり通っている地域は，この地球上で少なくなってきているのが事実である。

# 第10講
# 集団安全保障と協調的安全保障

前講で，勢力均衡論というシステムが，平和を保つシステムとしてはあまり信頼できないという議論をした。今回は，この勢力均衡論の弱点を抜け出すために，どのような方策が考えられるかについて述べたい。それは集団安全保障と協調的安全保障の仕組みである。集団安全保障は，集団的自衛権とは異なり，国際社会全体を前提とする１つの国際機構を設置したり，あるいは，明示的な文章で書かれた条約等を締結したりすることを通じて，武力行使を抑止するために諸国が共同で相互に安全を保障する考え方である。協調的安全保障は，力によってではなく，信頼醸成措置を積み重ねることによって，安全を保障していく。現時点では究極の安全保障体制と言って差し支えないだろう。何かの形で信頼が増すような行為を，敵対し合っていてもやりあう。そうすると，仲良くする気はないけれども，あの国は武力の面では信用できるという形で安全が保たれるのである。

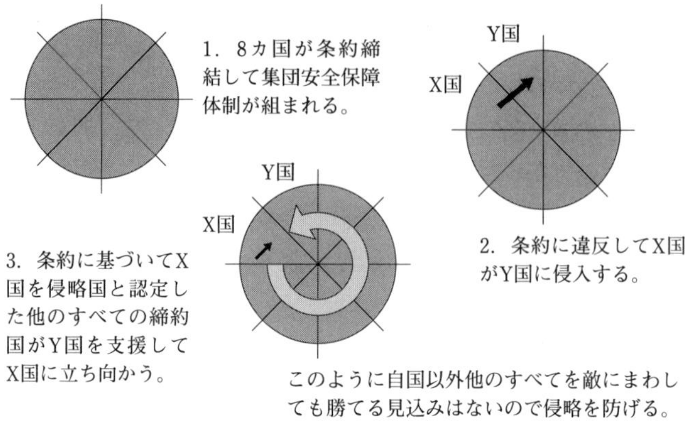


**図 10–1　集団安全保障政策の基本原理（筆者作成）**

## 【集団安全保障の一般的原理】

勢力均衡論からその欠点を取り除くために考えられたのは，集団安全保障という政策である。集団安全保障は，集団的自衛権とは異なり，国際社会全体を前提とする 1 つの国際機構を設置したり，あるいは，明示的な文章で書かれた条約等を締結したりすることを通じて，武力行使を抑止するために諸国が共同で相互に安全を保障する考え方である。アンリ 4 世（Henri IV de France, 1553–1610）の「大計画（グラン・デッサン）」，サン－ピエール（Abbé de Saint-Pierre, 1658–1743）の『永久平和論』，イマヌエル・カント（Immanuel Kant, 1724–1804）の『永遠平和のために』などで，先駆的にこれに類した提案が行われた。実際に集団安全保障が実行に移されたのは，第 1 次世界大戦後にベルサイユ条約で設置された機構としての国際連盟（League of Nations）だった。

ここに模式図を示した（図 10–1）。勢力均衡論もそうだったが，基本的な原理は非常に簡単なものである。図のように，世界の国々によって条約が結ばれ，集団安全保障体制が組まれる。X 国が Y 国に対して，この条約に違反して侵入を開始する。そうすると，体制に参加する国々は X 国を侵略国と認定し，Y 国を支援して X 国に立ち向かう。X 国は Y 国だけでなく体制に参加する他のすべての国も敵にまわして戦争をしなければならないということになり，そもそも侵略はばかばかしい，やめておこうとなる。集団安全保障の一般的な原理を拾い出すとこのように集約されるだろう。

1. 平和維持のための常設的国際機構の設置
2. 国際紛争の平和的解決の義務の明文化
3. 武力不行使（不戦）の義務の明文化
4. 共同制裁発動の明文化

これらを順守することを前提に，条約を締結するのである。このようにして平和を保つという原理である。こうした集団安全保障の歴史的事例としては，今述べた国際連盟，そして，第2次世界大戦後に作られた国際連合やNATO，これに対抗して作られたワルシャワ条約機構がある。「国際連盟」との違いを明確にしなければいけない箇所は，この講では初出でなくとも「国連」ではなく「国際連合」とあえて記述するようにしよう。

## 【国際連盟の失敗と国際連合】

集団安全保障のシステムは，国際連盟として世界で初めて試された。この特徴として，次のようなことが挙げられる。まず，国際連盟では，世界が世界連邦のような1つの国のようになったのではなく，「諸国家の共同体」として認識された。これによって，多くの主権国家が併存する形で，主権国家からなる国際社会が是認された。しかし，世界連邦とは異なるので，平和的手段による紛争解決も国際連盟に付託することが義務となる。この運用は，加盟している主権を持った国の合意形成の結果，その範囲内で行われるのであり，どこかの国に不行き届きがあったとしても，国際司法裁判所などの国際裁判などで決着をはかるものではない。

しかし，結果的には，このような理想を掲げた国際連盟は失敗した。未曾有の被害を生みだした第1次世界大戦をさらに上回る規模の第2次世界大戦が起きてしまった。では，この国際連盟が主体的に動いた集団安全保障はどのような欠点をもっていて，第2次世界大戦を引き起こしてしまったのだろうか。それに対して，第2次世界大戦後に設置された国際連合は，そうした欠点をどのようにして乗り越えようとしたのか。これらの疑問について考察してみよう。

1つ目の欠点として，国際連盟では，何らかの制裁を発動するときの決定が，コンセンサス方式，すなわち，どの国も反対しない全会一致によって初めて制裁を発動できるとしていた。これに対して，国際連合では，こうした制裁発動の決定は，当初，安全保障理事会の排他的専管事項であるとした。安全保障理事会の中での決定は多数決で行われるが，世界の安全保障に大きな責任を持つ5大国（アメリカ，イギリス，中国，フランス，ロシア），すなわち常任理事国には拒否権（veto）を持たせた。例えば，安全保障理事会のある決議が多数決によって票数としては可決の得票を得ていたとしても，それに反対する国々の中に常任理事国5カ国のうち1カ国でも入っていれば，その決議は否決される。国際連合ができた当初，アメリカと当時のソ連が拒否権をやたらと行使して，何も進まない事態が生じた。そこで，総会の場で「平和のための結集決議」のシステムが採択され，安全保障理事会が機能しない場合は，特別緊急総会で出席加盟国の3分の2以上の賛成で決定できるとしたのである。

2つ目の欠点は，国際連盟の制裁措置が，ある物資を侵略国に対して輸出禁止にするといった経済制裁のみであったことがある。政治的な理由でその決定に従わなかったり，あるいは，抜けがけが大きな利益の機会でもあるので密輸する国も出てきたりするなど，経済制裁はザルのようで効果がなくなりがちであった。したがって，国際連合では，紛争は平和的に解決するが，いざとなれば軍事的制裁も可能であると憲章で規定した。

そして，3番目に，国際連盟は，当初の出発点でアメリカとソ連が加盟していなかったことがある。国際連盟設立の基礎になったベルサイユ条約は，アメリカ大統領ウィルソン（Thomas W. Wilson, 1856–1924）の「14カ条の平和原則（Fourteen Points）」が元になっているが，そのアメリカは従来のモンロー主義（孤立主義の一種）に戻ってしまい，加盟しなかった（『平和学入門1』66頁参照）。また，第1次世界大戦が始まるまで帝国だったロシアが社会主義のソビエト連邦に体制が変化すると，欧州諸国はソ連の社会主義体制を恐れ，当初，ソ連を排除した。このように，2大国不在の機構であった。そこで，国際連合では，当初から5大国，第2次世界大戦の戦勝国，そしてスウェーデンやノルウェーといった中立国が加盟して体制が整えられた。ただし，国際連盟の本部を置き，その中心的役割を担っていたスイスは，再び，永世中立を謳い，国際連合設立当初は加盟していなかった（2002年に190番目の国連加盟国になった）（SWI swissinfo. ch, 2012）。

さらに，4番目の欠点として，日本，ドイツ，イタリアなど，国際連盟の理事国を形成する有力な国々が脱退し，国際連盟の制約は受けないという立場を取り始める事態を阻止できなかったことがある。逆に，国際連合は，敗戦国も戦後，戦勝国と平和条約を結んで片がついたら加盟し，植民地から新たに独立した国々が出てくると加盟した。こうして，世界中のほぼすべての国々が国際連合に加盟した。国際連合は，こうした形で，国際連盟の失敗を乗り越えようとした。これが国際連合の集団安全保障体制の背景にあった。

### 【ではなぜ国際連合下でも紛争は続いたか】

今度は，そのような改善をした国際連合のもとでもなぜ武力紛争は続いたのかという疑問が湧いてくるだろう。それには3つの論点が挙げられる。1点目は，アメリカとソ連両国が拒否権を行使し合ったことにより，安全保障理事会が何も決定できない機能不全に陥ってしまったことがある。第2に，国連軍の設置に失敗したことがある。軍事的制裁が憲章上，保証されており，軍事参謀委員会（Military Staff Committee: MSC）のもと，専ら国連のための仕事をする軍隊を設置する予定だった。ところが，米ソ両陣営の反対によって，特別協定に基づく国連軍の設置に失敗し，現在に至るまで設置できていない。国連PKOあるいは国連PKFは，国連軍とよく勘違いされるが，武力紛争が起きたときに特別に1つ1つの紛争に対応するために作られたものである。国連PKOは憲章上の国連軍ではない。3番目に，集団安全保障が世界的な国際連合だけであればシナリオ通りに進んだかもしれないが，憲章上，地域的な取り決め，すなわち地域的な集団安全保障を認めてしまったことがある（国連憲章第8章52条以降）。それがNATOやワルシャワ条約機構であった。

### 【冷戦と熱戦の構造】

欧州では，NATOとワルシャワ条約機構の対峙状態，集団安保体制同士の対決が続いた。国連を中心とする安全保障体制が，NATOとワルシャワ条約機構の東西両陣営が対立する勢力均衡政策に回帰してしまったのである。これを冷戦（Cold War）と呼ぶ。両者が火器を使うような戦争は起こさないが相対峙した状態である。次の第11講で議論するような，核の「恐怖の均衡」のま

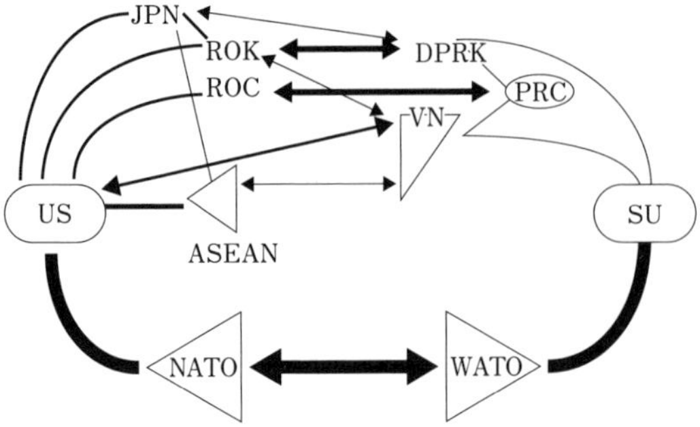


**図10-2　アジアのハブ・スポーク構造（筆者作成）**

まにらみ合っていることが続いた。

一方，アジアでは，アメリカを中心とするハブ&スポーク型の同盟形成が進行した。よく「ハブ空港」という言い方を耳にすると思う。自転車の車輪のように，中心の軸（ハブ）から数多くの線（スポーク）が出る形で，アメリカと相手1カ国との同盟関係が作られる。日米安全保障条約もそうである。これは集団安全保障ではない（図10-2）。

欧州では冷戦が続けられたが，アジアでは熱戦（Hot War）が繰り広げられた。熱戦とは，冷戦の反対の状態の表現で，実際に兵器を使用した戦争のことである。それらが1950年に始まり，いまだに南北に分断されている朝鮮戦争や，ベトナム戦争を中心とするインドシナ戦争といった，大きな戦争が非常に長く続けられた。ヨーロッパは，大きな集団安全保障体制同士が勢力均衡政策のごとく対峙していた。その背後にはアメリカとソ連（ロシア）がいた。ところが，アジアでは，日米安全保障条約，あるいは米韓安全保障条約，そして，かつて中華人民共和国とアメリカが国交回復するまでは，米台安全保障条約があった。このほかにも，アメリカはフィリピンとの間で安全保障条約を結んでいる（ドゥトルテ大統領による外交政策変更によって「米比訪問軍協定」が破棄決定されるなど状況は変化している）。

## 【必要条件から十分条件へ】

こうした集団安全保障体制は，勢力均衡政策と同様に，武力を背景にしたものであった。ところが，その後，協調的安全保障体制と呼ばれる，最も進んだ

表 10-1　必要条件と十分条件（筆者作成）

| | 勢力均衡 | 集団安全保障 | 協調的安全保障 |
|---|---|---|---|
| 必要条件（道具） | 武力で意志を砕く | 圧倒的武力で武力をたたく | |
| 十分条件（意志） | | 意志で武力をしのぐ | 意志と意志とを結ぶ |

形での安全保障システムが考案される。武力に頼るのではなく，意志に頼るという大きな転換がはかられたのである。

兵器は現代技術の粋を集めたものであると述べたが，すべての技術は，自然の法則や物質の性質を利用している。ある人が意志をもって「火よ，あれかし」と念じても火は起こらないが，マッチをすれば火は起こる。道具は道具で，その利用の方法を決定するのは人間の英知である。

前講でも少し触れたが，道具を必要条件，そして道具を使う意志を十分条件と考えてほしい。勢力均衡政策は，武力で意志を砕くものであった。つまり，自国の軍備を積み上げたり，あるいは互いの勢力をちょうど均衡にしたり，武力を見せつけて戦闘開始の意志を砕いたのである。集団安全保障は，味方側の圧倒的な武力で相手の武力をたたくことが必要条件である。1つの侵略国に対して，他のすべての味方側加盟国が武力を用いて攻め込んでいく。つまり，そういう意志があることを条約で誓い合うのである。意志をもって武力の行使をしのいでいく。道具と意志が揃い，そこで集団安全保障が初めて機能する。ところが，協調的安全保障とは，意志と意志とを結んでいく，すなわち，武力を使わないことを事あるごとに確認していく方法である。

## 【協調的安全保障】

現時点では，この協調的安全保障が，究極の安全保障体制と言って差し支えないだろう。力（必要条件）によってではなく，信頼醸成措置（Confidence Building Measures: CBM）を積み重ねること（十分条件）によって，安全を保障していくからである。何かの形で信頼が増すような行為を，互いに敵対し合っていても継続していく。そうすると，仲良くする気はないけれども，あの国は武力の面では信用できるという形で安全が保たれる。

1975年，フィンランドのヘルシンキで，ソ連のヴャチェスラフ・モロトフ首相（当時）の提唱によって，ヨーロッパの東西両陣営の国々とソ連，アメリカ，カナダが参加して首脳会議が開催され，ヘルシンキ最終文書（Helsinki Final Act）を採択し，欧州安全保障協力会議（Conference on Security and Co-operation in Europe: CSCE）が設置された。このヘルシンキ最終文書には，

第1バスケット：欧州における安全保障に関する諸問題
第2バスケット：経済，科学技術及び環境の分野における協力
第3バスケット：人道及びその他の分野における協力

（外務省，2017）

の大きく3つの主要点に関する合意が盛り込まれた。この第1バスケットに，協調的安全保障システムの原理となる，軍事演習の事前通告及び軍事演習へのオブザーバー相互交換等の「信頼醸成措置」が盛り込まれた。その後，ヨーロッパをめぐっては，ソ連の崩壊，東欧諸国の民主化，東西ドイツの統一など，冷戦構造の終焉によって安全保障の構造が激変し，新たな安全保障の恒常的な枠組みが必要となった。そこで，1995年からCSCEを機構化し，欧州安全保障協力機構（Organization for Security and Co-operation in Europe: OSCE）として常設化した。

アジアにも，国連総会でカザフスタンが，アジア全域の信頼醸成を目的とする地域フォーラム設立を提唱し，アジア信頼醸成措置会議（Conference on Interaction and Confidence-Building Measures in Asia: CICA）が開始された。ただし，「CICAをアジア版の欧州安保協力機構（OSCE）にしたい」とのカザフスタンの思いとは裏腹に，別の動きもある。CICAには主要7カ国（G7）が加盟せず，目立たない存在だったが，ここに中国が着目し，2014年首脳会合で議長を務めた中国が，一気に中ロ主導の安保協議体へと衣替えを試みようとしたというのである（日本経済新聞，2014）。

## 【東アジアでのASEANの位置】

では，アジアの協調的安全保障の取り組みではどうであろうか。わが国は相

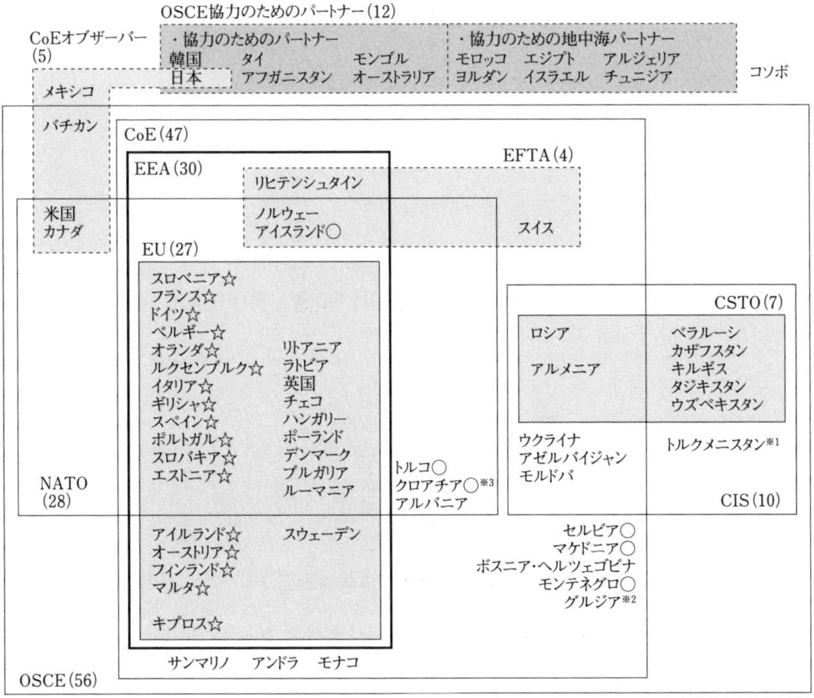


括弧内は参加国数

〈凡例〉
○：EU加盟候補国（6）
☆：ユーロ参加国（17）
＿：NATO加盟のための行動計画（MAP）参加国（3）

※1 トルクメニスタンは2005年よりCIS準加盟国
※2 グルジアは，2008年8月18日にCISからの脱退を表明。09年8月18日に正式に脱退
※3 クロアチアは，2013年7月1日からEUへ加盟の予定

〈略語解説〉
CoE（Council of Europe）：欧州評議会（47）
CIS（Commonwealth of Independent States）：独立国家共同体（10）
CSTO（Collective Security Treaty Organization）：集団安全保障機構（7）
EEA（European Economic Area）：欧州経済領域（30）
EFTA（European Free Trade Association）：欧州自由貿易連合（4）
EU（European Union）：欧州連合（27）
NATO（North Atlantic Treaty Organization）：北大西洋条約機構（28）
OSCE（Organization for Security and Co-operation in Eurcope）：欧州安全保障協力機構（56）

**図 10-3 OSCE（外務省，2012）**

外枠の線がOSCE で，56 カ国と書いている。すべてのヨーロッパ諸国が加盟したことを意味している。その他の異なった安全保障機構が多重的に展開されて，ヨーロッパの安全保障を下支えしている。

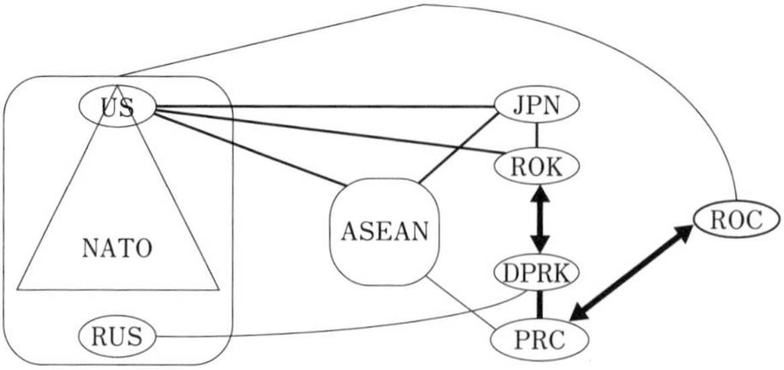


図 10-4　東アジアでの ASEAN の位置（筆者作成）

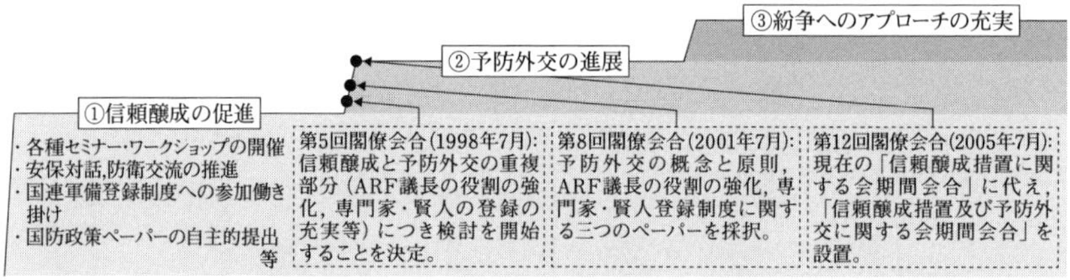


図 10-5　ASEAN 地域フォーラム（ARF）の 3 段階アプローチ（外務省，2009）

変わらず，日米安全保障条約を軸にして，潜在的に敵対するかもしれない国々との間に勢力均衡を保つという，一世代古い政策をとっている。ところが，経済的に遅れていて支援しなければならないと，われわれがずっと考えていた東南アジアの ASEAN は，かつての対立相手であるベトナム，ラオス，カンボジア，ミャンマーまでをも，戦争で占領したわけでも武力を使ったわけでもなく，話し合いによって取り込んだ。ちょうど，ヨーロッパの協調的安全保障が東ヨーロッパに進んでいったのに非常によく似た形態をとった。そして，10 カ国も加盟して，協調的安全保障の第 1 段階に入ったと言える。安全保障の形態としては，日本より，はるかに進んでいるという認識を持つべきだろう。

ASEAN では 1994 年から，ASEAN 地域フォーラム（ASEAN Regional Forum: ARF）という，アジア太平洋地域における政治・安全保障分野を対象とした全域的な対話の枠組みが設けられている。ここでは，図 10-5 のように，信頼醸成の促進，予防外交の進展，そして紛争へのアプローチの充実という 3 段階のアプローチが設定され，「対話から行動」に向けた具体的な協力を行う枠組みの整備が進められている。

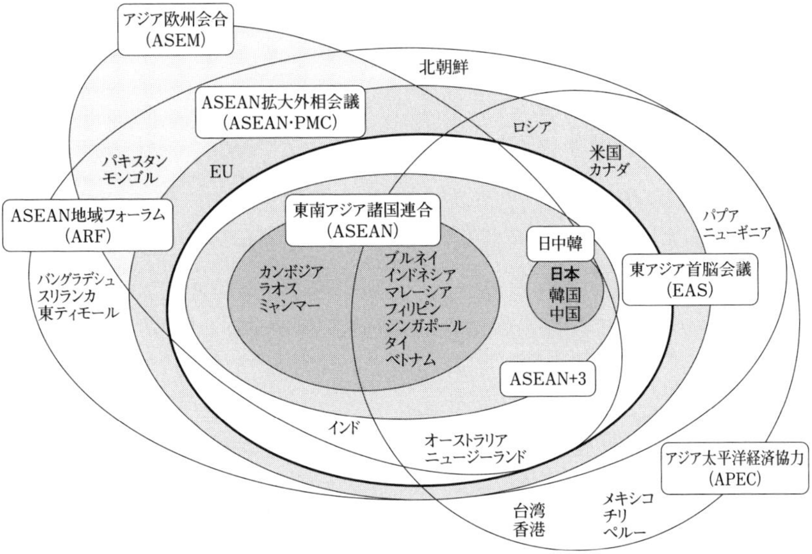


**図 10–6　アジア太平洋における国際的枠組み一覧（外務省，2010）**

この図 10–6 は，日本の外務省のアジア観を如実に示しているとみなしてもよいだろう。これを見るとわかるように，ASEAN が中心になって，複層的，多重的，多層的な国際機構が取り込まれていく形になっている。すなわち，ASEAN はアジア太平洋において中心的な国際機構であると言えるだろう。はしなくも，この図によって，先ほど述べた ASEAN の先進性がはっきりしていると考えられるのではないだろうか。

## 【信頼醸成措置（CBM）の具体的方法】

信頼醸成措置は，実に細かい方法論で成り立っている。ここでは，ブルース・バグリー（Bruce M. Bagley）らの分析を使いながら，CBM の具体的な方法論を議論していこう。

まず，表 10–2 を見てほしい。1 から 4 に共通するのは，仮想的に紛争の生じる可能性のある相手国と，常設的に情報を開示，共有していき，軍備増強のエスカレーションが発生しないような信頼を醸成することである。1 つ目には，軍の配置移動と演習を行うときは，各国に通知することとされている。ここに

**表 10-2　CBM の具体的な方法論（Bagley, ed., 2020）**

| 番　号 | 項　目 | 内　容 |
|---|---|---|
| 1 | 軍の配置移動と演習 | |
| | A | 演習の通知（機動演習の種類や規模に応じて，事前通知については異なる手順と期間がある）。 |
| | B | 演習警報と動員訓練の通知。 |
| | C | 通常のエリア外の海軍活動の通知。 |
| | D | 微妙な地域や国境地域の近辺での飛行作戦訓練や航空機の運航の通知。 |
| | E | 誤解を生む恐れのある他の（“駐屯地外”カテゴリでの）軍事活動の通知。 |
| 2 | 情報交換 | |
| | A | 軍事予算。 |
| | B | 新規装備。 |
| | C | 兵員配置。 |
| | D | 兵員・装備・使命の重要な変更。 |
| | E | 戦略・戦術方針の要諦。 |
| 3 | 人材の交流 | |
| | A | 機動演習，演習や“駐屯地外”活動には，オブザーバーを招待すること。 |
| | B | 主要な司令部には，常駐リエゾン・オブザーバーを駐屯させること。 |
| | C | 士官学校，軍学校，軍大学校大学で学生や講師として要員を交換すること。 |
| | D | 三軍（陸，海，空）すべてからの軍事アタッシェを交換すること。 |
| 4 | データの収集，照合，公開 | |
| | A | 中央の保管所は，軍事集団の軍備，組織，配置に関する情報を蒐集し，集積し，分析し，公開するために，（国際機関の庇護の下に）設置すべきである。 |
| | B | （国家や国際機関の管理下で）独立の技術的手段が，これらの情報を検証するために利用可能であるべきである。これらの手段の性質に関する合意と，これらの手段には妨害・干渉が生じないことを理解すべきである。 |
| 5 | 国境地帯での緊張に対処 | |
| | A | 不安定な国境地帯には非武装地帯をもうける。当該地域の不安定さ，2国間の緊張の程度次第で，一定のタイプの兵器ないしは部隊（例えば，装甲車，砲兵）の当該地域からの撤去・撤退をなしうる。 |
| | B | これらの地域での共同パトロールを設置する。 |
| | C | これらの地域に，2つの境界を接する国からの代表および中立国の代表によって，固定監視ポストを設置する。 |

| | | |
|---|---|---|
| | D | これらのパトロールとの監視ポストを補足するためのセンサー（地面，タワー，空中，繋留気球）を設置する。 |
| 6 | 挑発的と解釈されうる行動に対処 | |
| | A | 協定は，特に不安定な国境地域で，軍事行動に関して，許容されるか，容認できないかの合意に達すべきである。 |
| | B | 誤解を招く恐れのある選択的な予備役の動員，招集などの軍事行動については，明確な制限を課すべきである。演習の動きについては，通知手順が確立されるべきである。 |
| 7 | コミュニケーション | |
| | A | ダイレクト（「ホットライン」）通信システムが，各国の元首，司令官（国防相），参謀幕僚や国境を越えて接触のある部隊間で確立すべきである。 |
| | B | コード化された軍のメッセージの往来（オンラインとオフラインの暗号）の使用は，制限されなければならない。 |
| 8 | 兵器 | |
| | A | 高性能で高価な兵器システムを除外することを強調しつつ，兵器のレベルと兵器のタイプに関する合意に到達しなければならない。 |
| | B | この合意は，兵器予算のレベルにまで達しなければならない。 |
| | C | 防御用兵器（対空砲，対戦車用兵器，地雷）は，攻撃用兵器（戦車，大砲，航空機）の上限以内で，選択されなければならない。 |
| 9 | 特殊な軍部間接触 | |
| | A | 陸軍競技チーム間に訪問を促す。 |
| | B | 大使館員付き武官ネットワークと地域の軍のシステムのさまざまな集団を通じて社会的で専門的な接触を促す。 |
| 10 | 訓練と教育 | |
| | A | 多国籍軍事学校だけでなく各国の陸軍士官学校，参謀学校，陸軍大学などでCBMアプローチを教える。 |
| | B | 指揮所や野外演習においてCBM技術を適用する。 |
| | C | 軍の脱国家主義（すなわち，軍の専門的職業意識と国境を越える相互尊敬の意識）の発達を促す。 |
| | D | 初等・中等学校カリキュラムとテキストの潜在的な敵に関する情報が，攻撃的・敵対的でないか，間違っていないか調べる。 |
| 11 | 地域的軍事システム | |
| | A | 例えば米州軍事機構（Inter-American Military System）のような地域的軍事機構の制度や活動を，信頼醸成体制を支援するのにいかにして活用されたかという見地から検証すべきである。CBM支援機能は，実証，接触，コミュニケーションの回路，広範囲にわたる考えを表すためのフォーラムを含みうる。 |

| | | |
|---|---|---|
| | B | 現時点で米州軍事機構内の大部分の組織において高い合衆国のプロフィールを低下させること，および，鍵となる組織（米州防衛委員会，米州防衛大学）をラテンアメリカの国々の方へ動かす可能性に考慮を払うべきである。 |
| 12 | 機能主義 | |
| | | 敵国間であってさえ，軍と軍との協力の特定の機能的な領域は，信頼醸成者としての彼らの潜在的な価値によって評価されなければならない。これらは以下を含む。航空機と船舶輸送のための捜索・救出（SAR）任務。災害救助。ハリケーン追跡。市民の行動。人道的なプロジェクト。 |
| 13 | CBM 普及の方法 | |
| | A | 欧州に似たような地域や小区域のメカニズムである信頼醸成措置を確立し，それらを改善し拡大する研究を行う。 |
| | B | 参謀長の定期的会議で，CBM を議論する。 |
| | C | 地理的に CBM を他の地域まで広げる可能性を探る。中米のケースは，カリブ海と南アメリカへというように。 |

書かれている規定のもとに，さらに細かい規定がある。つまり，演習を誤認して侵略ととらえて戦争が起こるといったことを防いでいるわけである。2番目の情報交換の項目では，軍隊の問題について，軍事予算，新規装備，兵員配置，兵員・装備・使命の重要な変更，戦略・戦術方針の要諦などの変更を行ったときは必ずお互いに連絡するという方法論が示されている。

そして，3の人材の交流では，人員の交換についても規定されている。かつて明治維新の後，日本からも軍人が実際の演習を視察に行くということがあったが，こうしたことを交換で行おうということである。機動演習などへのオブザーバー派遣や，主要司令部への常駐の連絡役オブザーバーの駐屯，士官学校，軍学校，軍大学校大学で学生や講師として要員を交換すること，陸，海，空の三軍すべてからの軍事アタッシェを交換することなどが挙げられている。アタッシェとは，外務省外交官ではなく，各省庁などから大使館などに派遣される専門分野の外交使節のことで，ここでは駐在武官を指す。

4番目のデータの収集，照合，公開の項目では，他国に自国の軍隊のデータを公開していかなければならないとされている。つまり，軍事機密を持てないということである。このあたりまでで，皆さんもおわかりと思うが，常に，仮想的に紛争の生じる可能性のある相手国と，常設的に情報を開示，共有していき，軍備増強のエスカレーションが発生しないような信頼を醸成していく措置が組み込まれているのである。

さらに，5から8までに共通するのは，偶発的な緊張が発生しないように，どのように，普段からそれらを回避するかについての方法論である。5番目の国境地帯での緊張に対処する項目では，国境地帯で何らかの緊張が発生することを想定し，不安定な国境地帯には非武装地帯を設けることや，さまざまな監視パトロールなどを行ったり，固定監視ポストを設置したりすることが書かれている。

そして，6番目の挑発的と解釈されうる行動への対処では，協定によって，特に不安定な国境地域での軍事行動に関して許容されるか容認できないかの合意に達しておくこと，また，誤解を招く恐れのある選択的な予備役の動員，招集などの軍事行動については，明確な制限を課すべきだとの方法論が示されている。

また，7番目には，最も重要なコミュニケーションについて規定している。いわゆる「ホットライン」と呼ばれる各国の元首，司令官（国防相），参謀幕僚間の通信システムを確立すべきであると述べている。

8番目に兵器の項目があり，防御用兵器は，攻撃用兵器の上限以内で選択されなければならないとしている。これも相手を疑心暗鬼にさせない方法論である。このように，5，6，7，8では，不安定な国境地帯などで，偶発的な緊張が発生しないように，どのように，普段からそれらを回避するかが示されているのである。

続いて，人間関係の構築などについての方法論が示されている。9では，大使館員付き武官ネットワークと地域の軍のシステムのさまざまな集団を通じて社会的で専門的な接触を促したり，陸軍競技チーム間の訪問や，通常の軍事的な接触以外の接触についても，信頼醸成措置の中で規定している。10では，多国籍軍事学校だけでなく各国の陸軍士官学校，参謀学校，陸軍大学などでCBMアプローチを教えたり，自国の小中学校などで使っているテキストに潜在的な敵に関する攻撃的な情報が書かれていないかといったことを調べることも方法論として示されている。さらには，「軍の脱国家主義」（military trans-nationalism）が発達していくことを促すことまでCBMには含まれている。9と10は，個人的な接触の中で相手を血の通う人間として意識させ，また，初等教育の段階などで相手国への敵意を刷り込むような教育を行わず，ここでも相手との人間的な相互信頼を育むように示しているのである。

その他，11では，地域的軍事システムをCBMにどのように活用できるのかを示し，12では，機能的な問題，例えば何か自然災害のような大きなことが起きたときに，互いに救出活動などを協力していくことによって，加盟国間の信頼を醸成していくことが書かれている。片方がボールを投げると片方がしっかりと受け止め，それによって信頼が一段上がる。それを繰り返していくことが重要となる。さらに，13ではCBMを世界にどのように敷衍させていくのかが示されている。

# 第 11 講
## 核の均衡

ここまで，戦争を起こさないようにするために，世界がどのようなシステムを構築してきたのかを考察してきた。勢力均衡による安全保障から集団安全保障，さらに，第１次世界大戦，第２次世界大戦の教訓を踏まえ，日常的な信頼醸成措置に基づいて安全を保障しようという協調的安全保障にそれらが進展してきていることも学んだ。今のところ，この協調的安全保障が究極の安全保障としての国際システムであると考えられる。ところが，ここに至るまでに，人類は核兵器による「恐怖の均衡」と言われる，もう１つのシステムを同時に経験してきている。この講では，安全保障のシステムと併存してきた「恐怖の均衡」について議論していこう。

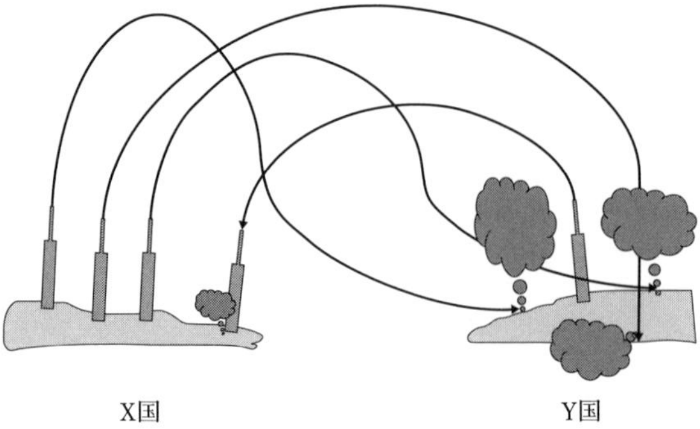


**図 11-1　核抑止モデル（筆者作成）**

**【恐怖の均衡】**

勢力均衡あるいは集団安全保障よりも，日常的な信頼醸成措置に基づいて安全保障の階段を上がっていく協調的安全保障が，究極の安全保障としてのシステムであることを前講で学んだ。ところが，このシステムにすべての安全保障の形態が収斂してきているわけではない。人類は同時に，核抑止に基づいた「恐怖の均衡（balance of terror）」も抱え続けてきている。核兵器戦略を分解していくと，抑止と防衛に分けることができることについてはすでに述べた。抑止とは，相手に攻める気持ちを起こさせないぐらい強いということを見せつけることである。防衛とは，抑止が破れたときの自衛戦争を言う。この2つが通常の戦略の中身である。どこの軍隊もこれらの戦略に沿って自国の安全保障の設計をしている。中でも核抑止論とは，核兵器の大きな破壊力をもって，敵の攻撃の意図を抑止する戦略のことを言う。

では，核抑止モデルとはどのようなものを指すのであろうか。ここではわかりやすく簡単に理解しておこう（図11-1）。敵国Yが核ミサイルを1発撃ち，自国Xの核兵器が破壊されたら，後ろに控えている3発の核兵器を相手Yに撃ち込んで，Yが二度と立ち上がれないような大きな被害をもたらすようにする。だから，相手Yはそれに恐怖を抱いて，1発目の核兵器を撃ち出すことができない。すなわち，抑止されたということになる。これが核抑止である。これはYとXを逆にしても同じことが当てはまる。そこで，にらみ合った両国がお互いにそのような恐怖を感じ，すくみあった状態になる。すなわち，核戦争につながる全面戦争が回避される。これが「恐怖の均衡」である。では，その恐怖の均衡が崩れてしまうことはないのか。どのようなときに均衡状態は安定的になるのだろうか。

## 【アメリカのコスト】

スティーヴン・シュワルツ（Stephen I. Schwartz）が，以下のように述べている。

> 1945 年以降，アメリカ合衆国は核戦争を抑止し，必要ならば戦うために，7 万個以上の核兵器を製造して配備した。一部の観察者たちは第 3 次世界大戦がなかったことが，これらの兵器が，冷戦期のソビエト連邦の軍事的，政治的な野心の周辺に存在する不確実性や恐怖に対しての「賢明で費用効果の高い応答」であったことを立証していると信じている。1950 年という早い時期に，核兵器は，「出費に見合うだけの価値」という前提で，相対的に高価なものではないと考えられた。そして，その考え方のもとで米軍と完全に一体化した。それでも，この仮定は，決して検証されてこなかった。この 50 年間以上にわたり，5 兆ドル以上でさらに増加している，この取り組みの巨大な費用や，この国に与える短期的長期的結果には，まったく，貧弱な注意しか払われなかったのである。
>
> (Schwartz, 1998)

アメリカは，1945 年に核兵器を手にし，それを広島・長崎に使用した。1945 年以降，アメリカは 7 万個以上の核兵器を製造して，5 兆ドル以上かけてきた。シュワルツは，このようなアメリカの核戦略に検証を加える必要があると考えたのである。

## 【アメリカの核軍事戦略】

では，戦後，20 世紀のアメリカの核戦略がどのように変化してきたのかを，表 11-1 に基づいて見てみよう。1947 年にトルーマン大統領（Harry S. Truman, 1884–1972）は，トルコとギリシャなどソ連の脅威にさらされている国に

**表11-1　アメリカの核戦略（筆者作成）**

| 時　期 | 大統領 | 戦　略 |
|---|---|---|
| 1947年 | トルーマン | トルーマン・ドクトリン（対ソ封じ込め：Containment） |
| 1950年 | トルーマン | 国家安全保障会議極秘政策文書 NSC68 |
| 1954年 | アイゼンハワー | 大量報復戦略（Massive Retaliation） |
| 1961年 | ケネディ | 柔軟反応戦略（Flexible Response） |
| 1965年 | ケネディ | 相互確証破壊戦略（Mutual Assured Destruction: MAD） |
| 1976年 | カーター | 相殺戦略（Countervailing） |
| 1983年 | レーガン | 戦略防衛構想（Strategic Defense Initiative: SDI） |
| 1990年 | ブッシュ | 新世界秩序（New World Order） |
| 1993年 | クリントン | ボトムアップレビュー（Bottom-up Review） |
| 2001年 | ブッシュ（Jr.） | ミサイル防衛計画（Missile Defense） |

経済援助などを与え，経済復興させて共産化させないという「封じ込め」（Containment）を実施した。これは，ジョージ・ケナン（George F. Kennan, 1904–2005）が，対ソ封じ込めについて『フォーリン・アフェアーズ（Foreign Affairs）』に匿名（著者X）で発表した論文「ソ連の行動の源泉（The Sources of Soviet Conduct）」に基づいた政策であった（X, 1947）。

その後，トルーマン大統領は，1950年の「国家安全保障会議極秘政策文書第68号（NSC68）」において，いかなる地域でもソ連の進出に対して軍事的手段を使って全世界的規模で封じ込めていくことを決定した。このNSC68文書は，国務省の政策企画担当部長だったポール・ニッツ（Paul H. Nitze）によって企画されたもので，トルーマン・ドクトリンで明らかにされた封じ込め政策の概念をさらに拡大し，それから40年にわたるアメリカ外交政策の戦略的指針となった。

続くアイゼンハワー大統領は，1954年に大量報復戦略（Massive Retaliation）を打ち出した。この戦略策定にはジョン・ダレス国務長官（John F. Dulles, 1888–1959）が関わっている。敵が侵略してくるような場合は，核兵器で即座に巨大な報復攻撃を加えることが明示された。また，核兵器を局地紛争でも，通常兵器のように使うことが盛り込まれた。そして，一大軍事同盟をソ連，東欧，中国の周辺に張り巡らすことを謳った。さらに，第三世界における左翼政権や反米政権に対するCIAによる秘密転覆工作，ラジオを使った共産主義陣営への心理作戦，共産圏諸国への戦略物資の輸出統制なども行っていくとした。

これに対して，1961年に，ケネディ大統領は，大量報復戦略が持つ「エスカレーション・コントロール（Escalation Control）が難しい」という致命的な欠点を改善し，「柔軟反応戦略」（Flexible Response）を策定する。ゲリラ戦争（小規模），限定核戦争（中規模），全面核戦争（大規模）などあらゆる段階の戦争に適切・有効に対処し，小規模な戦争を大規模戦争に拡大させない多角的オプション戦略に切り替えることで戦局の深刻化を防ごうとした。そして，核兵器のデリバリーの方法（敵地の攻撃目標まで到達させる方法）として，地下サイロからの大陸間弾道ミサイル（ICBM），原潜からの潜水艦発射弾道ミサイル（Submarine-launched Ballistic Missile: SLBM），長距離戦略爆撃機からの水爆を，「制裁的抑止力」としての「核の三本柱」と位置付けた。また，「拒否的抑止力」として輸送部隊の増強，特殊部隊創設など通常兵器の増強を実施し，先制攻撃から生き残る防衛システムを構築した。

そして，ケネディの戦略は，1965年に，第9講で見たような相互確証破壊（MAD）にたどりつく（図11-2）。MADは，「気が狂っている」を意味する略称である。「柔軟反応戦略」と同様，この戦略にもロバート・マクナマラ国防長官（Robert McNamara, 1916–2009）が関わっている。MADは，ソ連からいかなる先制攻撃を受けた場合でも，報復攻撃によってソ連に耐え難い損害を与えることができる確証破壊戦略である。それが相互になったところで，究極の抑止が働く「恐怖の均衡」が出現する。

ところが，1960年代後半に，ソ連が弾道弾迎撃ミサイル（Anti-ballistic Missile: ABM）の配備を開始し，このことがMAD戦略の基礎となる相互抑止に不安定化をもたらすことになる（第8講コラム参照）。なぜなら，ABMの配備によって，片方の先制攻撃に優位性が出てきてしまったからである。片方が大量の核兵器による徹底した先制攻撃をした場合，攻撃された相手側は残存核兵器のみで敵国に反撃をせざるを得ない。先制攻撃を仕掛けた側からすれば，わずかな残存核兵器のみによる反撃であれば，ABMで迎撃できる可能性が高まって自国の領土を守れる可能性も高くなる。

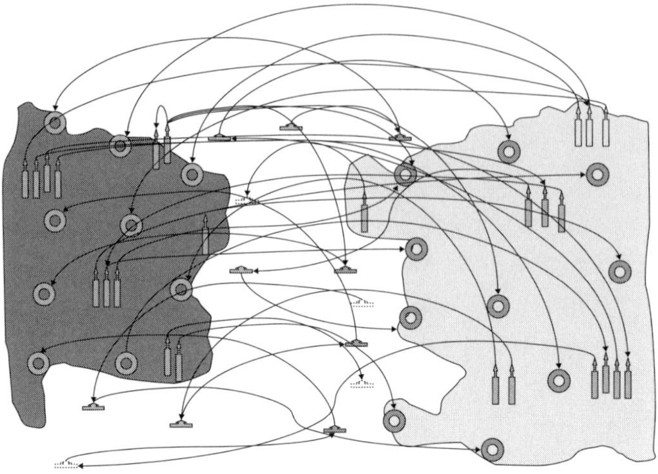

**図 11-2　相互確証破壊（MAD）簡易モデル（筆者作成）**

MADは，この図で表されたような形に近い。どの核兵器がどの核兵器を狙うかまで，すべて決まっている。互いにそれが捕獲された状態になっている。相互確証破壊と言うよりむしろ，略称のMADの方が正確ではないか。なぜこのようなことをするのだろうとの気持ちが，この図を見てもふつふつとわいてくると思う。

そこで，米ソ両国は，はたと考えたわけである。ABMを両国が思うままに設置・配備してしまったら，せっかく成立している恐怖の均衡が崩れるので，ABMに制限をかけて恐怖の均衡を維持しようとしたのである。そのような経緯で，1972年に米ソはABM条約（Anti-ballistic Missile Treaty）を締結する。1974年7月に配備基地を1カ所に制限する議定書が結ばれ，これに基づき，ソ連はモスクワ近郊，アメリカはノースダコタ州グランドフォークス空軍基地にミサイルを配備した。これによって，ABMという両国の「楯」に制限を加え，核防御の態勢をあえて脆弱なものに保つことで，恐怖の均衡を保ち，核攻撃を相互に抑止しようとした。これは冗談のような話だが，両国が真剣になって締結した条約である。核戦争勃発すれすれの状態で核抑止論が成り立っているということが，このことからもよくわかるだろう（ただし，2002年にアメリカが脱退したことから事実上無効化した）。

1970年代に入ると，1976年にカーター大統領（James E. Carter, 1924–現在）が，ソ連の限定的核攻撃があった場合にそれと同程度の報復攻撃を加える「相殺戦略」(Countervailing) を発表する。1970年代にはデタントが進んでいたが，1979年のソ連のアフガニスタン侵攻によって，東西両陣営の「新冷戦」がその後もたらされることとなった。

そのような背景のもと，1983年に，これまでのMADの概念を崩す，レーガン大統領の戦略防衛構想 (Strategic Defense Initiative: SDI) が発表される。これは，別名，スターウォーズ計画とも呼ばれ，ソ連の長距離弾道ミサイルがアメリカ本土に到達する前にレーザー迎撃衛星によって打ち落とす迎撃システムを想定していた。ソ連はアメリカに対抗するため，宇宙兵器の開発を始めたが，それが結果として国家の財政破綻を招いてしまった。そのような理由で，このSDI構想は，技術的，経済的に追随できないソ連の体制崩壊の1つの引き金となったとも言われている。そして，ソ連にミハイル・ゴルバチョフ (Mikhail Gorbachev, 1931–現在) が登場すると，その新思考外交のもと，制限主権論を唱えたブレジネフ・ドクトリンの撤廃，アフガニスタンからのソビエト軍の撤退など米ソ関係に大きな変化が見られるようになった。

このように冷戦が終結に向かうと，1990年にブッシュ大統領 (George H. W. Bush, 1924–2018) は，湾岸戦争前に連邦議会で行った『新世界秩序へ向けて (Toward a New World Order)』で，「新世界秩序」を示した。この構想では，いかなる脅威に対しても即座に対応できる戦力を維持し，「ならずもの国家」に対して制裁を加えていくことになる。

1993年には，クリントン大統領によって軍事力の見直し「ボトムアップレビュー」(Bottom-up Review: BUR) が打ち出される。レス・アスピン (Les Aspin) は「ボトムアップレビューに関するレポート (Report on the Bottom-up Review)」で，以下のように述べている。

- 冷戦の終結，ソ連の崩壊は，アメリカ軍の抜本的な在り方を変える必要を生じさせた。
- それは，対ソ連一辺倒の戦略から，世界で同時的に発生する戦闘に対応できる体制を整えることへの戦略変換であった。
- 米軍兵力の合理的削減と，いついかなるところの紛争にも迅速に必要な米軍派遣の体制を作ることに主眼が置かれた。

- それによって，ドイツや日本のような同盟国に対する軍事的・経済的協力要請の度合いが強まった。

（Aspin, 1993）

ブッシュ大統領（Jr.）は，これらの戦略を引き継ぎ，ミサイル防衛（Missile Defense: MD）を策定した。これは，アメリカ本土を守る国家ミサイル防衛（National Missile Defense: NMD）と，海外のアメリカ軍基地やその受け入れ友好国を守る戦域ミサイル防衛（Theater Missile Defense: TMD）を統合した戦略である。その後すぐに 9.11 事件，アメリカ同時多発テロが発生し，そのことによってアフガニスタン侵攻を実施し，テロ組織アルカイダを支援していたとされるタリバーン政権を転覆することに成功した。9.11 事件によって，国際的アクターとしてのテロ集団でさえ，アメリカ本土を攻撃することが可能であることが証明された。このことは，これまでの国家アクターの行動原理とは異なる，非合理的な行動をするテロ組織が，今後，核兵器を持つ可能性にもつながっていく。そこでアメリカは，それらを理由として，大気圏外での迎撃実験を制限していた米ロ間の ABM 条約を一方的に撤回した。その後，ICBM 迎撃ミサイルの開発・配備を本格化させていった。これが 20 世紀末から 21 世紀にかけてのアメリカの核戦略の変遷である。

**【核抑止論の理論的誤謬】**

では，ここで，アメリカが核戦略の基本としてきた核抑止論の理論的誤謬について検討していこう。核抑止論には，重要な理論的誤謬が 3 つ存在する。先ほども図 11-1 で見たように，もし，相手国 Y が第 1 撃を仕掛けてきたら，すかさず，それをはるかに上まわる第 2 撃で自国 X が応戦して，敵 Y 国に壊滅的打撃を与える。これが抑止力となって，敵 Y 国は第 1 撃の選択肢を放棄する。これが核抑止論の要諦であった。しかし，ここでまず 1 つ，おかしなことがロジックの中にあることがわかる。抑止力としての自国 X からの第 2 撃は，常に臨戦態勢（on alert）で準備されている。抑止力が効いているなら，常に臨戦態勢である必要があるのか。それは一体なぜだろうか。その答えは，「抑止力が効かずに第 1 撃が発射される」という前提に立っているからである。したがって，常に第２撃は臨戦態勢にしておかなければならない。これは核抑止論の大きな誤謬である。核抑止論は，そもそも「抑止力が効かないという前提」に最初から立ってしまっているのである。

第２にはこのようなことが言える。万が一，Ｙ国からＸ国に第１撃が仕掛けられた場合，抑止が失敗しているのだから，抑止力として配備されていたＸ国の第２撃（反撃）は「抑止力の役割」を果たさない。しかし，それにも関わらず，半ば自動的にＸ国からの第２撃は実施される。抑止力としての意味は失われているにもかかわらず，なぜ発射するのだろうか。ならば，そのとき，Ｘ国からＹ国への第２撃はいかなる意味を持つのだろうか。これは，ただ復讐の意味しか持たないのではないか。しかも第１撃によって亡くなったＸ国の犠牲者はこの復讐に参加できないのである。

第３に，戦略家は，第１撃が始まったとすると，残している自国の兵器がやられてしまうならすべて撃ってしまう方が得であると考える。さもなければ，残したままで撃たれてしまう。両者は，共倒れになるのを知りつつ，撃たずにはいられない。したがって，すべて放射能に汚染された廃墟が残るだけで勝者はいない。全員が敗者になる。このような状態の下で，われわれは生活しているのである。

では，世界の国々はどこもかしこも「恐怖の均衡」におびえつつ国家運営をしてきたのだろうか。ところが，第７講でも検討したように，世界には，全く軍事力も軍隊も持たない国が存在する。相手にならないような小国ばかりかと言えば，そんなことはない。例えば，アイスランドのように北極圏の戦略的に重要な場所にあっても，国連に派遣する警察部隊はあるが国家軍隊は持っていない。中南米の要衝コスタリカも，軍隊を持たずにきた歴史がある。太平洋の諸島も戦略的に重要だが，軍隊を持たない国がある。軍隊を持たなくても，平和，安全が保障される。こちらの事実の意味の方が最近では重要性を増してきたように思う。

## 【核兵器事故の恐怖】

もう１つ，核抑止論には理論的誤謬があるばかりでなく，事故が起きたら，あるいは誤解によって戦争が生じたらどうするのだろうかという恐怖が存在する。アメリカの軍隊の中では，核兵器の事故が起きたときには，それにかかわる証拠をすべて回収し除去しなければならないと，米太平洋軍統合司令官通達「核兵器の安全確保」（1984年）で通達がなされている。

> 可能ならば，事故や重大事件を通常の高性能火薬にかかわる事故として扱うべきである。（中略）また，できる限り速やかに核兵器事故／重大事件のすべての証拠を回収，もしくは可能ならば，除去しなければならない。

「ブロークン・アロー（Broken Arrow，折れた矢）」と秘密のコードネームで呼ばれる核兵器事故に対しては，「事故制御計画（DCP355–62）」というマニュアルを策定していた。「核兵器や核物質を積んだ航空機が墜落した場合，現場周辺の広範囲な地域へ放射性物質が拡散する可能性がある。それによって，（基地）要員への危険が生じる。もし，（事故が）コントロールされなければ，地域内の人員に重大な放射線障害を生じさせるだろう」「墜落事故には2つのパターンがある」とした上で，爆発を伴った場合には最悪のケースが予想されると続ける。「火災や爆発がない場合には危険はない。しかし，火災と爆発を伴う場合には被害は深刻となる。……墜落時に爆発があった場合，相当の放射性物質が周辺地域，特に風下に広がる可能性がある。火災があったときには，放射性物質は煙でさらに拡散する」というのである。

### 【公表されている事故の一部】

“Proposition One Campaign” という反核キャンペーンの団体がある。“Proposition” は「住民投票」のことで，通常の住民投票にはナンバーがふられるので「住民投票1キャンペーン」とでも和訳できるだろうか。表11–2は，国防総省の発表に基づいてアメリカ教育協会のニュースレターに掲載されたブロークン・アローなどの事故内容を，この団体がまとめて公表したものである。どれもギリギリで食い止められているが，もし，このうち1つでも核兵器が爆発していたら，この地球は大変なことになっていたわけである。それは，東日本大震災の時の福島第一原子力発電所事故が私たち人類の手に負えない事故であることからも，容易に想像がつくだろう。

表 11-2 Proposition One Campaign による事故のまとめ（筆者作成）

| | Date | 内　容 |
|---|---|---|
| 1 | 1950年1月13日 | B-36 が，ワシントン州ピュージェット湾に核兵器を落とした。爆発性の高い物質のみ爆発。 |
| 2 | 1950年4月11日 | B-29 が，ニューメキシコ州で山に激突墜落した。 |
| 3 | 1950年7月13日 | B-50 が，オハイオ州レバノンで墜落し，核兵器の中の爆発性の高い物質のみ爆発。 |
| 4 | 1950年8月5日 | B-29 が，カリフォルニア州トラビス空軍基地で墜落し，核兵器の中の爆発性の高い物質のみ爆発。 |
| 5 | 1956年3月10日 | B-47 が，「核兵器の材料の 2 つのカプセル」とともに地中海で姿を消した。 |
| 6 | 1956年7月26日 | B-47 が，墜落し，数基の核兵器を格納した「ストレージ・イグルー」に激突。 |
| 7 | 1957年5月22日 | B-36 が，ニューメキシコ州の砂漠で核爆弾を落とした。爆発性の高い物質のみ爆発し，直径 25 フィート，深さ 12 フィートのクレーターを作った。 |
| 8 | 1957年7月28日 | C-124 が，大西洋上で核兵器を 2 基投棄，いまだ発見されていない。 |
| 9 | 1957年10月11日 | B-47 が，フロリダで核兵器およびカプセルに激突し，2 回の低レベルの爆発を引き起こした。 |
| 10 | 1958年1月31日 | B-47 が，攻撃態勢で墜落し，核兵器と激突，消失した。若干の放射能汚染。 |
| 11 | 1958年2月5日 | B-47 が，F-86 と空中で衝突し，核兵器を投棄，ジョージア州サバンナ川河口 5 マイルの地点だが，いまだに発見されていない。 |
| 12 | 1958年3月11日 | サウスカロライナ州フローレンスで B-47 が，誤って不発状態にしてある核兵器を投棄した。衝撃で爆発性の高い物質のみ爆発。 |
| 13 | 1958年11月4日 | B-47 が離陸中に炎上し，テキサス州で墜落し，核兵器の中の爆発性の高い物質のみ爆発。直径 35 フィート，深さ 6 フィートのクレーターを残した。 |
| 14 | 1958年11月26日 | B-47 が，ルイジアナ州で，地上で炎上し，核兵器ボードが破壊された。 |
| 15 | 1959年1月18日 | F-100 が，太平洋の基地で，不発状態にしてある核兵器を積載中，炎上した。 |
| 16 | 1959年7月6日 | C-124 が，ルイジアナ州で墜落し，核兵器を破壊した。 |
| 17 | 1959年10月15日 | B-52 が，ケンタッキー州上空で給油中に KC-135 と接触した。2 基の不発状態にしてある核兵器は回収された。 |

| | | |
|---|---|---|
| 18 | 1960年<br>6月7日 | ニュージャージー州の格納庫で，爆発と火災で，地対空ミサイル Bomarc が破壊された。 |
| 19 | 1961年<br>1月24日 | ノースカロライナ州ゴールズボロ近辺で，B- 52 が墜落し，2 基の 20 メガトンの核兵器を落とした。6 個あるセイフティ・インターロックは，5 個までが外れた。1 基は回収したが，1 基はいまだに発見されていない。空軍は，失われた周辺の地役権（通行権など含む）を購入した。 |
| 20 | 1961年<br>3月14日 | カリフォルニア州ユバシティで，2 基の不発状態にしてある核兵器を搭載したまま B–52 が墜落した。 |
| 21 | 1964年<br>1月13日 | B–52D が，メリーランド州カンバーシティで，2 基の不発状態にしてある核兵器を搭載したまま墜落した。 |
| 22 | 1964年<br>12月5日 | サウスダコタ州で戦略的な警戒待機中のミニットマン ICBM の逆噴射用ロケットが誤って修理中に点火した。 |
| 23 | 1964年<br>12月8日 | B–58 が，インディアナ州で墜落し，核兵器は消失した。「汚染は墜落地点のすぐ近くに限定され，その後削除された」と報告。 |
| 24 | 1965年<br>10月12日 | オハイオ州で複数の核兵器を搭載した C–124 が火災に巻き込まれた。 |
| 25 | 1966年<br>1月17日 | スペインのパロマレス。B–52 と KC–135 が，燃料補給中に空中で衝突した。4 基の核兵器のうち，2 基の高性能爆薬材料が衝撃で爆発し，他の 2 つは，大規模な捜索後（4 か月）に，最終的に発見された。1,400 トンの「やや汚染された土壌や植生をアメリカに保存するために堀削された。」エネルギー省はクリーンアップ費用が 5,000 万ドルであったと報告。パロマレスはいまだに放射線の監視作業を継続している。 |
| 26 | 1968年<br>1月21日 | B–52 が，グリーンランドのチューレ空軍基地で墜落した。海底から Seabees によって 4 基の核兵器のうち 1 つが回収された。他の 3 基は，火災によって破壊されたと推測された。汚染された氷，雪，水，237,000 立方フィートがアメリカには運ばれた。 |
| 27 | 1980年<br>9月19日 | 空軍修理工が，十字レンチを落とし，燃料タンクを突き抜けて爆発し，タイタン II ミサイル弾頭はサイロから 600 フィート飛び出した。地域住民が避難した。 |

## 【誤解による事故と作り出された事故】

誤解による事故も起きている。これはスエズ運河危機をめぐる誤解だった。関係各国は，そのとき，さまざまなことをやっていた。ソ連が演習を行っていたり，シリアの大統領がシリアに戻るのをソ連の軍用機が護衛していたり，渡り鳥の集団が飛んでいくのがきれいにレーダーに映ったり，それらがすべて重なったときに誤解が生じて，戦争直前までいったことがある。誤解だと冷静に判断されて，ぎりぎりで回避された。

それに加えて，軍産複合体によって“でっち上げ”がなされたケースもある。

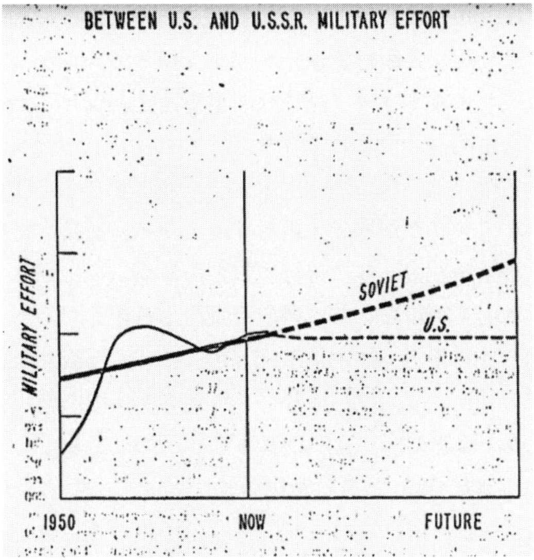


**図 11-3　ゲイザー・レポート掲載の米ソの軍事ギャップ（Security Resources Panel of the Science Advisory Committee, 1957）**

例えば，すでに述べたミサイルギャップ論争がある。1957 年，ソ連による世界初の人工衛星スプートニク打ち上げによって，アメリカにはスプートニク・ショックと呼ばれる衝撃が走った。それまでアメリカがリードしてきたと思われていた宇宙開発競争で，ソ連の後塵を拝したことによるショックであった。ここから，アメリカが持っているミサイルの数は，ソ連に対して大変なギャップがあり，到底対抗しうる数ではないとの論争につながる「ゲイザー・レポート」（Gaither Report）がアイゼンハワー大統領に提出されたのである。アイゼンハワーは，これに対して慎重であったが，その結果，これが基調となり，アメリカは大変な勢いで軍事産業にお金をつぎ込んでミサイルをたくさん積み上げていくことになる（Office of the Historian）。

その後，ソ連がキューバにある基地に核ミサイルを配備しようとした，いわゆるキューバ危機が 1962 年に起こる。ケネディとフルシチョフ（Nikita S. Khrushchev, 1894–1971）の緊張をはらんだ駆け引きで，核戦争の危機の深淵を垣間見たと言われている。その後，誤解で戦争が始まるのを防ぐため，米ソ間で首脳ホットラインが作られることになる。このキューバ危機のときにわかったことは，ソ連は当時，長距離弾道ミサイルを持っていなかったということである。つまり，ミサイルギャップ論争は，軍事産業が儲けるため，あるいはロビイストが儲けるための，全くのでっち上げであった。なぜなら，ソ連は長距離弾道ミサイルを持っていないから，キューバにミサイルを運び込もうとしたのである。当時，アメリカがもし長距離弾道ミサイルを持っていなければ，同盟国・日本にそれを運んでソ連に落とすことを考えるのと同じ思考経路である。

それから，ケネディ暗殺も，ある種の緊張を生み出した。ベトナム戦争のきっかけになったとされるトンキン湾事件（1964年）も，後にでっち上げであることがわかる。アメリカは，これに基づいて北ベトナムの空爆に踏み切るのだが，実はアメリカが故意に作り上げた事件であった。サダム・フセイン（Saddam Hussein, 1937–2006）は「悪魔の帝国の支配者」であると名指しされ，アメリカによって殺害されたが，この最初の湾岸戦争のときには，イラク側がわざわざアメリカ大使館に出向いて，もしイラクがクウェートに侵入した場合，アメリカは中立を保つ，介入しないという言質を，当時の駐イラク大使からとっている。このことは，開示された外交資料によって，今や動かしがたい事実となっている。ところが，アメリカは，湾岸戦争が始まってすぐ空爆を開始した。

このように，世界では，単に核抑止論が理論的誤謬を持っているばかりでなく，核兵器を持っていると事故に巻き込まれる，あるいは誤解から使わざるをえない状況が生み出される，あるいは，これによって金儲けなど何らかの目的を持っている人々はでっち上げをしてでもそれを使わせようとするといったことが，核兵器をめぐって起きている。これが，現在の世界の現実である。皆さんは，どのように考えるだろうか。どうしたら私たちは，核兵器の脅威から逃れて，安全保障を確保することができるだろうか。答えは簡単である。必要条件を取り去ってしまう，つまり，核兵器を撤廃すれば，核による脅威はなくなる。現在，世界中の市民が，核兵器撤廃に向けてさまざまな運動を行っている。

# 参考文献


## 第 1 講

カイヨワ，R.　秋枝茂夫（訳）（2013）.『戦争論：われわれの内にひそむ女神ベローナ』（新装版）法政大学出版局

Deutsch, M.（1973）. *The Resolution of Conflict; Constructive and Destructive Processes*. New Haven: Yale University Press.

外務省（2009）．わかる！国際情勢 Vol. 35 パキスタンという国〜世界の平和と安定の要 https://www.mofa.go.jp/mofaj/press/pr/wakaru/topics/vol35/index.html

川田侃・大畠英樹（編）（2003）．国際政治経済辞典（改訂版）東京書籍

松村明・三省堂編修所（編）（1995）．大辞林（第 2 版）三省堂

松村明（監修），小学館『大辞泉』編集部（編）（1998）．大辞泉（増補・新装版）小学館

新村出（編）（2018）．広辞苑（第 7 版）岩波書店

Smelser, N. J., & P. B. Baltes（Eds.）.（2001）. *International Encyclopedia of the Social & Behavioral Sciences*, 1st Edition. Pergamon.

衆議院（2001）．質問答弁情報：第 153 回国会 質問の一覧，質問本文情報「平成十三年十二月三日提出，質問第二七号」http://www.shugiin.go.jp/internet/itdb_shitsumon_pdf_s.nsf/html/shitsumon/pdfS/a153027.pdf/$File/a153027.pdf.

衆議院（2002）．質問答弁情報：第 153 回国会 質問の一覧，答弁本文情報「平成十四年二月五日受領，答弁第二七号」http://www.shugiin.go.jp/internet/itdb_shitsumon_pdf_t.nsf/html/shitsumon/pdfT/b153027.pdf/$File/b153027.pdf.

筒井若水（編集代表）（1998）．国際法辞典　有斐閣

Wallensteen, P., & Sollenberg, M.（2001）. Armed Conflict, 1989–2000. *Journal of Peace Research*, *38*, 629–644.

Wright, J.（Ed.）.（2015）. *International Encyclopedia of the Social & Behavioral Sciences*, 2nd Edition. Elsevier.

## 第 2 講

クラウゼヴィッツ，C. V.　篠田英雄（訳）（1968）．戦争論（上・中・下）岩波書店

クラウゼヴィッツ，C.　日本クラウゼヴィッツ学会（訳）（2001）．戦争論 レクラム版　芙蓉書房出版
クラウゼヴィッツ，C.　清水多吉（訳）（2001）．戦争論（上・下）中央公論新社
Clausewitz.com（1995–2020）. http://clausewitz.com/
クレフェルト，M.　石津朋之（訳）（2011）．戦争の変遷　原書房
German History in Documents and Images（GHDI）（2003–2019）. Growth of Brandenburg-Prussia, 1600–1795. http://ghdi.ghi-dc.org/map.cfm?map_id=3662
Heuser, B.（2002）. *Reading Clausewitz*（English Edition）. Pimlico.
石井郁男（2009）．森鷗外と『戦争論』:「小倉左遷人事」の真実　芙蓉書房出版
毛沢東　竹内実（訳）（1995）．毛沢東語録　平凡社
Wach, W.（1930）. Carl von Clausewitz. 26x21 cm
Weinberger, C. W.（1986）. U.S. Defense Strategy. *Foreign Affairs*, *64*, 675–697.

## 第 3 講

Bernhardi, F. von.（1913）. *Deutschland und der Nächste Krieg*. Berlin.
ラパポート，A.　真田淑子（訳）（1965）．一般意味論：人間の目標と科学　誠信書房
ラパポート，A.　関寛治（訳）（1969）．現代の戦争と平和の理論　岩波書店
ラパポート，A.　坂本義和・関寛治・湯浅義正（訳）（1972）．戦争と良心（上）岩波書店
Rapoport, A.（1974）. *Conflict in Man-made Environment: A Mathematical Study of the Causes and Origin of War*. Penguin Books.
Richardson, L. F. *Arms and Insecurity*. Boxwood Press, 1960.
Spencer, M.（2001）. Rapoport at Ninety. *Peace Magazine*, *17*,（Oct-Dec 2001）, 23. http://peacemagazine.org/archive/v17n4p23.htm.
トルストイ，L.　工藤精一郎（訳）（2005）．戦争と平和（全 3 巻）新潮社
Wright, Q.（1964）. *A Study of War*. University of Chicago Press.

## 第 4 講

ブートゥール，G.・キャレール，R.　高柳先男（訳）（1980）．戦争の社会学：戦争と革命の二世紀 1740～1974　中央大学出版部
Center for Systemic Peace（CSP）（2020）. https://www.systemicpeace.org/
Center for Systemic Peace（CSP）（2020）. Global Conflict Trends. http://www.systemicpeace.org/conflicttrends.html
Central Intelligence Agency（CIA）.（n. d.）. The World Factbook. https://www.cia.gov/library/publications/the-world-factbook/fields/397.html
クラーク，R. 松井巻之助（訳）（1972）．現代戦争論：軍備と人類の未来　草思社
外務省（2004）．パンフレット　難民条約　https://www.mofa.go.jp/mofaj/press/pr/pub/pamph/nanmin.html
現代思想（2002）. 11 月号「特集＝難民とは誰か」
Gurr, T. R.（2006）. Polity II: Political Structures and Regime Change, 1800–1986.

https://doi.org/10.3886/ICPSR09263.v1
International Peace Research Institute Oslo（PRIO）（n. d.）. https://www.prio.org/
国連難民高等弁務官（UNHCR）駐日事務所（2015）．難民認定基準ハンドブック：難民の地位の認定の基準及び手続に関する手引き（改訂版）（日本語版，第4版）https://www.unhcr.org/jp/wp-content/uploads/sites/34/protect/HB_web.pdf
公安調査庁（n. d.）．国際テロ組織 世界のテロ組織などの概要・動向 http://www.moj.go.jp/psia/ITH/organizations/index.html
Levy, J. S.（1982）. Historical Trends in Great Power War, 1495–1975. *International Studies Quarterly*, *26*, 278–300.
OECD.（1993）. DAC Orientations on Participatory Development and Good Governance（OCDE/GD（93）191）. http://www.oecd.org/officialdocuments/publicdisplaydocumentpdf/?cote=OCDE/GD(93)191&docLanguage=En
Project Ploughshares（2018）. https://ploughshares.ca/
Stockholm International Peace Research Institute（SIPRI）（2020）. https://www.sipri.org/
Themnér, L., & Wallensteen. P.（2012）. Armed Conflicts, 1946–2011. *Journal of Peace Research*, *49*, 565–575.
UNHCR 日本（2019）．数字で見る難民情勢（2018年）https://www.unhcr.org/jp/global_trends_2018
Uppsala Conflict Data Program（UCDP）（n. d.）. https://ucdp.uu.se/
Uppsala Conflict Data Program（UCDP）（n. d.）. Department of Peace and Conflict Research, Uppsala University. Definitions. https://www.pcr.uu.se/research/ucdp/definitions/

## 第5講

AFP（2017）.「天安門事件の死者は1万人」英公文書を公開　2017年12月23日　https://www.afpbb.com/articles/-/3156480
朝日新聞デジタル（2020）. 75年前，首都はなぜ焼き尽くされた　東京大空襲を知る：空襲1945 2020年3月10日 https://digital.asahi.com/articles/ASN3B221JN33UPQJ013.html
Galbraith, J. K.（1991）. Foreword of *World Military and Social Expenditures* by Ruth Sivard 4th edition（1978）. http://www.ruthsivard.com/wmse78.html
Global Day of Action on Military Spending.（2020）. GDAMS Healthcare Not Warfare Infographic. http://demilitarize.org/resources/gdams-healthcare-not-warfare-infographic/
Kozak, W.（2014）. *Curtis LeMay: Strategist and Tactician*（*The Generals*）. Regnery History.
Sivard, J.（2007–2020）. World Priorities Inc. http://www.ruthsivard.com/index.html
Sivard, R. L.（1979/1981）. *World Energy Survey*. World Priorities.

Sivard, R. L. (1985/1995). *Women...a World Survey*. World Priorities.
Sivard, R. L. (1996). *World Military and Social Expenditures*, 16th edition. World Priorities.
The Wall Street Journal (2016). 文化大革命から50年―写真に残る記憶 2016年5月16日 https://jp.wsj.com/articles/SB12363839694362934444104582068970829640742

## 第6講

The British Museum (n. d.). EPI-PALAEOLITHIC - The Jebel Sahaba Cemetery: Victims of Violence. https://britishmuseum.withgoogle.com/object/the-jebel-sahaba-cemetery-victims-of-violence
ガット，A. 石津朋之・永末聡・山本文史（監訳）歴史と戦争研究会（訳）(2012). 文明と戦争（上・下）中央公論新社
伊藤大道（2007). 土の中の血　同志社大学キリスト教文化センターウェブサイト http://www.christian-center.jp/chapelhour/2007/tue_imade/0515.html
Lahr, M. M., Rivera, F., Power, R. K., Mounier, A., Copsey, B., Crivellaro, F.… Foley, R. A. (2016). Inter-Group Violence among Early Holocene Hunter-Gatherers of West Turkana, Kenya. *Nature*, *529*, 394–398.
松沢哲郎（2014). 連載ちびっこチンパンジーと仲間たち 第155回 チンパンジーがチンパンジーを殺す：152例の報告から　科学，84 (11), 1140–1141.
NHK (n. d.). 戦争証言アーカイブス：戦時録音資料　戰陣訓（一）～（六）https://www2.nhk.or.jp/archives/shogenarchives/sp/list.cgi?cat=enzetsu
Wendorf, F. & Combined Prehistoric Expedition to Egyptian and Sudanese Nubia. (1968). Site 117: A Nubian Final Palaeolithic graveyard near Jebel Sahaba, Sudan. *The Prehistory of Nubia* [final report], 954–995.
Whitney-Smith, E. (2013). *Cain and Abel: Scarcity, Information and the Invention of WAR*. AFCEA Press. Kindle. (Originally published in *Cyberwar: Security, Strategy, and Conflict in the Information Age*, by Campen, A. D. & D. H. Dearth (eds.), Afcea International Press.
Wilson, M. L., Boesch, C., Fruth, B., Furuichi, T., Gilby, I. C., Hashimoto, C. … Wrangham, R. W. (2014). Lethal Aggression in Pan is Better Explained by Adaptive Strategies than Human Impacts. *Nature*, 513, 414–417. https://doi.org/10.1038/nature13727

## 第7講

BICC (n. d.). Global Militarisation Index 2014. https://www.bicc.de/uploads/tx_bicctools/141209_GMI_ENG.pdf
Bonn International Center for Conversion (BICC) (2020). Global Militarization Index. https://gmi.bicc.de/
The Economist (2013). Graphic Detail, Daily Chart: Military Might Global Defence

Spending. https://www.economist.com/graphic-detail/2013/04/15/military-might
古矢旬（2004）．アメリカ 過去と現在の間　岩波書店
Global Solutions（n. d.）. https://globalsolutions.org/files/public/images/ARMS_import-export_stats.png
GoodMeasures（n. d.）. Sixty Years of Military（Spending）Dominance. http://goodmeasures.biz/#/sixty-years-of-military-spending-dominance/
Grossmann, M. & Hopkins, D. A.（2016）. How Different are the Democratic and Republican parties? Too Different to Compare. Washingtonpost. https://www.washingtonpost.com/news/monkey-cage/wp/2016/09/08/how-different-are-the-democratic-and-republican-parties-too-different-to-compare/
New York Times（2012）. Arming the World. https://archive.nytimes.com/www.nytimes.com/interactive/2012/08/26/world/middleeast/united-states-arms-sales-rise.html
Perlo-Freeman, S.（2016）. The Opportunity Cost of World Military Spending. https://www.sipri.org/commentary/blog/2016/opportunity-cost-world-military-spending
Peter G. Peterson Foundation（2019）. U.S. Defense Spending Compared to Other Countries. https://www.pgpf.org/chart-archive/0053_defense-comparison
Singer, P. W.（2012）. Comparing Defense Budgets, Apples to Apples. TIME. https://nation.time.com/2012/09/25/comparing-defense-budgets-apples-to-apples/
SIPRI（2018）. Global Military Spending Remains High at $1.7 Trillion. https://www.sipri.org/media/press-release/2018/global-military-spending-remains-high-17-trillion
Statista（2019）. China's Increased Military Spending That Trump Cancelled the INF Treaty for. https://www.statista.com/chart/16878/military-expenditure-by-the-us-china-and-russia/
ウォルツ，K.　渡邉昭夫・岡垣知子（訳）（2013）．人間・国家・戦争：国際政治の 3 つのイメージ　勁草書房
World Policy Institute（2020）. http://worldpolicy.org/
World Policy Institute（n. d.）. http://www.worldpolicy.newschool.edu/wpi/projects/arms/reports/AboutFace5.6.02.pdf

## 第 8 講

BBC（2016）. Hiroshima Memory Must Never Fade, Obama Says on Historic Visit. BBC, May 27, 2016. https://www.bbc.com/news/world-asia-36394975.
Bulletin of the Atomic Scientists（2020）. Doomsday Clock, Current Time: Closer Than Ever: It is 100 Seconds to Midnight（2020 Doomsday Clock Statement）. January 23, 2020. https://thebulletin.org/doomsday-clock/current-time/.
Center for Strategic and International Studies（CSIS）: Missile Threat（2019）. SS–26 Iskander. https://missilethreat.csis.org/missile/ss-26-2/
Dupuy, C. T. N.（1980）. *The Evolution of Weapons and Warfare*. New York: Bobbs-

Merrill, 1980.
衛藤瀋吉・渡辺昭夫・公文俊平・平野健一郎（1982）．国際関係論　東京大学出版会
Gray, C. H. (2013). *Peace, War and Computers* (1st Edition, Kindle Edition). Routledge.
グロスマン，D. 安原和見（訳）（2004）．戦争における「人殺し」の心理学 筑摩書房
今道友信，池田雅之・佐藤孝雄（編）（2010）．今道友信 わが哲学を語る：今，私達は何をなすべきか　かまくら春秋社
Joiner, G. D. (2016). White Paper: Operation Senior Surprise: The Secret Squirrels and the Opening of Operation Desert Storm (Report of the LSU Shreveport Unit for the SAC Symposium, January 16, 2016). https://www.lsus.edu/Documents/Offices%20and%20Services/SAC/WH1.pdf
Lewis, G. N. & Postol, T. A. (1998). The Capabilities of Trident against Russian Silo-Based Missiles: Implications for START III and Beyond. Cambridge, MA, https://www.lasg.org/Modernization/Postol_Trident_2Feb1998.pdf
Master Sgt. Melville, D. (2016). "Secret Squirrel" Crewmembers Reunite 25 Years Later. https://www.afgsc.af.mil/News/Article-Display/Article/643485/secret-squirrel-crewmembers-reunite-25-years-later/.
Military & Defense Team (2017). Why a Mysterious Black Briefcase Follows the US President Everywhere. BUSINESS INSIDER, May 20, 2017. https://www.businessinsider.com/nuclear-football-president-codes-trump-2017-5
日本学術会議（2013）．声明：科学者の行動規範―改訂版―
Norris, R. S. & Kristensen, H. M. (2009). U.S. Nuclear Warheads, 1945–2009. *Bulletin of the Atomic Scientists*, *65*, 72–81. DOI: 10.2968/065004008.
Windrem, R. & Arkin, W. M. (2017). Donald Trump Is Getting the Nuclear Football. NBC News Digital, January 20, 2017. https://www.nbcnews.com/news/us-news/donald-trump-getting-nuclear-football-n709006

## 第 9 講

Albrecht, U. (1973). The Costs of Armamentism. *Journal of Peace Research*, *10*, 265–283.
ゼングハース，D. 高柳先男・鴨武彦・高橋進（編訳）（1986）．軍事化の構造と平和　中央大学出版部
高柳先男（1968）．ハーツ＝ボールディング・シェーマの形成：国際政治における〈変動〉認識の基礎的前提　法学新報，75, 19–59.
Wallace, M. D. (1979). Arms Races and Escalation: Some New Evidence. *Journal of Conflict Resolution*, *23*, 3–16.

## 第 10 講

Bagley, B. M. (Ed.) (2020). *Contadora and the Diplomacy of Peace in Central America,*

*Volume I: The United States, Central America, and Contadora* 1st Edition. Routledge.
外務省（2009）．外交青書 2009 https://www.mofa.go.jp/mofaj/gaiko/bluebook/2009/html
外務省（2010）．外交青書 2010 https://www.mofa.go.jp/mofaj/gaiko/bluebook/2010/html
外務省（2012）．外交青書 2012 https://www.mofa.go.jp/mofaj/gaiko/bluebook/2012/html/
外務省（2017）．欧州安全保障協力機構の概要 https://www.mofa.go.jp/mofaj/area/osce/gaiyo.html
カント，I．宇都宮芳明（訳）（1985）．永遠平和のために　岩波書店
モンベリ，A．（2012）．10 年前，やっと国連加盟したスイス　SWI https://www.swissinfo.ch/jpn/%EF%BC%91%EF%BC%90%E5%B9%B4%E5%89%8D-%E3%82%84%E3%81%A3%E3%81%A8%E5%9B%BD%E9%80%A3%E5%8A%A0%E7%9B%9F%E3%81%97%E3%81%9F%E3%82%B9%E3%82%A4%E3%82%B9/32220006
日本経済新聞（2014）．中国，安保で米に対抗軸　アジア信頼醸成会議を活用　2014 年 5 月 22 日 https://www.nikkei.com/article/DGXNASGM2103G_R20C14A5FF2000/
サン－ピエール，本田裕志（訳）（2013）．永久平和論 1　京都大学学術出版会

## 第 11 講

Aspin, L.（1993）. Report on the Bottom-up Review. https://apps.dtic.mil/dtic/tr/fulltext/u2/a359953.pdf
Office of the Historian, Foreign Service Institute, United States Department of State.（n. d.）. Historical Documents. https://history.state.gov/historicaldocuments/frus1955-57v19/d155; https://history.state.gov/historicaldocuments/frus1955-57v19/d173
Proposition One Campaign（n. d.）. http://prop1.org/2000/accident/cdilist.htm
Schwartz, S. I.（Ed.）（1998）. *Atomic Audit: The Costs and Consequences of U.S. Nuclear Weapons since 1940*. Brookings Institution Press.
Security Resources Panel of the Science Advisory Committee（1957）. Deterrence & Survival in the Nuclear Age. https://nsarchive2.gwu.edu//NSAEBB/NSAEBB139/nitze02.pdf
X（George F. Kennan）（1947）. The Sources of Soviet Conduct. *Foreign Affairs*. https://www.foreignaffairs.com/articles/russian-federation/1947-07-01/sources-soviet-conduct

# 人名索引

# 事項索引

## ■た 行

■な　行



■は　行

## ■ま　行



## ■数字・アルファベット

**著者紹介**

1949年，千葉県生まれ。1981年，早稲田大学大学院法学研究科博士課程単位取得退学。修士（法学）。新潟大学法学部助教授，同教授，早稲田大学社会科学総合学術院教授を経て，現在は早稲田大学名誉教授。1978年から1981年まで日本平和学会事務局長，2002年から2005年まで北東アジア学会長。2009年から2013年まで早稲田大学社会科学総合学術院長。専門は，平和学および国際関係論。

著書に *The New International Relations of Sub-Regionalism: Asia and Europe*（編著，Routledge，2018年），『平和学入門1』（勁草書房，2020年），『東アジアの重層的サブリージョンと新たな地域アーキテクチャ』（共編著，勁草書房，2020年）『アジア共同体：その構想と課題』（共著，蒼蒼社，2013年），がある。

平和学入門2

戦争を理解するための思考のドリル

2020年10月20日　第1版第1刷発行

著　者　多《た》賀《が》秀《ひで》敏《とし》

発行者　井村寿人

発行所　株式会社　勁《けい》草《そう》書房

112-0005　東京都文京区水道2-1-1　振替 00150-2-175253

（編集）電話 03-3815-5277／FAX 03-3814-6968

（営業）電話 03-3814-6861／FAX 03-3814-6854

理想社・中永製本



ISBN978-4-326-30294-9　Printed in Japan



http://www.keisoshobo.co.jp